Impressum:

2019 Helene Steurer, Herausgeberin
Autor: Franz Souček
Aus der Handschrift übertragen von Helene Steurer;

Rechte an den eingefügten Bildern: Helene Steurer

Verlag und Druck: tredition GmbH, Halenreie 40-44,
22359 Hamburg

978-3-7482-5689-2 (Paperback)
978-3-7482-5690-8 (Hardcover)
978-3-7482-5691-5 (e-Book)

Umschlaggestaltung: Verlag tredition

Ein neuer Anfang 1919–46

in Niederösterreich und in Voitsberg, Steiermark

Ergänzung zum Buch „Blumen und Krieg,
Lebenserinnerungen eines Gärtners" von

Franz Souček

Aus der Handschrift übertragen von
Helene Steurer

Franz Souček

Ein paar Worte voraus:

Nach dem viel umfangreicheren Buch „Blumen und Krieg, Lebenserinnerungen eines Gärtners" von Franz Souček, geb.1887, gestorben 1971, habe ich, Helene Steurer, geb.1946, auch noch weitere Lebenserinnerungen meines Großvaters abgeschrieben. Der erste Teil endet ja mit dem Jahr 1918. Herr Souček war aus dem Krieg zu seiner Familie in das hungernde Wien gekommen und sah sich dann nach einer Arbeit um. Er war vorübergehend als Justizwachebeamter tätig und suchte sich dann eine Stelle in seinem angestammten und von ihm auch mehr geschätzten Beruf als Gärtner. Damit beginnt dieses Buch, eben die „Ergänzung". Das vorangehende Buch „Blumen und Krieg" begann mit der Jugend des Autors, mit der Beschreibung des historischen Hintergrundes, seiner sozialen Umgebung und allem, was ihm auf seinem Lebensweg als besonders bemerkenswert vorkam. Davon gab es vieles, und besonders waren es auch Blumen und viele interessante Gewächse in den Schlossgärten und dem botanischen Garten seiner Arbeit; bemerkenswert auch die vielen Varianten menschlichen Verhaltens. Die Erzählungen wirken wie eine Abenteuergeschichte vor dem weiten Horizont einer Jugend. An diese Erzählung schließt sich das Tagebuch der Erlebnisse im ersten Weltkrieg an. F. S. beschrieb hier sehr spannend diese traurige Zeit, detail-und ereignisreich, und auch mit Humor und scharfem Spott. Als roter Faden zieht sich durch alle Aufzeichnungen sein Bemühen darum, bei allem Elend, allen Entbehrungen und schrecklichen Erlebnissen, anständig zu bleiben, vor allem, menschliches Leben und die menschliche Würde zu schonen, dabei selbst am Leben zu bleiben und die Kritikfähigkeit zu erhalten. Er musste in der Art seiner Verwendung im ersten und im zweiten Weltkrieg keinen Menschen töten, wurde aber wegen seiner Tapferkeit und Hilfsbereitschaft im ersten Weltkrieg mit zwei bronzenen und zwei silbernen Tapferkeitsmedaillen ausgezeichnet. Es könnte Kritik daran geübt werden, dass F. S. meistens beschreibt, wie er die Oberhand behalten konnte. Mir scheint es aber, als wollte er sich selbst so zeigen, dass er es d o c h ganz gut gemacht hat. Und so geht es auch in diesem Buch, das natürlch auch viele berufsspezifische Aufzeichnungen enthält, weiter, nur viel knapper. Es war ja nicht mehr viel Zeit, sich beruflich endlich zu festigen. Die Arbeitgeber versprachen einiges und hielten nichts, dann verließ F. S. eben diese Arbeitsstelle und begann wieder von vorne, und das einige Male. Seit Jahren litt F. S. immer wieder an argen Magenschmerzen, was auch dazu beitrug, die jugendliche Unbekümmertheit und Muße zu reduzieren. Im Dollfuß-Regime und unter der Hitler-Diktatur konnte sich F. S. vor Verstrickungen schützen. Es war ihm immer darum zu tun, Schaden und Leid an seinen Mitmenschen zu vermeiden. Die Sprachkenntnisse, die sich F. S. in seiner Jugend angeeignet hat, halfen ihm, zwischen Kriegsgefangenen und „Ostarbeitern" auf der einen Seite und denen, die die Macht an sich genommen hatten, zu vermitteln. Er zeigte seine Zivilecourage, behielt aber immer die Achtung von vielen Personen, wodurch er auch einige Male vor lebensgefährlichen Bedrohungen gewarnt wurde. F.S. Überlebte, begann sich wieder seiner Arbeit, diesmal als

Selbständiger, zu widmen; auf seinen Grundstücken, die wegen seiner Verweigerung, der NSDAP beizutreten, etwas klein ausgefallen waren, denn Parteigenossen konnten die Grundstücke leichter kaufen. Nach dem Ende des zweiten Weltkrieges war F. S. auch eine kürzere Zeit als Politiker tätig, zog sich davon aber schließlich bald zurück.

Einige Episoden, die nur familiäre Ereignisse beschreiben, wurden hier dann nicht mehr wiedergegeben.

Die Namen der Personen, die sich nach den Erzählungen von F. S. lächerlich benommen haben oder wegen deren wirklicher Schandtaten oder Verbrechen sich die Enkel und Urenkel schämen müssten, wurden hier nur gekürzt oder gar nicht weitergegeben. Alle anderen, „die Guten" oder die Neutralen, kommen mit dem vollen Namen vor. Es könnte sein, dass auch eine oder andere „neutrale" Person hier mit gekürztem Namen vorkommt.

Ich habe mich hier als „Lektorin" versucht, den Text so weit wie möglich wörtlich wiedergegeben und vor allem die Wortwahl des Autors belassen; natürlich nicht grammatikalische Fehler, die aus Unaufmerksamkeit passiert sind und Ähnliches, das wurde geändert, oder auch ab und zu ein Satz verkürzt. Auf die Passagen in den Aufzeichnungen des Autors, die ich weggelassen habe, weil ich sie als zu langatmig oder nur von privatem Interesse angesehen habe, habe ich hingewiesen.

Die Fotos stammen alle aus dem Nachlass von F.S..

März 2019, Helene Steurer, Enkelin

1919:

Arbeit als Schlossgärtner in Klein Mariazell, Niederösterreich

Am 1.April 1919 beginnt ein neuer Abschnitt meines Lebens.
Das war der Termin, der mir bei der persönlichen Vorsprache
beim Oberförster Ignaz Pa. zum Antritt meiner Stelle als
Schlossgärtner festgesetzt worden war. Ich fuhr damals über
St. Pölten und Hainfeld nach Altenmarkt-Tenneberg, und von
hier war es noch eine halbe Stunde zu Fuß nach Klein
Mariazell. Ein uraltes Schloss, ehemals ein Kloster mit einer
sehr schönen Kirche, die als Wallfahrtskirche bekannt und
älter ist als die Kirche in Mariazell. Die Gegend ist hügelig,
meist bewaldet, der Weg hierher war schlecht, nicht
geschottert und voll Kot. Das Schloss wurde um 1100 erbaut
und gehört dem ehmaligen Frauenarzt Dr. Konstantin von
Engelhardt, der es von einem gewissen R. aus Wien erstanden
hatte. An das Schloss grenzen das Wirtschaftsgebäude und
das Forsthaus, dann die Gärtnerei und ein sehr großer Park;
und im Park zwischen dem Konventgarten und dem Schacher,
einem sehr ausgedehnten Nadelwald, liegt an einem kleinen
Bach gelegen das Gärtnerhaus. Wegen der vielen hohen
Bäume sah alles sehr düster aus und noch dazu war ein trüber
Tag. Na egal, mir bleibt keine Wahl mehr übrig als den Posten
anzunehmen, denn auch dem Oberförster fiel mein krankes
Aussehen schon auf. Ich hatte schon Angst, er werde mich
nicht aufnehmen, da ich auf dem Lichtbild, das ich ihm
gesandt hatte, besser aussah. Als ich alles besichtigt hatte,
auch meine zukünftige Wohnung, die aus einer Küche, zwei
Zimmern, einer Holzlage mit Stallungen für eine Ziege,

Schweine und Hühner bestand, fuhr ich über Sollenau mit der Südbahn nach Wien und zu meiner Familie. Als meine gute, liebe Frau erfuhr, dass ich den Posten angenommen hatte, und ich ihr die Wohnung und alles schilderte, ja dass wir auch Milch, Mehl und im Herbst Kartoffeln als Deputat bekommen, war sie sehr erfreut darüber, und ihr Wunsch war nur: raus aus dieser Hungerstadt! Das Geld wurde immer weniger und alles furchtbar teuer. Viele verkauften ihre Häuser, und schon sah man in Wien viele Juden in Tracht mit Peies und Kaftan, die aus Galizien und Polen eingewandert sind, und auch viele Ausländer, die mit ihrer noch bestehenden Währung Häuser aufkauften. Auch verkauften viele ihr ganzes Hab und Gut und wanderten in die neuen Reiche aus.

Foto: alte Ansichtskarte, Nachlass

Am 1. April kam ich mit einem Lastauto voll mit Möbeln über Heiligenkreuz und Nestach in Klein Mariazell an und bezog mit meiner Familie das Gärtnerhaus „Zur Waldeinsamkeit". Das Haus war mit Schindeln gedeckt und auf dem Dache befand sich eine Äolsharfe, die bei stärkerem Wind Harfentöne erklingen ließ. Wir richteten uns häuslich ein und entließen den Autobesitzer mit den besten Segenswünschen und 500 Kronen. Am 2. April meldete sich bei mir mein Vorgänger, Herr K., der durch 30 Jahre hier als Schlossgärtner gewirkt und ein feines Leben genossen hatte, denn er hatte alle Jahre hindurch sämtliche Gartenarbeiten von Sträflingen aus Wien machen lassen, eine eigene Abteilung war mit den nötigen Aufsehern und einer Küche fast ganzjährig beschäftigt.

Kollege K. kaufte sich ein kleines Häuschen in Klein Mariazell und wollte von der Pension leben, ja er wollte, konnte aber nicht, denn das Geld reichte zum Leben nicht, und es reute ihn schon, dass er den Posten aufgegeben hatte. Er zeigte mir den Garten und die Glashäuser und übergab mir die Schlüssel und das Werkzeug, und da sah ich im Gespräch mit ihm, dass er mir nicht gut gesinnt ist. Vor diesem Mann muss ich auf der Hut sein, denn er schimpfte in allen Tonarten über die Herrschaft. Trotzdem hielt er es 30 Jahre hier aus? Es hatten sich vor mir schon viele um die Stelle beworben, und er wusste jedem abschreckende Dinge zu sagen, sodass jeder auf die Stelle verzichtete. Da ich nun schon hier bin, bleibe ich so lange wie es mir gefällt. Dass hier eine Misswirtschaft herrschte, sah ich bald, denn es gab hier nur Wald und Wiesen, und von insgesamt 2000 Hektar war nicht ein einziger Acker bebaut.

Der Besitz des Dr. von Engelhardt war ein Fideikommissgut, das heißt, er hatte von dem Besitz die Nutznießung, darf aber das Gut nicht verkaufen. Es waren darunter aber auch einige Bauernbesitzungen mit vielen Obstbäumen, die Häuser fast restlos verfallen. Dr. Engelhardt war auch Patronatsherr über die Kirchen in Klein Mariazell, St. Corona, Soos und Altenmarkt, und er musste für die Instandhaltung der Gebäude der Pfarren und für das Licht sorgen. Durch Jahrzehnte diente der Riesenbesitz ausschließlich der Jagd und der Holzgewinnung, und von den Wiesen wurde Heu und Krummet geerntet und an Heuhändler verkauft; oder es wurden auch die Wiesen verpachtet und große Fuhren Heu von den Händlern nach Wien gebracht. Verwaltet wurde nun der Besitz durch den Oberförster Pa., seinem Sohn, dem Förster Gustav Pa., und dem Landwirt Ignaz Pa., der der Meierei vorstand. Im Stall befanden sich damals 4 Ochsen, 3 Kühe und ein Pferd.

Der Garten war ober dem Meierhofe, etwas vom Haus entfernt, sehr groß, schön im Quadrat mit Zisternen für Gießwasser, einem großen Kalthaus mit Kübelpflanzen wie Kirschlorbeer, Aukuben, Orangen, Spindelsträuchern, Myrten, Klebsamen und einigen Palmen; auch ein Warmhaus, beide Glashäuser mit Heizrohren beheizbar. Die Neuholländer standen alle frei ohne Kübel, oder die Kübel waren defekt. Holz zum Heizen war mehr als genug da, auch genügend Mistbeete und genug Dünger, so konnte ich die Mistbeete gut anlegen. Ich sah sofort, dass das Klima hier sehr rau ist und man mit Spätfrösten rechnen muss. Meine einzige Sorge war, den Oberförster so weit umzustimmen, dass wir Kartoffeln und Getreide anbauen konnten. Ich beschaffte Kartoffelsamen, den ich im Kasten anbaute, pikierte, und das sogar zweimal. Als die Fröste nicht mehr zu fürchten waren, wurden die Kartoffelpflanzen auf einem neu umgerissenen Acker bepflanzt. Auch wurde Getreide: Sommerweizen, Gerste und Hafer angebaut.

Die Ortschaft bestand aus sieben Häusern, der Schule und dem Schloss. Obwohl sich die Umgebung des Ortes, lauter Hügelland, ziemlich weit hinzog, war die Gegend schwach besiedelt mit nur wenigen „gelegten" *(aufgelassenen, H.St.)* Bauerngehöften, alles andere Gebiet war Herrschaftsbesitz mit Wald und Wiesen und erstreckte sich bis Altenmarkt-Thenneberg, St. Corona, gegen Nöstach und den Wienerwald.

Dr. Constantin von Engelhardt, ein alter Herr, der nur gegen Abend einen Spaziergang im Park unternahm, war den ganzen Tag unsichtbar. Bei meiner Vorstellung hatte er an mich nur einen Wunsch: Lieber Freund, ich bin ein alter Mann, ich brauche für mein Leben nicht viel, trachten Sie, dass ich täglich vier Kartoffeln bekomme und etwas Gemüse. Ein Mann, der die ganze Welt bereist hatte, nahm von seinem großen Besitz außer der Milch für seine Person nichts. Dafür und für einige hundert kg Kartoffeln und Mehl, um sein Leben und das der Wirtschafterin Fräulein H., und der Köchin und des Dieners fristen zu können, überließ er einige tausend Quadratmeter Grund dem Hotelbesitzer R. in Thenneberg. Dabei wurden tausende Kubikmeter Holz geschlägert, für einige Großgemeinden an der Südbahn. Das Holz wurde den Gemeinden fast geschenkt, denn die fortschreitende Geldentwertung brachte dem Besitzer kaum die Löhne und

Gehälter in der Land-und Forstwirtschaft und in der Gärtnerei
ein. Im Forst waren vier bis fünf Beamte; in der Ökonomie ein
Kutscher, ein Hausdiener und ein Zimmermann, ein
Hausmaurer, ein Melker, ein Lokomobilwärter, ein
Nachtwächter und der Verwalter. Im Garten waren ich und
eine Gartenarbeiterin, im Notfall auch zwei zum Umstechen
der Gartenerde. Der große Park war samt dem Konventgarten
versaut und wohl die ganze Kriegszeit nicht gepflegt worden.

Anfangs tat ich mir wegen meiner Krankheit etwas schwer, da
ich selbst fest zugreifen musste, um die Mistbeete mit dem
nötigen Dünger zu versehen und zu bebauen. Ich war viel
allein, und so machte mir das Auf-und Zudecken der Kästen,
das Heben der Fenster Beschwerden, und mein
Zwölffingerdarmgeschwür spürte ich immer ärger. Auch das
Heben der Deckbretter der Glashäuser machte mir keinen
Spaß, so musste ich mit Schmerzen leider drei Jahre lang
arbeiten, und so manchmal wünschte ich mir, nicht mehr zu
leben. Meine liebe arme Frau und die Frau des Maurers
halfen mir bei der Arbeit im Garten, und ich denke oft an die
Nachkriegszeit, als ich vor lauter Schmerzen nachts nicht
schlafen konnte, bei Tag Schwindelanfälle hatte und mich
doch noch bemühte, alles zu schaffen, was das Schloss und
noch mein Hauswesen und einige andere kleine Haushalte
brauchten.

Einige Tage nach meinem Antritt als Schlossgärtner kam auch
ein Priester aus Belgien zu uns als Pfarrprovisor, und weil wir
ein Zimmer frei hatten, wohnte der Herr Provisor bei uns. Er
war ein sehr netter, leutseliger Herr, und er freute sich schon

auf seine Pfarre, die Kirche, an das Schloss angebaut, war wirklich ein Schmuckkasten, und auch die Wohnung des Pfarrers war sehr schön, aber wegen einer Kleinigkeit wurde er vom Gemeinderat abgelehnt.

Er sprach oft von seiner lieben Wirtschafterin, die er aus Südmähren zu sich nehmen will, und eines Tages kam sie auch, die Schöne aus Mähren, der Herr Provisor holte sie von der Bahn ab, und beide feierten beim Rattenschlager das Wiedersehen. Das war sein Fehler. Das erfuhren auch einige Leute aus Klein Mariazell, die das zwar nichts anging, doch boshafte Menschen gibt es überall, und so nahm das Verhängnis seinen Lauf. Am Sonntag kam ein junger Bauer zur Beichte und beichtete unter anderem, er liebt ein Mädchen und hat auch ein Verhältnis mit ihr. Auf die Frage, ob er das Mädchen auch heiratet, gab der Bauer zur Antwort: Ich weiß es nicht, ich glaube nicht, dass ich das Mädchen heirate, Sie, Herr Pfarrer heiraten das Mädchen, mit dem Sie beim Rattenschlager über Nacht waren, auch nicht. Darauf gab ihm der Pfarrer keine Absolution, und beide tragen nun die „Sünde" weiter?!

Ein paar Tage darauf wurde eine Gemeinderatssitzung abgehalten, und vom Jungbauern, der auch Gemeinderat war, wurde der Antrag gestellt, den Herrn Provisor als Pfarrer nicht anzustellen sondern abzulehnen. Einstimmig angenommen. Als der Herr Provisor das erfuhr, fiel er aus dem siebenten Himmel und weinte bittere Tränen um sein verlorenes Glück, denn in Belgien war er Mönch in einem Kloster, und hier wäre er der Herr Pfarrer, ein angesehener Herr gewesen mit einem kleinen jedoch sicheren Gehalt und einer schönen, lieben

Köchin. An seine Stelle kam aus Mödling der Herr Pfarrer Thomas W., geboren 10. Mai 1887, genauso alt wie ich.

Der Herr Pfarrer lebte sich mit einer alten Dame als Wirtschafterin sehr bald ein und war sehr beliebt bei Jung und Alt. Er war auch ein gern gesehener Gast bei uns, die wir wie er zuerst in dem Nest fast keinen Anschluss fanden, obwohl ich mit der Zeit auch viele gute Freunde fand und mich rasch akklimatisierte. Wenn ich das letzte Wort gebrauche, so deshalb, weil am 4.Juni im Garten sämtliches Obst, das schon größer war als ein Daumennagel, erfror. So etwas hatte ich nicht in Drassburg, Budapest, Wien und Rannersdorf erlebt, ja nicht einmal in Prauss.
Um uns das Leben etwas leichter zu gestalten, hielten wir uns einige Hühner und Enten, auch kaufte ich ein Ferkel und sperrte es ein. Die Hühner fingen zu legen an, und wir erfreuten uns an den Eiern, leider nicht zu lange, denn schon holte sich der Habicht einige kleine Hühner, und der Fuchs, der täglich herumschlich, einige große. Das erste Glücksschweindl konnten wir leider nicht so füttern wie wir sollten, da wir weder Getreide noch Kartoffeln hatten. Die Kartoffeln wurden nach zweimonatiger Pikierung im Kasten ins Freie gepflanzt, und im Frühjahr wurden einige Joch für Korn, Weizen, Gerste und Hafer hergerichtet, und hier ist auch die Getreideernte etwas später.

Für Dr. Engelhardt hatte ich im Mistbeet und Glashaus eine sehr frühe Sorte, „Marjolaine-Kartoffel", die schon nach 6-8 Wochen das Drei-bis Vierfache gab, gepflanzt, nur um seinen Wunsch zu erfüllen. Endlich war die Ernte so weit, dass man das Getreide zur Druschreife einbrachte und hie und da etwas für die Hühner und das Schweindl abfiel. Auch in der Gärtnerei hatte ich schon vieles für den Tisch, und ein Lichtblick für die Zukunft war es, als wir die erste Mehl-und Kartoffelzuteilung erhielten.

Nur die Blicke des Fräulein H. wurden immer kummervoller und die Augen größer, wenn sie mich ansah, denn ich verfiel bei meiner Krankheit ohne Medikamente rapid, auch konnte ich fast nichts mehr essen, denn obwohl ich Diät lebte, schmerzte alles wahnsinnig, wenn ich etwas gegessen hatte. Auch bei meiner Frau entdeckte Frl. H. etwas, das sie stutzig machte. Am 18. August 1919 brachte uns der Storch um 4h früh ein Mädchen, das wir Helene Maria Julia taufen ließen. Unser kleines Helenchen wuchs und gedieh prächtig, und alle verhätschelten unser jüngstes, blondes Lockenköpfchen. Wir bekamen auch Besuch aus Guntramsdorf, es kam die Nichte meiner Frau, Mitzi P., für 14 Tage auf Urlaub. Das Leben machte sich schon etwas, und so konnte ich auch hie und da nach Wien fahren und meinen lieben Eltern eine Zubuße bringen.

Es kam der Oktober 1919, und ich konnte es nicht mehr erwarten, außerdem hatte ich noch ein Ferkel eingestellt und brauchte Platz. So stand ich zeitig in der Früh auf, heizte den Kessel, und ohne meiner Frau ein Wort vorher zu sagen, musste das 70 kg schwere Nutscherl sein Leben lassen. Ich tat es ohne Fachmann, aber das nur einmal und nie mehr wieder! Wir alle waren schon fleischhungrig, es war an einem Freitag. Wir luden auch Hochwürden zum Sautanz ein, der sich auch pünktlich einfand, und das erste war eine gedünstete Leber, dann der Schweinsbraten, die guten Blutwürste, die Grammeln! Schinken und Schultern wurden eingepökelt und dann geselcht. Als Selche diente unser Hauskamin, und die Stücke hingen auf Holzstangen. Wir hatten nur den einen Rauchfang, der Rauch wurde von drei Öfen, vom Zimmer, der Küche und dem Vorhaus und vom Waschkessel in den Kamin geleitet. Neugierig steckte ich einmal den Kopf in den Kamin, ob wohl das Fleisch richtig geräuchert wird, da tropfte mir Fett ins Gesicht. Da wusste ich, dass es das Fleisch zu heiß bekam. Nahm ein Schinkenstück heraus und......!! Ich war entzückt. Schmeckte das Fleisch fein, denn es war zugleich auch gebraten! Nur schnell heraus damit. War das ein Fressen; sogar der Hochwürdige Herr fand Gefallen daran und aß mit Appetit. Am Sonntag drauf kam mein Vater zu uns auf Besuch, und wir freuten uns, ihm aufwarten zu können, auch nahm er der lieben Mutter so manches mit.

Im Sommer hatten wir sehr viele Herrenpilze gefunden, und da es war Frau Resi L., die die besten Plätze wusste und sie auch mir und meinem Freund, dem Haustischler Krumschmied zeigte. Er war der Bruder von meinem besten Kriegskameraden Oskar und war ihm schon im Jahr 1916 in Luba Czerka in Polen begegnet, als er mit seinem Bataillon in die Stellung ging. Leider zog Krumschmied bald nach Wien, bekam dort eine Stelle als Tischler. Er konnte hier mit dem Geld nicht auskommen, denn er hatte es schwerer als wir, die wir schon vom Garten lebten. Auch fehlte ihm eine Frau wie Julchen, die häuslich und wirtschaftlich wäre. Wenn seine Frau eine Hamsterfahrt unternahm, brachte sie fast nichts nach Hause, denn auch die Bauern hatten nicht mehr viel zu geben. Seine Ehe blieb kinderlos.

Zu uns kam manchmal eine Geschirrhändlerin aus der Erdbergstraße im III. Bezirk, bei der meine Frau im Sommer etwas Geschirr kaufte. Die Bahn war nicht zu teuer, und so war es rentabel, zu uns zu kommen. Außer Pilzen bekam sie Gemüse und einiges mehr, später auch Obst, Geflügel und Eier. Dafür brachte sie wieder so manches.

Ein altes Hausmöbel, sozusagen zum Schlossinventar gehörend, war unser Hauszimmermann und Schindelmacher W.. Seit Jahrzehnten hier beschäftigt, verstand und verrichtete er hier alle Arbeiten, auch war er stets hungrig und half sich wo und wie er konnte. Es war wirklich zum Teufel holen. Bekam man am Ersten samt der Aufbesserung einige Kronen, konnte man sich einige Tage später dafür nicht einmal eine Flasche Bier und noch weniger eine Semmel oder sonst etwas kaufen. Von Hemden, Strümpfen, Kleidern und Schuhen war keine Rede. Diese Sachen konnten sich nur gewisse Leute leisten; Tabak und Zigaretten nur im Schleichhandel.Mir konnten sie mit Tabak keinen Baum aufstellen. Ich verschaffte mir Tabaksamen im Frühjahr und versorgte mit Tabakpflanzen alle Angestellten. Oberförster Pa. pflanzte hunderte in der „Bamerlschul", und ich bepflanzte viele Gruppen im Park und im Garten mit Tabak. Tausende Blätter konnte ich von Virginia, Maryland und ungarischem Tabak abnehmen, auf Schnüre fädeln und in einem dazu passenden Raume aufhängen. Die Blätter wurden nach der Reife sortiert, in Bündeln gelegt, geschichtet und fermentiert. Die Behandlung der Blätter hatte ich heraus. Am Schlossboden fand ich eine Menge Cedrillakistchen, Zigarrenkistchen, die leer herumlagen, und die nahm ich in

Beschlag. Bei schlechtem Wetter oder abends drehte ich die schönsten Zigarren, eine gleich wie die andere und in die Schachtel passend. Einmal musste ich nach Wien fahren und sah in einer Auslage einer Tabaktrafik in der Operngasse Zigarrenbauchbinden, Etiketten mit den schönsten Namen. Ich kaufte einige hundert Stück und versah meine Zigarren damit. Auf dem warmen Ofenmäuerl wurden die verschlossenen Kistchen noch einmal zum Fermentieren aufgestellt, und als ich nach einigen Tagen nachsah, strömte ein herrlicher Zigarrengeruch heraus. Als ich auch unserem Schlossbesitzer mit einigen Kistchen aufwartete, war er ganz begeistert und wollte gar nicht glauben, dass es mein Erzeugnis war, denn die Zigarren brannten tadellos, rochen und schmeckten gut. Auf einige Fragen, woher ich das Kultivieren und Behandeln der Tabakpflanzen gelernt habe, sagte ich die Wahrheit: dass ich vieles den Rumänen abgeguckt hatte, und in einer rumänischen Stadt einer jungen Frau beim Drehen der Zigarren zusehen konnte, die bis zum Einmarsch unserer Truppen in einer Tabaktrafik arbeitete. Da die Frau auch ungarisch sprach, ließ ich mir die ganze Fabrikation, von der Plantage bis zur Verarbeitung, das Fermentierungsverfahren erklären. Ich sah dann im Laufe der Zeit immer wieder viele Tabakblätter bei den Häusern hängen.

Dass ich da auch Abnehmer fand, ist verständlich. Einige Male versuchte ich, meine Zigarren in Wien bei den Oberkellnern der Gast-und Kaffeehäuser anzubringen, was mir restlos gelang. So konnte ich für den Haushalt einige Kronen dazu verdienen. Auch Zigarettentabak ging zu schönen Preisen ab, aber was nützte es, man rechnete schon mit tausenden Schilling und auch mit Millionen.

Zu meinem Unglück begann mein Geschwür wieder derart zu schmerzen, dass ich weder schlafen noch essen noch arbeiten konnte. Es wollte nicht besser werden, und ich war schon zum Skelett abgemagert. Einmal, nachts hatte ich wahnsinnige Schmerzen; unausgeschlafen und ganz verzagt wie ich war, griff ich nach dem Revolver und wollte mich erschießen. Das Nachtlicht brannte, ich stand auf und steckte eine Patrone in die Trommel, die zweite fiel auf den Fussboden. Als ich mich nach der Patrone bückte, entriss mir die Frau die Waffe und heulte laut auf, sodass auch mein kleines Töchterl wach wurde und zu weinen begann. Wo meine Frau den Revolver am nächsten Tag vergrub, weiß ich bis heute nicht. Ich versprach, am Leben zu bleiben und einen Arzt aufzusuchen. Am nächsten Tag fuhr ich über Sollenau nach Wien zu Professor S. ins Garnisonsspital I, Abteilung 4. Trotz meiner Bauchbinden musste ich beim Gehen und während der Fahrt meinen Bauch mit den Händen halten, denn jedes Holpern der Bahnräder auf den Schienen schmerzte derart, dass ich glaubte, jetzt und jetzt geht innen alles entzwei. Endlich kam ich in Wien an. Alle im Waggon hatten mich mitleidig angesehen und auch einige gefragt, was ich habe, und nun sehe ich die gleichen Blicke der Vorübergehenden. Zufällig sah ich in den Auslagenspiegel eines Hutgeschäftes und erschrak sehr, denn aus dem Spiegel sah mich der Tod an, es war mein Spiegelbild. Endlich brachte mich dann die Elektrische in die Nähe des Spitals. Dort angekommen, klopfte ich an die Tür des Professors. Der Doktor steht beim Fenster und betrachtet eine Eprouvette. Auf meinen Gruß dreht er sich um, schaut mich lange an, und dann begrüßt er mich mit den Worten: „Na, lieber Souček, gut dass du gekommen bist, wohl spät aber doch. Warum kamst du nicht früher? Du bleibst jetzt hier." Ja, er meinte es gut. Ich sagte dem Professor, dass ich nicht bleiben kann, denn ich habe meine Stelle als Schlossgärtner erst vor kurzer Zeit angetreten, habe eine Frau und zwei Kinder und meiner Frau versprochen, am selben Abend nach Hause zu kommen; ich hatte alle Ausreden, nur nicht im Spital zu bleiben, denn ich hatte gesehen, wie ein am Magen Operierter als Leiche an mir vorbei getragen wurde, im selben Stadium wie ich, bis auf die Knochen abgemagert, und herzkrank. Wie mir der Wärter sagte, hatte er unter dem Messer sein Lebenslicht ausgeblasen.

Ja alles recht schön, meinte der Professor. Wann wollen Sie kommen? In 14 Tagen? Gut, ich gebe Ihnen bis dahin ein Rezept, die Tabletten nehmen Sie wie beschrieben. Sie waren hauptsächlich schmerzstillend und Papaverin etc. als Schlafmittel.

So, und jetzt werde ich ein Protokoll mit Ihnen aufnehmen, da es fraglich ist, ob Sie noch kommen können. Wissen Sie, warum ich es mache? Damit Ihre Frau als Witwe und Ihre Kinder eine Unterstützung bekommen.

Ich dachte mir, Gott sei Dank, dass ich gekommen bin, jetzt kann ich ruhig sterben, denn ich weiß, dass meine Familie etwas vom Staat bekommt. Dass ich sterben muss, machte mir nichts aus, es starben bessere und schönere als ich, ja jüngere in die hunderttausende. Lieber tot sein als ewig Schmerzen haben, mit dem Bewusstsein fuhr ich nach Hause.

Die Tabletten hielten mich tatsächlich vierzehn Tage lang
etwas über Wasser. Leider nahmen sie ein Ende, und einige
Tage darauf spürte ich die Schmerzen wieder und zwar noch
stärker. Herrgott, was soll ich machen? Erschießen? Womit?
Hat doch meine Frau mir die Pistole entrissen; und wenn ich
daran denke, wie beim Schein des schwimmenden Öldochtes
meine Frau und mein kleines Töchterl sich weinend vor mir
niederknieten und mich baten: Lieber Vati, bitte bleib für uns
am Leben! Ja ihr guten, herzensguten Lieblinge, ihr habt
Recht, warum euch die Schande und das Herzeleid antun!
Entweder sterbe ich eines natürlichen Todes oder ich werde
gesund, was ich aber nicht erhoffe. Meine kleine süße Frau
hat doch noch dazu für das Jüngste zu sorgen, wie konnte ich
mich so vergessen?
Ja, der Vorsatz zum Leben war vorhanden, aber das Bohren,
Brennen, Stechen und Schmerzen ließ nicht nach, und so
schickte ich meine Frau nach Altenmarkt zu Dr. D. um
Medikamente. Der arme Kerl war selbst ein Todeskandidat,
war krank aus dem Felde gekommen. Er starb auch bald an
seinem Lungenleiden. Dass meine Frau keine Medikamente
bringt, wusste ich schon vorher, denn Dr. D. hatte keine, aber
man versucht alles Mögliche.
Kaum ist meine Frau auf dem Weg, sehe ich in der Küche in
einer Schüssel gekochte, weiße Fisolen, die meine Frau einer
Bäuerin abgekauft hatte, denn wegen der Spätfröste hatten
wir noch keine. Hm, wie wäre es Franzl? Schau, iss doch, hast
schon lange keine gegessen. Hm, egal, ich esse etwas davon,
sie, meine Frau weiß es ja nicht, ich sage ihr nichts, Mitzerl ist
in der Schule, die sieht es nicht. Also los. Auch dann, wenn es
deine Henkersmahlzeit ist? Ja, mir wurscht. Ich nehme ein

Viertel davon in eine kleine Schüssel, salze, pfeffere, schütte Essig und Öl darauf und setze geschnittenen Zwiebel und Knoblauch dazu, und ha, wie das fein schmeckt! Gebe noch mehr scharfen Essig und Paprika dazu, damit es noch schärfer schmeckt, ha, wer will nun behaupten, ich sei ein Selbstmörder? Die Schüssel fein ausgewaschen und wieder in die Kredenz gestellt. Als meine Frau zurückkam, brachte sie ein paar Schlaftabletten und bemerkte nicht, was ich während ihrer Abwesenheit angestellt hatte. Ich hatte furchtbare Schmerzen und nahm vor dem Schlafengehen vier Tabletten zu mir. Tags darauf war Sonntag. Ich wurde so um neun Uhr vormittags wach, als mich jemand schüttelte und rief.

Wie staunte ich, meinen Freund, meinen liebsten Freund Oskar Krumschmied vor mir zu sehen, und noch etwas sah und spürte ich: ich hatte einen furchtbar aufgeblähten Bauch und sonderbar, fast keine Schmerzen.

Die Wiedersehensfreude war groß. Oskar half mir beim Aufstehen und Anziehen, und nachdem er gefrühstückt hatte - ich selbst konnte nichts essen, gingen wir über den Reisberg nach Thenneberg. Für den Weg, der sonst leicht in einer Dreiviertelstunde zu bewältigen war, brauchte ich drei Stunden. Unterwegs hatten wir uns viel zu sagen. Die Sonne schien warm, und trotzdem hatte ich meinen Wintermantel an, denn wegen meiner Leibesdicke, der unglaublichen Blähung konnte ich meine Hosen nicht schließen. Nach jedem Schritt entwichen Winde, und es schien als würden alle meine Eingeweide platzen, ich war wie ein mit Luft gefüllter Ballon. In Altenmarkt trank ich beim Rattenschlager ein Viertel Badener Auslese und ging mit Oskar wieder über den

Reisberg heim zu. Die Schmerzen waren noch etwas
vorhanden, jedoch der Bauch wurde zusehends kleiner, und
als ich zu Hause ankam, war es mir schon leichter ums Herz,
und ich wusste, ich bin nicht umzubringen. Da hätte Oberst
Bitterlich wieder gesagt: Weiß der Teufel, Souček, du bist
nicht zum Umbringen, dich muss man erschlagen. Du ziehst
dich aus der dreckigsten Situation wieder heraus und lebst
weiter.

Die Rosskur wünsche ich niemandem, und
merkwürdigerweise, von dem Tage an ließen meine
Schmerzen merklich nach, und der beabsichtigte stille
Selbstmord wirkte sich bei mir zum besseren aus. Es gab auch
Stunden, in denen ich keinen Schmerz spürte, ich konnte auch
etwas Nahrung zu mir nehmen, doch musste ich vorsichtig
sein und alles Blähende meiden, ebenso scharf gewürzte
Speisen. Essig konnte ich gar nicht riechen, und jede mit nur
ein paar Tropfen Essig gewürzte Speise trieb mir den Schweiß
auf meine beginnende Glatze. Auch gegen die Kälte war ich
sehr empfindlich und trug stets eine Bauchbinde aus Flanell.
Unser lieber Herr Pfarrer W. hatte sich umsonst darüber
gefreut, dass ich sein erster Leichnam sein werde, denn oft
hatte er mir zugeredet: „Schau'n Sie, lieber Freund, Ihre
Stunden sind gezählt, erleichtern Sie Ihr Herz und beichten
Sie. Ich gebe Ihnen die letzte Ölung, und Sie treten vor Gottes
Thron als guter Christ, dem seine Sünden vergeben sind."
Mein lieber Herr Pfarrer, was soll ich Ihnen beichten? Dass ich
während der Kriegszeit durch die vom Papst gesegneten
Waffen, die von ihm auch beim Feind genauso gesegnet
waren, keinen Menschen ins Spital oder gar ins Jenseits
beförderte, kann ich beschwören. Wenn ich aber unwissend

mithalf, nehmen wir an bei der Baukompanie oder später als Ordonnanz, dann tat ich, was mir befohlen wurde, und Herr Pfarrer, ich büße genug an meinen Magenschmerzen.

Ja, lieber Freund, Sie scheint Gott besonders gerne zu haben, darum bestraft er Sie mit dem Leiden und wird Sie auch bald von dem Leiden erlösen. Da habe ich nur eine Antwort: Lieber Herr Pfarrer W., bitte, Sie als Sein Stellvertreter, bitten Sie den lieben Herrgott, er möge mich in Ruhe lassen und lieber Gauner, Verbrecher, Kriegsanstifter und Kriegsgewinner so gerne haben wie mich und sie alle zu sich nehmen und mich von den Schmerzen befreien. Ich spürte manchmal, dass es mit mir zu Ende ging, und der Pfarrer meinte es gut mit mir, doch ich gab die Hoffnung nicht auf.

Einer von vielen verließ seinen durch lange Jahre inne gehabten Platz. Es war dies der alte Herr P., der mit seiner Tochter über dem Erdkeller wohnte. Treu und pünktlich hatte er Nacht für Nacht seinen Nachtwächterdienst versehen und konnte ebenfalls sein Auskommen hier nicht mehr finden. Er zog in die bekannte Ökonomie des Grafen Harnoncourt Rehkopf bei Thenneberg, und da auch als Nachtwächter. Durch eine Zeitungsannonce war er mit einer Frau aus Wien bekannt geworden. Sie kam zu ihm und ging nicht mehr fort. Die Hochzeit fand im Frühjahr statt. Eine dicke Frau, die gut und schön plaudern konnte, am liebsten von Huren und Verbrechern sprach und „Sauglocken läutete", so oft sich eine Gelegenheit dazu ergab. Aber sonst war sie die ehrbarste Frau in Benehmen und Sprache, wenn es ihr gerade passte. Sie fuhr oft nach Wien. Zu Hause rahmte sie ihre Deputatmilch ab, nahm die Butter mit und mitunter auch

andere Sachen. Eines Tages war die ehrbar scheinende Frau
P. verschwunden, und als die Stieftochter, die irgendwo im
Dienst stand, nach Hause kam, da waren auch der Schmuck,
das bisschen Geld und viele Sachen mit ihr verschwunden.

Sie soll in Wien verheiratet gewesen sein und etwas
ausgefressen haben, und hier in Klein Mariazell tauchte sie
mit einem anderen Namen unter. Dass sie ein feines Früchterl
war und durch viele unreine Wasser geschwommen ist,
hatten wir bald heraus.
Als mir einmal P. gelegentlich eines Besuches bei ihm seine
Jugendfotos zeigte, erkannte ich ihn sofort als den
Bücheragenten mit dem schönen Vollbart, der auch bei
meinen Eltern in Wien mit Romanheften und Büchern
vorgesprochen hatte. Da er mangels einer Patenauswahl auch
bei unseren Helenchen Taufpate war, besuchten wir ihn auch
öfters im Rehhof, wo ihm seine Tochter die Wirtschaft führte.
Unser zweites Schweindl gedieh prächtig, die Hühner
wuchsen schön heran, und unser Hund scheint sich mit dem
Fuchs angefreundet zu haben, denn eines Sonntags holte der
Fuchs eine Henne vor dem Küchenfenster. Wir hatten Besuch
aus Wien, das Fenster stand offen. Es wurde gerade das
Mittagsgeschirr abgewaschen und laut gesprochen, und auf
einmal höre ich eine Henne schreien. Ich stürze raus und sehe
wie der Fuchs mit der Henne im Wald verschwindet. Der
Hund schaute vergnügt, fast lachend zu, nur unsere Katze, die
Minka, machte einen Buckel, als der Fuchs bei ihr vorbei-
rannte und flüchtete so schnell wie möglich.
Die Tage wurden immer kürzer und die Arbeit im Garten, als
alles abgeerntet war, die Erde gefroren und hie und da schon

Schnee liegen blieb, wurde leichter, bis auf das Heizen in den Glashäusern.

Da brannte unsere Karbidlampe und oft auch nicht oder explodierte, was auch vorkam. Da wir kein elektrisches Licht hatten, mussten wir uns eben mit Kerzen und dem Licht behelfen und saßen zusammen mit unseren lieben Kleinen.

Die Mia ging in die einklassige Volksschule zum Lehrer R. und lernte brav, nur unserem Pfarrer passte es nicht, dass sie die Kirche wenig besuchte. Der Arme las die Messe in der großen Kirche wochentags nur für sich und zwei bis drei alte Weiblein, die sich eingefunden hatten.

Bei uns reichte das Geld nirgends, und es wurde gestohlen was nicht angenagelt war. So hörte ich, dass eine Heuplache fehlt. Die Mittel waren so knapp, dass das Stehlen direkt erzwungen schien, und das obwohl tausende Meter Holz nach Baden, Vöslau und andere Orte sowie auch Heu verkauft wurden.

Die Köchin Josefine, eine angenehme, lustige Person zog nach Wiener Neustadt und heiratete einen Bäckermeister. Das Stubenmädchen Olga, die Tochter der Milchmanipulantin, heiratete den Kutscher M., und auch die beiden zogen es vor, das Nest zu verlassen.

W., der durchaus zu einem kleinen Häuschen kommen wollte, verpasste die Zeit, und der L. Florl, der mit seiner Frau ein kleines Häuschen gegenüber der Schule bewohnte, das ihren Eltern D. gehörte, und seine Frau waren derart unzufrieden, dass auch sie fort wollten. Mir war alles schon lange zu dumm, doch wohin sollte ich kranke Mensch mit meiner Familie?

Klein Mariazell war wirklich ein sehr ruhiger Ort, doch hatte ich viel Besuch. Eines Sonntags waren es „nur" 28 Menschen, die mich besuchten. Sehr oft kamen auch Mödlinger, unter anderem Schonsky, zum Pfarrer und zu mir.

Halt, da lese ich etwas, das vielleicht auch mein Dasein verändert und zwar folgendes: Die Regierung will die „gelegten" Bauerngüter wieder besiedeln, und zu annehmbaren Preisen und Bedingungen abgeben, und geeignete Personen, die im Felde waren, und Flüchtlinge sollen sich melden. Ich hatte Lust, das unweit von Altenmarkt an der Straße gelegene zum Egelhart'schen Besitz gehörende Anwesen zu kaufen. Ich sprach darüber mit dem Verwalter des Handlhofes, welcher Hof eine halbe Stunde Fußweg oberhalb von Klein Mariazell gelegen war. Er gab mir den Rat, nach Weissenbach an der Triesting zu fahren und von dort noch zwei Stunden rechts in das Tal zu einem Bauern zu gehen, der schon ein gelegtes Bauerngut übernommen hatte und bewirtschaftete.

Es war vor Weihnachten, kalt, und es schneite seit einigen Tagen, und gerade den Tag, als wir, das heißt ich und der Schmiedemeister von hier, uns auf den Weg machten, war es schön sonnig, mit einem Wort ein schöner Sonntag. Wir kamen mittags bei dem Besitzer an, und er gab uns Formulare zum Einreichen. Nach kurzer Rast und gesättigt mit dem mit-gebrachten Brot und dem Stückchen Speck bedankten wir uns für die aufklärende Hilfe und verließen den Bauern, denn der Tag war kurz und der Weg weit. Unterwegs fiel es meinem lieben Schmiedemeister ein, den Weg abzukürzen und über den Berg Hochegg zu gehen. Ich hatte leichte Sonntagsschuhe an. Je mehr wir uns der Bergspitze näherten, umso mehr

Schnee fanden wir vor, und als wir ohne jeden Weg mühsam durch den knietiefen Schnee watend emporstiegen und oft im Bauch im Schnee einsanken, war es zur Umkehr zu spät.

Endlich erreichten wir das Schutzhaus, schwitzend und hundsmüde. Einige Personen waren dort anwesend, und ein sehr dicker Herr und drei schöne Damen aus Wien verließen das Schutzhaus, um nach Altenmarkt den Abstieg anzutreten. Wir bestellten einen heißen Tee mit Schnaps, und als wir ausgetrunken, gingen auch wir, und das Thermometer hatte bei unserer Ankunft plus 2 Grad gezeigt und eine halbe Stunde später bei unserem Abstieg schon minus 4 Grad. Wir sehen noch die Gruppe vor uns gehen, und auf einmal hören wir schreien und rufen. Die Damen winkten uns, wir sollen uns beeilen, sie riefen um Hilfe. Der dicke Herr hatte einen Herzanfall bekommen, und nun umstanden die Damen ratlos den Herrn, der nicht aufstehen und gehen konnte.

Liegen lassen können wir den Fettwanst nicht, hinauf schleppen noch weniger, also da gibt es nur eines, den Herrn hinunter zu schaffen. Es wunderte uns nur, wie dieser korpulente Mensch es wagen konnte, den Berg zu besteigen und auch hinaufkam, denn obwohl der Aufstieg auf der Sonnenseite lag, war er für so einen Menschen sehr beschwerlich. Nun was machen wir? Ganz einfach. Ich schnitt einige lange Fichtenäste, die lange Eisnadeln hatten, mit meiner Hippe ab. Die Äste waren hart wie Glas so gefroren, und mit meinen klammen Händen band ich die Äste mit einem Taschentuch zusammen. Wir legten den Herrn darauf und zogen den Herrn rasch bergab. Es war die Sonnenseite, und hier gab es einige kahle, schneelose Flecken, und wir mussten auch über die blanken Felssteine. Auf einmal

mussten wir stoppen, denn der Herr schrie aus Leibeskräften.
Was war geschehen? Er hatte auf dem Gestein Hose und
Unterhose durchgewetzt, und nun ging es an die Haut.
Na, da werden wir bald Abhilfe schaffen; noch einige Äste
dazu, und meine lieben Damen, zieht aus was ihr entbehren
könnt. Eine gab ihr Höschen, eine den Pullover und eine einen
Unterrock, auch zwei Schals wurden gespendet. Mit denen
band ich die Äste besser zusammen, stopfte alles in seinen
Hosenboden damit seinem Popo nichts mehr passiert, und
nun ging es in einem Tempo hinunter, denn es wurde beißend
kalt und schon rasch dunkel. Bald erreichten wir den Fuß des
Berges und nach einer kurzen Rast stand der Herr auf und wir
führten ihn zu seinem Hotel, wo er sich eine neue Hose
beschaffen musste. Auch die Sachen der Damen waren nicht
mehr zu gebrauchen. Nach vielem Danke für die mühevolle
Rettung, trennten wir uns. Gerne wäre ich der Einladung
gefolgt, mit ihnen einige Glas Wein zu trinken, ich musste
jedoch trachten nach Hause zu kommen, denn das
Thermometer zeigte im Tal schon 16 Grad minus, und ich
musste die Glashäuser heizen.
Meine Schuhe waren kaputt gegangen, beide hatten quere
Risse über dem Rist.
Tags darauf reichte ich sofort ein Gesuch und die Formulare
ein und bekam vom Wiederbesiedlungsamt ein Schreiben,
dass der von mir angegebene Bauerngrund samt Wald ein
Ausmaß von 9 Joch hatte, 7000 Kronen kostete und der Preis
sofort oder binnen 60 Tagen zu erlegen sei. Auch musste ich
ein Befähigungszeugnis beilegen, dass ich in der
Landwirtschaft tätig war. Mein Lehrherr Herr Marek sandte
mir das Zeugnis sofort. Alles recht schön. Als ich mit den 7000

Kronen und dem Nachweis nach Wien kam, verlangten die Herren schon 70000 Kronen dafür. Da sah ich, dass nur einzelne das Glück hatten, und das Amt nicht daran interessiert war Güter zu vergeben. Hätte ich die 70000 Kronen mit mir gehabt, hätten sie 100000 verlangt. Ich hörte und sah genug, es war nur eine Augenauswischerei, was sich auch bald zeigte, denn für denselben Grund wurden bald 7 Millionen verlangt, aber von den Besitzungen des Dr. Engelhardt, des Grafen Wimpfer, von Krupp usw. wurde kein einziges gelegtes Bauernhaus abgetreten.

Da es im Wiederbesiedelungsamt täglich turbulente Szenen gab und die Krawalle kein Ende nahmen, wurde das Amt eingestellt, obwohl es für Invalide, Heimkehrer und aus den Ländern der einstigen Monarchie geflüchteten Massen gedacht war. Na, wer weiß zu was es gut ist.

Einige Tage vor Weihnachten wurde ich aufgefordert, mit dem Förster Gustav Pa. in den Wald zu gehen, Christbäume zu holen. W. schloss sich uns an. Für das Schloss musste ich für den Stiegenaufgang 10 bis 12 Tannenbäumchen und für die Herrschaft einen schönen großen Baum aussuchen. Auch für die Trophäen musste ich Tannenreisig schneiden. Im Schlosse waren wo man hinsah: im Vestibül, im Korridor und in allen Räumen tausende Geweihe und Krickeln. Auch Sechzehnender waren darunter. Ein jedes Geweih und jedes Krickel bekam ein Gesteck aus Tannenreisig und alle Räume rochen weihnachtlich.

Wir suchten uns im Jungwald die schönsten Bäume aus, und als wir alles zusammen hatten, wollten wir den Heimweg antreten. Da nahm mir der Förster meinen Hut und gab ihn auf eine ungefähr 1,50m hohe Fichtenspitze, ging einige

Schritte zurück, zog seinen Revolver aus der Tasche und gab sechs Schuss auf meinen ab Hut ohne zu treffen. Ich lachte hell auf und bat ihn, mir den Revolver zu geben. Er gab mir den geladenen Revolver, ich spannte mein Taschentuch auf einen starken Kiefernstamm, ging 25 Schritt zurück und fragte den Förster: Was gilt die Wette, wenn ich alle sechs Schuss in das Taschentuch feuere? 100 Stück Sport. Gut, wenn ich gewinne, bekomme ich die 100 Sport, verliere ich, dann Sie. Ich schoss alle sechs Schuss ab, und alle saßen im Taschentuch. Nun schoss der Gustl nochmals, diesmal auf mein Taschentuch, dieselbe Distanz. Was gilt´ s? 200 Memphis. Abgemacht. Er verlor. Und so was nennt sich Förster. Habe die Ehre, „gschamsta Diena" (*„gehorsamster Diener", Anmkg. H.St.)*
Am nächsten Tag kommt er noch einmal mit einer Steyr Repetierpistole zu mir in den Garten, er möchte die Waffe ausprobieren. Ich schlug einen Pflock in das Erdreich, gab einen Zehnertopf darauf, und nun kann die Schießerei losgehen. Er schoss und traf den Topf nicht. Na warte, um was gilt es? Was, um 25 l Bier? Na schön, geben Sie her. Ich ging auf 20 Schritte zurück und sagte ihm, dass ich nur dreimal schießen werde, und auf den 3. Schuss wird der Topf ganz kaputt sein. Der erste Schuss traf den unteren Rand des Topfes und den Pflock; der zweite Schuss zerschlug den Topf so, dass nur sein Boden und ein paar Scherben übrig blieben, der dritte Schuss erledigte den Topf vollends. Wollen wir weiter schießen? Der Förster sah mich an, steckte die Pistole ein und sagte nur: „Ihnen möchte ich im tiefen Wald nicht begegnen, nicht einmal nachts allein auf der Straße", und verließ den Garten. Es dauerte lange, bis ich einen Teil der

Zigaretten bekam, das Bier schenkte ich ihm. Obwohl das Gasthaus Mayer sich hinter dem Gemüsegarten befand, ging ich selten ins Gasthaus, denn für Getränke reichte das Geld nicht. Meine Schießkunst reichte aus, dass auch der alte Oberförster mich schnitt und mir auswich, wo er nur konnte. Hatte ich mit dem leicht erregbaren Oberförster irgendeine Besprechung, da sah ich, dass er etwas gegen mich hat. Einmal fragte er sogar, ob ich ein Gewehr besitze. Nun wusste ich, wo hinaus er will. Er hielt mich für einen Wilderer und der Grund dafür war: Der Fuchs besuchte uns täglich, auch nachts. Einmal wurden wir durch das Poltern der Holzscheite wach. Ich sprang aus dem Bett, nahm meinen Revolver und schlich mich zum an das Haus anschließenden Schuppen. Als ich gerade aufsperren will, saust mir der schlaue Teufel zwischen den Beinen durch, denn wir hatten abends vergessen, das Hühnerschlupfloch zu schließen. Ich schoss ihm nach ohne zu treffen. Einige Tage darauf geht meine Frau bei helllichtem Tage zum vorbei fließenden Bach, und wie sie sich mit dem Wasserkübel bückt, sieht sie den kleinen Kerl unter dem Brückerl, wie er auf die Hühner passt. Nun wurde es mir zu dumm. Ich ging zum Oberförster und sagte ihm, er soll die Hühnerdiebe abschießen sonst werde ich das besorgen, da fuhr er mich an: „Das verbiete ich Ihnen, übrigens sind Sie ein gefährlicher Mensch, Ihnen traue ich nicht". Wieso ich gefährlich war, wusste ich nicht. Ich war so schwach und untergewichtig, mager wie ein Zaunpfahl, und hätte sich eine Fliege auf meine Nase gesetzt, wäre ich umgefallen.
Es spielte aber auch etwas anderes mit, denn es packte mich einmal der Zorn, als ich Zeuge war, wie heimlich Getreide

vom Schüttboden entnommen wurde. Als ich von der Gärtnerei im Finsteren nach Hause ging und er mir mit einem Sack voll Getreide auf der linken Schulter in die Quere kam, sagte ich, dass der betreffende Dieb es hören konnte: „ Ah, da schau her, da wird ja gestohlen, was man nur stehlen kann, um zu Geld zu kommen".

Im Park war eine lange Allee von Eschen-Ahorn. Die Bäume waren krank, und es gab sehr viele dürre Äste an jedem Baum. Ich nahm den alten Deimbacher auf, und wir sägten die kranken und dürren Äste ab. Viele Bäume, die durch Wind und Schneebruch entstellt waren, auch solche, die weg mussten, schnitten wir klein und brachten so einige Klafter Holz zusammen. Da mir für Deimbacher kein Geld als Lohn blieb, gab ich ihm die Hälfte vom Holz, und das andere verkaufte ich an einen Holzhändler mit Wissen des Oberförsters. Ich sagte ihm ganz einfach, ich muss mir einen Anzug kaufen, und den bekomme ich nur dann, wenn ich Geld habe, und zu Geld komme ich nur so, wie es alle anderen machen. „Ja, verkaufen Sie das Holz."

Der Winter ging vorbei, die Arbeit im Garten begann, und die Tage lösten sich ab ohne nennenswerte Aufregungen. Nur einmal war eine kleine Aufregung im Schloss, die aber nicht lange anhielt.
In Ungarn herrschte Bela Kun, und die Zeitungen brachten haarsträubende Gräuelmärchen. Fräulein H. und auch der Oberförster samt Anhang sahen in jedem Menschen, der unzufrieden war, einen Kommunisten. Ich war gerade in der Schlossküche, und durch das Fenster sah ich eine

Menschenmasse mit wehenden, meist roten Fahnen. Obwohl alle noch weit weg waren, sah ich doch, dass sich Wallfahrer näherten. Ich sagte zu den in der Küche Anwesenden: „Schaut´s einmal hinaus, die Kommunisten kommen!". Na, war das eine Aufregung! Erst als ich sagte, dass ich glaube, es kommen Wallfahrer, beruhigten sich die Gemüter, denn man hörte: Um Gottes Willen, was machen wir, die werden das Schloss stürmen, uns alle umbringen und alles rauben, alles anzünden, und so in diesem Thema ging es weiter. Gott sei Dank, der Schreck ging vorbei und alle freuten sich, denn es waren die ersten Wallfahrer seit Kriegsende, die den Gnadenort besuchten.

Der zweite Sommer brachte nicht viel Neues. Die Arbeit im Garten ging programmmäßig und der Jahreszeit entsprechend weiter. Zur Auferstehung musste ich wie im Vorjahr vier Altäre herrichten, und viele Einheimische und Freunde beteiligten sich an der Prozession. Herr Schonsky war wie immer Kirchendekorateur, der Herr Pfarrer war oft bei uns zu Gast, und wir hatten auch sonst viel Besuch.

Zur Zucht und zur Aufbesserung der Kost stellte ich Hasen ein, die meine Frau betreute, doch hatte sie mit den Kaninchen kein großes Glück. Eine Häsin, die sieben Junge geworfen hatte, ging ein. Unsere Minka zog die Jungen groß, und auch der Hund spielte gerne mit den Kaninchen, doch als die Sieben zwei Monate alt waren, gingen eines nachts alle auf einmal ein. Da hatte ich genug davon.
Der Fuchs holte eine Henne mit sechzehn Küchlein, und eine Henne zerriss mir der Hühnerhabicht und flüchtete damit.

Einen Hahn hatte ich, groß und schön, ein Ausstellungsstück, doch durfte in seiner Nähe mein kleines Helenchen nicht vor die Tür. Kaum hatte der Hahn die Kleine erblickt, schon flog er auf ihren Kopf und fing sie an zu pecken.

Aus Nöstach kam oft der Förster Pichler zu mir, dem der Hahn so gut gefiel, dass er ihn mir abkaufen wollte. Ich gab den Hahn nicht her, und doch bekam Pichler den Hahn. Im Morgengrauen war er ins Revier gegangen und sah, wie ein Fuchs einen Hahn auf dem Rücken trug und den Kopf mit seinen Fangzähnen hielt. Er schoss auf ihn, und der Fuchs ließ den Hahn fallen. Als Pichler den Hahn sah, wusste er sofort, woher er stammte. Zu Hause angekommen sagte er zu seiner Frau: „Der Souček läßt dich schön grüßen und schickt dir den Hahn. Als Lebender hat a ma´n net gschickt und gebn, na, als a Tota, du sollst n braten, er is no jung". Später kam Pichler zu mir und brachte mir noch einige Schwanzfedern von ihm und bedankte sich für den Braten.

Unser neuer Lokomobilwärter, der die Lichtmaschine bediente, schnitt auf der Säge auch Holz, Buchenscheite für den Winter zusammen mit W. Der gute Mann bewohnte mit seiner Frau die Wohnung des Petrovsky. Er, ein Eisenbahnpensionist, gut genährt, auch so seine schon betagte Frau, glaubten, hier ein Paradies zu finden und ein Schlemmerleben führen zu können. Wie enttäuscht waren beide, als die Inflation immer ärger wurde und alles derart in die Höhe stieg, dass man sich nur wundern konnte. Mit der Familie Pa. vertrug er sich absolut nicht, denn auch er durchschaute bald die Misswirtschaft. Das Schwammerlsuchen im Sommer und im Herbst war sein

einziges Vergnügen, und hatte er Zeit, dann ging er noch
Himbeeren pflücken. Auch ich und meine Frau brachten oft
einen Wasserkübel voll davon nach Hause.
Am besten war ein bei der Herrschaft angestellter Jäger
daran. Es gab mehrere Himbeerschläge und die Leute kamen
oft von sehr weit, um etwas an Himbeeren nach Hause zu
bringen. Dieser Kujon war so schlau und frech, den Leuten die
Kübel samt den Beeren wegzunehmen um dann am nächsten
Tag mit seiner Frau 60 bis 80 kg Beeren nach Wien mit zu
nehmen und dort an Zuckerbäcker zu verkaufen.
Gaunerei herrschte überall und ein jeder trachtete, den
anderen übers Ohr zu hauen.

Der Sommer ging zu Ende, ebenso der Herbst. Diesmal gab es
sehr viel Obst, alle Bäume waren voll, und vom Sommerapfel
an wie „Weißer Klarapfel" „Charlamowsky", „Roter
Astrachan" bis zu den späten Sorten waren einige tausend
Kilo zu ernten; dann Birnen, fast alle Sorten, Kirschen,
Pflaumen, Zwetschgen, Ribisel und Stachelbeeren, alles war
heuer in Hülle und Fülle da. So konnte ich mir wieder helfen
mit einer Fuhre Äpfel die ich verkaufte. Es war in diesem Jahr
alles da nur kein Geld, es ging alles nach x-Tausender,
Hunderttausendender und Millionen.

Das Jahr 1920 ging zu Ende. Besucher kamen und gingen,
denn jeder wollte an meinem kleinen Segen teilnehmen. Auch
mein lieber Schwager, der Viktor P. kam um eine Fuhre Holz,
die ihm der Oberförster ganz billig verkaufte. Er steckte bei
uns nur die Nase herein; ohne sich zu setzen rannte er schon
wieder fort, damit er nur ja sein Holz bekommt. Seine Tochter

kam jeden Sommer und verbrachte ihren Urlaub bei uns und war gerne gesehen. Ihre Mama, die liebe Schwägerin, besuchte uns nur einmal, so wie ihr Mann, der Viktor, und brachte alles in Schwung. Temperamentvoll wie sie war, warf sie eine Dose von 1 kg weißer Farbe auf den Fußboden, dass die Farbe nur so spritzte, und das alles nur aus lauter Freude, dass es ihrer lieben Schwester Julie so gut geht. Ach hätte sie lieber die Farbe nicht gebracht oder in der Bahn vergessen, liegen gelassen, ich hätte mir viel an Arbeit erspart.

Der Tabak gedieh auch diesmal herrlich, und jeder Besucher lobte meinen Tabak, damit er ja recht viel davon mit-bekommt. Auch die Gemüseernte fiel gut aus, besonders Zwiebel und Knoblauch gediehen prächtig und ertragreich zum Nutzen der frommen Pilger, die sich bei mir einfanden.

Dann fiel reichlich Schnee, und die Weihnachtsfeiertage standen vor der Tür. Leider konnten wir uns nicht viel schenken, denn das Geld reichte nicht einmal für einen Schuhdoppler. Ich ergatterte einen alten Schwungriemen (bitte, nur 1m lang!) und doppelte oder richtig gesagt, besohlte unsere Schuhe damit selbst.
So wie immer wurde auch im Schloss alles weihnachtlich hergerichtet, Korridor, Aufgang, Entrechambre und so weiter, und es fehlte gerade noch, dass ich die Zimmer, 60 an der Zahl, prachtvoll eingerichtet, hätte herrichten sollen, da hätte ich einige Tage zu tun gehabt.

Von Zeit zu Zeit sah ich, dass die Not am Geld sich auch beim Besitzer bemerkbar machte, denn so manches wertvolle Möbelstück mit Intarsien, wundervollen Einlegearbeiten, verschwand für immer, um gegen Geld oder Lebensmittel eingetauscht zu werden. Der alte Herr kümmerte sich wenig um seine Sachen und überließ alles dem Fräulein Ho., welches schaltete und waltete wie es es für gut befand. Auch in der Bibliothek verschwanden Bücher, und es wurden immer weniger in den Bücherregalen.

Auch der Herr Pfarrer lamentierte, denn stellt euch vor was das heißt, eine Pfarre zu verwalten und nichts zu tun zu haben, denn während dieses Jahres wurde kein Kind geboren und auch kein Mensch war gestorben und zu Grabe getragen.

Eine Sensation gab es nur einmal, als der Kardinal Piffl bei uns in Klein Mariazell war, ein Hochamt zelebrierte und die Beichte der sündigen Menschen abhörte und allen seinen Segen gab.

Weihnachten und Neujahr vergingen, ohne dass wir viel davon spürten. Ich war glücklich, dass ich so halbwegs beisammen war, und auch meine Familie war glücklich und gesund, und das war für mich das beste Geschenk. Besucher hatten wir viele, und auch die Hirsche sahen nachts bei Vollmondschein bei unseren Stubenfenstern herein. Wild gab es genug, Rehe und Hirsche, auch sah ich Hasen im Revier. Sie wurden geschossen, doch wir bekamen sehr selten ein Stückchen davon zu sehen, denn auch das Wild wurde in der Stadt gut bezahlt.

Auch das Jahr 1921 ging reibungslos vorbei, und da ich meinen Humor, oder wie der „Weana" sagt „Hamur" nicht verlor, gab es auch mitunter heitere Stunden. So kam eines

Tages ein Fellhändler zu mir und fragte nach dem
Oberförster. „Kommen Sie mit, ich zeige Ihnen, wo der Herr
Jucheidl wohnt", denn das ist sein Spottname. Er hatte
nämlich früher in Altenmarkt bei guter Laune nach einigen
Vierteln Wein öfter das Jägerlied gesungen mit dem Schluss
„ Juchei, juchei, jucheirassa". Wir gingen zusammen in seine
Kanzlei und der Fellhändler legte los: „Guten Morgen, Herr
Jucheidl". „ Pa………". „Bitte, Herr Jucheidl, haben Sie keine
Hirsch-oder Rehdecken? Auch Hasenbälge kaufe ich".
„Pa……..". „Verkaufen Sie mir, Herr Jucheidl?" Da platzte er
los: „Zum Donnerwetter, Pa….heiße ich, und wenn Sie noch
einmal Jucheidl sagen, dann hol Sie der Teufel!". Ich
verschwand aus der Kanzlei, was weiter war, weiß ich nicht.

Ich möchte noch erwähnen, dass ein Bruder von Oskar
Prochaska, des österreichischen Konsuls in Serbien vor
Ausbruch des 1.Weltkrieges, der in Wien als
Magistratsbeamter beschäftigt war, uns besuchte und im
Gespräch bestätigte, dass seinem Bruder in Serbien kein Haar
gekrümmt wurde. Die ungarische Regierung habe ein
entstelltes Telegramm auch zum Anlass des von uns schon
lange vorbereiteten Krieges mit Serbien genommen. Das
Telegramm habe gelautet: „Konsul Prochaska ist in Skoplje",
(serb. Für heute mazedon. Skopje, Anmkg.) und statt Skoplje
stand drinnen „skoplen", „entmannt". „Konsul Prohaska
wurde entmannt!"

In der Welt gab es auch jetzt noch keine Ruhe. In Russland
kämpften immer noch Weißgardisten gegen Rotgardisten,
Kuban—Kosaken gegen Donkosaken, nach Hause strömende

Kriegsgefangene aus den Lagern Russlands und Sibiriens kämpften bald mit oder gegen jene Truppen um nur näher zur Heimat zu kommen, aber auch gegen deutsche Truppen, die in das Reich einbrachen.

Die Dynastie Romanow wurde ermordet und ausgelöscht, und die Rote Armee unter Lenin gewinnt an Boden. In Ungarn scheint der rote Stern in Atome zu bersten, denn Bela Kun scheint die Herrschaft verloren zu haben. Samuely, der Mitdiktator, musste flüchten und wurde an der österreichisch-ungarischen Grenze erschlagen.

Das Burgenland, der Westrand der ungarischen Tiefebene, kam auf Grund der Verträge von St. Germain und Trianon 1921 an Österreich, das sich bis jetzt Deusch-Österreich genannte hatte. Es kamen die Gebiete von der Leitha weg bis südlich von Wiener Neustadt, einschließlich Rechnitz nach Österreich; bis auf das Ödenburger Gebiet, das nach einer nicht einwandfreien Abstimmung an Ungarn zurückfiel. So bekommt auch Österreich fast den ganzen Neusiedlersee; Eisenstadt, das ich gut kenne, wird Hauptstadt nach Mattersdorf, das zu Mattersburg umbenannt wurde.

Draßburg und Zagersdorf fallen an uns, und so sind alle Österreicher, auch alle Heanzen, Kroaten und Ungarn, die das Land bewohnen.

Wir verloren den Krieg und damit große Gebiete wie Böhmen, Mähren, Schlesien, Polen bis zur russischen Grenze, die Bukowina, und durch General Meister die Südsteiermark, Kroatien und Slawonien, Dalmatien, Istrien, die Städte Görz, Gradiska und Triest, Südtirol. Selbständige Staaten entstanden. So ist der Anschluss des Burgenlandes ein kleiner Trost.

Viele Österreicher deutscher Sprache mussten die Länder verlassen und vergrößerten noch die Not, die hier wegen der Inflation herrschte. Viele verkauften alles was sie etwa an Schmuck hatten, nur um nicht zu verhungern. Ungarn war gleich nach Kriegsende abgefallen, verlor auch an die Slowakei und Rumänien große Gebiete, auch an Serbien: Banat, Backa und Baranya. Die Italiener siegten nur durch den Wortbruch in letzter Stunde und hatten Anteil am Zerfall der Monarchie, nachdem sie den Termin für den Waffenstillstand nicht einhielten und 300.000 Mann, 10 hohe Generäle und einige tausend Offiziere mit allen Waffen an sich brachten. 300.000 Soldaten mussten für Italien arbeiten und hungern. Die vereinigten Länder Mitteleuropas existierten nicht mehr, und noch viel weniger wird Coudenhove-Kalergi's Plan, alle europäischen Länder zu vereinigen, verwirklicht werden, denn es wird immer- das zeigt die Geschichte- Staatenlenker geben, selbstherrliche, selbstsüchtige Menschen, die Freude an Krieg und Gewinn haben und sich den Teufel um Humanismus und den Wohlstand der Menschheit scheren. Sie erzeugen lieber Kanonen als Butter und gehen über Millionen von Leichen. Der Krieg 1914 – 1918 kostete 12 Millionen an Opfern, die für die Kriegsgewinner starben. Not und Elend herrscht bei den Besiegten und auch den Siegerstaaten, und immer sind es die arbeitenden Klassen, die dabei Leben, Hab und Gut verlieren. Was könnte da alles für das verpuffte Geld geschaffen werden, der Wohlstand der Bevölkerung zunehmen. Das Verrückteste daran ist: Wenn sich schon die Stürme legen, die Wogen glätten und Ruhe in den Ländern herrscht, dann geht der politische Kampf um die Macht los, und wieder gibt es Menschen, die sich nicht scheuen, den eigenen Bruder ums Leben zu bringen, wenn er gegenteiliger Meinung ist.

In diesem Jahr wäre auch meine Frau bald ums Leben gebracht worden. Ich erzählte schon, dass hier immer Kriminelle gearbeitet haben, so nahm jetzt auch der Oberförster wieder drei aus der Strafanstalt entlassene junge Burschen zur Arbeit auf. Mit ihnen, die auch bei mir im Garten aushalfen, hatte ich keine Freude. Ich fuhr öfters nach Wien zu meinen Eltern und nahm auch für den Bruder des Fräulein Ho., den Herrn Oberst Ho. Milch und verschiedene Fressalien in einem kleinen Koffer mit, und so wurde ich auch immer von der Kripo kontrolliert, ob ich nicht fremdes Geld oder etwa Gold im Koffer mit mir trage, das sofort beschlagnahmt worden wäre. Nun, solche Sachen hatte ich nicht mit, doch kam es mir immer vor, als wäre ich unter Räuber geraten, denn der Ruf „Halt, Koffer öffnen!" klang so komisch, und ich freute mich jedes Mal, dass sie nichts fanden.

Am Tag an dem ich nach Wien fuhr und dann bei meinen Eltern über Nacht blieb, sah mich ein Bursche zur Bahn gehen und benützte prompt die Nacht, um meine Frau aufzuwecken. Er bat sie, die Tür zu öffnen, er wolle sie um eine Adresse fragen. Auf die Antwort „Bitte kommen Sie morgen, mein Mann schläft" antwortete er keck: „Ihr Mann ist nicht zu Hause, er ist in Wien. Öffnen Sie".

Das tat mein gescheites Weiberl nicht, aber der Schreck ließ sie gar nicht schlafen. Der Rowdy hatte die beiden anderen bestohlen, von meiner Frau ging er zum Handlhof, der noch in derselben Nacht in Flammen aufging. Die Gendarmen

verhafteten ihn schon am frühen Morgen. Er war mit einem
Sechsschuß- Revolver bewaffnet.

Klein Mariazell hatte auch ein Gemeindehaus, und in diesem
Haus wohnte auch eine alte, kranke Frau mit ihrem Sohn. Der
Sohn war in Berndorf, auch oft in Hainfeld beschäftigt, und
ich ersuchte ihn, mir Medikamente mitzubringen, denn in
diesen beiden Orten, die Städte waren, gab es Apotheken. Ich
besuchte die Frau und wollte mir die Tabletten holen. Schon
beim Eingang des Hauses roch es sehr komisch, und als ich
das Vorhaus betrat sah ich ein Schaff stehen, bis zum Rand
voll mit Urin und menschlichem Kot, glänzend in allen Farben.
Ich klopfte, und auf das „Herein" öffnete ich die Tür und sah
wieder das Gleiche im Nachttopf. Im Raum war es vor lauter
Gestank nicht auszuhalten. Ich nahm rasch das kleine
Päckchen, bedankte mich, und nur schnell raus! Mir wurde
dermaßen schlecht dass ich keinen Atem bekam und erbrach.
Ich hatte vieles gesehen, aber das war zu viel für mich, es
haute mich fast um.

Während meines hiesigen Aufenthaltes kam ich auch hie und
da nach Guntramsdorf zu meinen lieben Verwandten.
Als meine liebe Schwägerin mich im Jahr 1908 das erste Mal
sah, als ich mich der Familie als zukünftiger Schwager
vorstellte, sagte sie zu meiner Braut: „Ja sag einmal, bist du
deppert, waßt da kan anderen als so a Krepirl und an Gärtner
a no dazua?". Ja, liebe Paula, ich war mager und nur ein
Gärtnergehilfe, der nichts hatte als sein nacktes Leben. So oft
sie mich, nun als einen kranken Mann betrachtete, war ich
wirklich ein Krepirl, und das Krepirl würde ich bleiben solange

ich hier bin, denn ich arbeite hier umsonst und nur für die Deputate, die zur knappen Erhaltung des Lebens reichen. Nichts konnte man sich an Kleidern und Schuhen schaffen, und meine Frau und die beiden Kinder gingen so schäbig daher, dass mir alle leid taten. Ich halte es hier nicht mehr länger aus, raus aus der ganzen Misswirtschaft! Ich will nicht mehr länger zusehen.

1922:

Wohnung in Weißenbach an der Triesting; Arbeit in der Landschaftsgärtnerei Berndorf der Firma Krupp

Am 1. Februar kündigte ich meinen Posten als Schlossgärtner, und es kam dabei zu einem Krach mit dem Oberförster, dem ich meine Meinung unverblümt sagen musste. Er steckte die Grobheiten von mir ein und bat mich, weiter zu bleiben, was ich entschieden ablehnte, obwohl ich keine andere Stelle hatte.

Ich wurde mit einem Holzeinkäufer bekannt namens Str., einem Reichsdeutschen, in Weißenbach an der Triesting beschäftigt. Da er viel herumkam, fragte ich ihn, ob er nicht etwas Passendes für mich auftreiben könnte. „Ja doch, Mensch, morgen kann ich Ihnen schon sachen ob nicht bei uns wat frei wäre". Am nächsten Tag kam er zu mir in die Wohnung. „Mensch haben Sie ne Strippe! Komm Se nur zu uns, werden am Holzplatz beschäftigt, und wohnen könn Sie in der Exl-Villa, wo ich hause."

Ich fuhr am selben Tag nach Weißenbach und sah mir den Betrieb und die Wohnung an.

Ich bekam nur Zimmer und Küche im Parterre der Villa zugewiesen und handelte einen annehmbaren Wochenlohn aus.

Am 1.März übersiedelte ich nach Weißenbach an der Triesting mit der ganzen Familie in einem mit zwei Pferden bespannten Fuhrwerk des Werkes; mit einem Hund, einer Katze im Bocktrüherl, einer ca. 120 kilo schweren Sau in einer Kiste und den Hühnern.

Die Möbel waren bald untergebracht, auch das Schweindl und die Hühner, die hatten einen schönen Auslauf im Garten. Holz zum Heizen bekam ich vom Sägewerk. Wir gewöhnten uns rasch ein und auch meine Arbeit war nicht schwer, und was nämlich für mich ausschlaggebend war: Ich konnte mich in Ruhe um einen ordentlichen Posten umsehen, und so hatte ich bald das Glück, nach Berndorf zu kommen.

Weißenbach an der Triesting war ein ganz schöner Ort, besonders Wiener kamen oft her, und die Umgebung war für Fremde mit der Bahn von Wien leicht erreichbar.

Mein Töchterl Mia ging hier weiter in die Volksschule und lernte brav, und da sah man erst so richtig, welche Mühe sich der Herr Lehrer Rossrucker in Klein Mariazell gegeben hatte, der alle 5 Klassen, Mädchen und Buben in einer Klasse unterrichten musste, denn Mitzerl kam in jedem Gegenstand mit und beendete die 4.Klasse Volksschule mit Erfolg.

Schon meinen Kindern zuliebe war es notwendig, das einsame Nest zu verlassen, denn in dem Ort hörte man von keiner Kultur, Zeitungen lasen wir nie, in ein Kino zu kommen war unmöglich. Die Straße war nach einem Regen ein Meer aus Kot, von einem Radioapparat war schon gar keine Rede, und in der „Waldeinsamkeit" konnten wir die Kinder abends nicht allein lassen. Zwei Schritte vom Haus begann der Wald, und genug lichtscheues Gesindel schlich herum, ja sogar wir Alten erschraken oft am Abend. Wir mussten lachen, als wir einmal sahen, dass eine Dachsfamilie die Ursache war. Unweit von Haus hauste eine Fuchsfamilie, der ich oft zusah und sie nicht störte, denn in der Nähe seines Baues stiehlt der Fuchs nicht. Hirsche und Rehe sahen wir sehr oft, ja sogar Marder.

Am nächsten Tag nach meiner Übersiedlung ging ich noch einmal zurück, um Ordnung zu machen, und wie erstaunte ich, dort unsere Minka anzutreffen. Ja, wie kommst Du daher? Du warst doch in einem Korb, zugedeckt und in einem geschlossenen Bocktrüherl, wie konntest du den Weg wieder hierher finden? Frau L. besorgte die Reinigung der Fußböden und des Hauses, und auf ihr Ersuchen überließ ich ihr die Katze schweren Herzens. Ich hatte die Katze sehr gerne, hatte sie doch die kleinen Häschen gesäugt und betreut.

Die Firma Krupp aus Berndorf hatte die Landwirtschaft von Klein Mariazell gepachtet, und dadurch wurde ich mit einem Gärtner bekannt, der in der Berndorfer Gartenverwaltung beschäftigt war und seinen Posten aufgeben musste, weil er wieder nach Hause gekehrt war. Ich schrieb an die Gartenverwaltung und bekam eine Karte, dass ich mich gelegentlich vorstellen soll.
Am 1. April fuhr ich nach Berndorf mit dem Mittagszug,

musste jedoch bis drei Uhr warten, denn der Herr Gartenverwalter hielt sein Mittagsschläfchen, und die gnädige Frau wollte ihn nicht aufwecken.

Endlich, nach langem Warten geruhte der Herr Verwalter mich zu empfangen.

Entgegen aller Erwartung konnte ich schon am 15. April die Stelle als Landschaftsgärtner antreten, nur ohne Wohnung und mit nur einem Liter Milch täglich als Deputat. Das Gehalt war aber gut, passte sich den jeweiligen Preissteigerungen an und wurde auf mein Ansuchen wöchentlich ausbezahlt.

Die Wohnung behielt ich durch die Güte des Besitzers weiter und noch dazu kostenlos. Der Besitzer der Exl-Villa und auch des Betriebes war ein Geschäftsmann, der den Besitz der Baronin Pittel nach dem Umbruch billig übernommen hatte. Den Betrieb, eine Kunststeinfabrik, die auch marmorähnliche Platten erzeugte, legte er still, verkaufte alle Maschinen und übernommenen Bestände an Kunststeinen nach drei Jahren um horrendes Geld, so dass er die Besitzungen zum Schluss umsonst hatte. Er wurde bei allem reich und die Baronin Pittel arm. Und doch hatte Weißenbach das Aufblühen des Ortes der Familie Pittel zu verdanken, die die Schule, die Kirche und noch vieles andere erbauen ließ. Das war der Wandel der Zeit. Einige Beamte, die jahrzehntelang dem Betrieb gedient hatten, taten mir leid, denn sie mussten umsatteln, ja sogar den Betrieb verlassen. Im Sägewerk, wie das Werk nun hieß, wurden neue Leute aufgenommen, wie H. aus Hamburg usw. und St. als Holzeinkäufer, der wochenlang das Bett hüten musste, denn die Bauern im Ort hatten ihn so verdroschen, dass er auf lange Zeit genug davon hatte. Ich wusste nicht, dass Sts. Frau eine Freundin unserer Nichte

Mitzi war, das kam nun erst zur Kenntnis, als uns Mitzi im Sommer besuchte und entsetzt war, dass ich so eine schlechte Wohnung hatte, die ständig rauchte. Der Kamin war zugewachsen vom vielen Pech der Schwarzföhren. Die wuchsen hier in großen Mengen, die Pecher gewannen von den Bäumen das Harz, das Holz diente aber als Brennstoff. Als der Ofen einmal stark rauchte, zündete ich Papier im Rauchfang an und hatte das schönste Rauchfangfeuer entfacht. Die Umgebung des Hauses war schwarz vom Rauch, und ich musste schleunigst mit nassen Säcken auf den Dachboden, das Rauchfangfeuer zu dämpfen. Da sah ich zu meinem Schrecken, dass die Putztürln offenstanden und auch der Rauchfang schadhaft war. Die Villa hätte abbrennen können, doch ich hatte Glück.

Es nahten die Schulferien, und mein kleines liebes Mitzerl hatte die Volksschule beendet. Nach den Ferien muss sie mit mir täglich nach Berndorf zur Hauptschule fahren, das heißt, wenn sie aufgenommen wird.

Ich hatte es in Berndorf schön. Meine erste Arbeit war, in Hainfeld mit einem Arbeiter eine große Partie Fichten auszugraben und zu verpacken, damit sie der Wagen aus Berndorf abholen kann. Gärtnereibesitzer Voltin führte uns zum Fichtenschlag.

Vier Spatenstiche und ein Bäumchen nach dem anderen wurde mit dem Wurzelballen ausgehoben, die Ballen in die mitgebrachten Sackleinen und Drahtnetze gehüllt, das Bäumchen mit Bindfaden gebunden, und nachmittags um zwei Uhr waren wir mit unserem Auftrag fertig: 200 Bäumchen.

Als wir Foltin die Spaten ablieferten, wollte er es nicht

glauben. Anderntags kam auch das Fuhrwerk, und der
Kutscher schimpfte nicht wenig über das Gewicht des
Wagens. Er musste über den Kaumberg Vorspann haben,
sonst wäre er nicht imstande gewesen, den Berg allein mit
seinen schweren Pferden zu bezwingen.

Zu meiner Verfügung hatte ich je nach Arbeit ein bis zwei
Arbeiter, auch Mädchen oder Frauen. Es gab viel zu tun, denn
die Stadt war groß. Es gab bei der Fabrik und in der Stadt so
auch auf dem herrlichen Besitz des Fabrikanten Arthur Krupp
großartige Parkanlagen. Viele Spaliere mussten in Form
gehalten werden und Gruppen mit Blumen bepflanzt. Bei
Regenwetter half ich in der Gärtnerei dem alten oder auch
dem jungen Kollegen Moidl, die die Mistbeete und
Glashäuser betreuten. Der alte Moidl hatte die Topfblumen
und das Palmenhaus über, der junge die Champignonzucht,
die Gurken und Melonen. Sonst arbeiteten sie mit einem
Lehrling zusammen und einigen Hilfskräften.

Die Arbeit gefiel mir, denn ich konnte selbständig arbeiten.
Krupp war mit mir zufrieden, aber auch der Herr Verwalter L.,
denn so sauber gehalten waren die Anlagen schon lange
nicht; aber ich war mit L. nicht zufrieden. Ich bat ihn oft, mir
eine Wohnung zu verschaffen, sonst ginge ich woanders hin.
Das ständige Bahnfahren war für mich und Mitzerl ein Gräuel,
denn oft verschliefen wir den Frühzug um halb sechs, dann
mussten wir zu Fuß laufen, und über Pottenstein war der Weg
nicht kurz.

Mitzerl ging in die Berndorfer Schule, eine der schönsten
Schulen Österreichs. Als der Bürgerschuldirektor am Zeugnis
sah, dass es aus der einklassigen Volksschule Klein Mariazell
stammte, gab er Mia in die fünfte Klasse zurück, um sie

genauer prüfen zu lassen. Sie bewährte sich vorzüglich, und einige Tage darauf kam sie in die erst Klasse der Bürgerschule. Es war wieder ein ehrendes Zeugnis für den Lehrer Rossrucker.

(Anmkg.: Habe soeben ein Foto dieses lieben Lehrers aus der damaligen Zeit im Internet gesehen, auf der Webside von Altenmarkt an der Triesting. H.St.)

Ich annoncierte in der Güterbeamtenzeitung und auch in einigen Wiener Tageszeitungen, denn ich suchte eine Stelle als Ober-, Schloss-, oder Gutsgärtner. Auf mein Inserat meldete sich der Kommerzialrat Hugo Anbelang aus Ramsau bei Hainfeld.
Ich bekam ein Schreiben, ich möge mich am Sonntag, den 1.Juli 1922 vorstellen. Also gut, ich und Mitzerl setzten uns in die Bahn und fuhren nach Hainfeld. Wir stiegen aus und sahen wohl einen Wagen vor dem Bahnhof, aber was geht der uns an. Langsam gingen wir durch die Stadt und fragten dabei nach dem Weg nach Ramsau, und nach einer halben Stunde kamen wir die der Ortschaft. Wir gingen zuerst in ein Gasthaus und erkundigten uns nach der Herrschaft. Man zeigte uns die schöne Villa oben auf dem Hügel am Waldesrand, die Auffahrt durch einen großen Park. Der Anblick war schön. Im Schreiben stand, ich möge mich beim Oberjäger St. melden. Ich fragte auch nach dessen Wohnung, und als ich Bescheid wusste, gingen wir beide hinauf. Aha, hier wohnt der Oberjäger, das deutet schon der große Vierzehnender am Hause an. Recht nett die Anlagen, die einmal ein Heidengeld gekostet haben, das sah ich gleich an

der ganzen Planung Auch ein sehenswertes Arboretum fand ich hier vor. Der hier den Park und die Wege gestaltet hat, muss ein kluger Kopf und Architekt gewesen sein!

Beim Oberjäger, einem kleinen, alten, runzeligen Mann mit einem Spitzbart und bei dessen korpulenter Frau wurde ich mit den Worten empfangen: „Jetzt kemman´s erscht? Hama do an Kutscha zur Bahn g´schickt, eana z´holen. Hom´s den Kutscha net gsehen?" Wohl, wohl, wir wussten ja nicht, dass er wegen uns dort steht. Wir mussten uns setzen, und es wurde uns ein Schweinsbraten mit Salat serviert. Dann kam Herr Anbelang, ein alter Herr, jugendlich aussehend, gutmütig und sympathisch. Er gefiel mir sofort, und auch ich schien ihm zu gefallen. So nahm ich die Stelle als Obergärtner an mit der Bedingung, die er mir stellte, erst dann zu kommen, wenn der jetzige Gärtner das Gärtnerhaus verlassen hat und nach Hainfeld übersiedelt ist, wo er ein Viktualiengeschäft betreibt. Nun, ich hatte es nicht eilig, ich konnte ja in der Wohnung und auch in Berndorf verbleiben.

Ich war gerade bei Verwalter L. in der Kanzlei, als der Ökonomieverwalter anrief. Ich hörte noch, wie er ihm durchs Telefon mitteilte: „Hast du schon die Güterbeamtenzeitung gelesen? Dein Souček sucht darin eine Stelle". Das Gehörte riss ihn so herum dass ich lachen musste. „Ja sagen Sie, warum wollen Sie fort? Was geht Ihnen ab? Sind Sie verrückt? Sind noch nicht lange da und wollen schon wieder fort?" Ich dachte mir, wenn du wüsstest, dass ich schon eine Stelle habe, würdest du staunen. Ich sagte ihm „Ja ich will fort, geben Sie mir eine Wohnung und ich bleibe weiter". „Gut, ich werde mein Möglichstes tun, doch so schnell geht das nicht.

Haben Sie Geduld".

Nun, jetzt ist es leicht, Geduld zu haben.

Die Berndorfer Gärtnerei wurde während der Kriegszeit gebaut, hauptsächlich mit gefangenen Italienern. Sie war terrassenförmig angelegt: auf jeder Stufe vier lange Mistbeete und ganz oben befanden sich mehrere Höntsch-Häuser.

Dünger, Erde und anderes wurde mit einem Seilaufzug auf Schienen auf die Terrassen befördert. Auf diese Anlage war Verwalter L. stolz, da es (angeblich) sein Einfall war, die Gärtnerei an diesem Hang zu errichten. Ich wusste das nicht und als er mich einmal fragte, wie mir die Anlage gefällt, gab ich ihm zur Antwort: „Kan größern Teppn hat's net geben als den, der grad den Berg dazu ausersch'n hat, denn die vielen Stiegen, die man täglich steigen muss von Terrasse zu Terrasse macht jeden bis zum Abend müde, und der Aufzug kostet Strom und ist für die Katz". Nachher erfuhr ich durch den alten M., dass er der Urheber war.

L. war sehr überheblich, und einmal erzählte er mir sogar, er war Hofgärtner beim deutschen Kaiser in Berlin. Bitte, alles möglich. Er war ein Deutscher und lebte hier wie der Herrgott in Frankreich. Er hatte eine Villa als Wohnung und einen schönen Gehaltszuschuss, denn die Gärtnerei betrieb Handel mit Blumen in Töpfen, Schnittblumen, Kränzen und Sträußen. Bei Regenwetter half ich, tausende Primeln, Zyklamen, Farne, Zinerarien und so weiter um-oder einzutopfen. Auch Kränze, sonst von der Gärtnerei Gabesan in Pottenstein oder der hiesigen kleinen Handelsgärtnerei gebunden, wurden nun hier gebunden und verkauft. Es war ja alles hier, was man dazu brauchte, und Mahonien gab es am „Brand" und überall mehr wie genug. Taxus, Buchsbaum, feine Thujen und Nadelhölzer standen als Schnittgrün im Freien, Laurus, Palmenblätter etc. im Palmenhaus ausreichend zur Verfügung. Da konnte man leicht arbeiten. Sommerblumen gab es im Reservegarten.

Vor Allerheiligen gab es schon tagelange Vorbereitungen, und auch ich hatte in Weißenbach genügend Aufträge und konnte jeden Abend Kränze und Bouquets binden. Für mich war es eine schöne Zubuße, sodass wir uns wieder Kleidung und Schuhe kaufen konnten.

Es kam der Spätherbst mit Regentagen, die ich in der Gärtnerei verbrachte und beide Kesseln auseinandernahm, sie reinigte und wieder zusammensetzte.

Einräumungsarbeiten begannen, und im Fabriksgarten, in der Stadt und am Brand wurden Rhododendren, Azaleen und verschiedene heikle Sträucher eingebunden und mit Reisig gedeckt, so auch die Gruppen der Rosen. Ich hatte einen Werkszimmermann mit mir, der nach meinen Angaben die Pfähle schlug und Verbindungslatten nagelte, um die Riesenrhododendren zu decken, auf eine solide und hübsche Art, wie sie Berndorf noch nie hatte.

Auch am „Brand" mussten wir eine lange Schutzwand gegen den Wind und den Schnee aufstellen und mit Tannenreisig verkleiden. Die fast drei Meter hohe Wand sah gefällig aus, und wir beide ernteten das volle Lob von Krupp.

Im November bei schönem Wetter beschnitt ich mit einigen Hilfsarbeitern noch alle Alleebäume; oben und seitwärts, so dass in der Mitte eine Wölbung entstand, von der Fabrik bis zum Bahnhof Berndorf Stadt. Ich ließ noch alle Gruppen

umstecken, pflanzte noch eine Menge an Sträuchern und
Bäumen. Da stand auch schon Weihnachten vor der Tür. Die
Feiertage hatten wir auch gut überstanden, nur musste ich oft
an mein armes altes Mutterl denken. Meine liebe Mutter
starb am 22. November 1922 im 72. Lebensjahr innerhalb von
drei Tagen an Lungenentzündung.

Die Mutter hatte für sich und den Vater in drei
Sterbeversicherungen eingezahlt, und zwar 36 Jahre lang. Ihr
Wunsch war immer, als Bürgersfrau, die sie war, mit einem
großen Kondukt, mit einem Galawagen zum Zentralfriedhof
geführt und dementsprechend bestattet zu werden. Du Arme,
wenn du das gesehen hättest! In einem schwarzen
Totenwagen wurde sie abgeholt, einfach aufgebahrt in der
Leichenhalle und bei Regenwetter zu Grabe getragen, wo ein
Klosterbruder in kaum 5 Minuten seine Einsegnungs-
zeremonie hielt. Das hast du, liebste Mutter, nicht verdient,
dass du in ein Grab kamst, wo noch eine Frau auf dich
gebettet wurde, ein Sarg neben den anderen und noch eine
Reihe darauf. Leider konnten wir alle zusammen nur
zweieinhalb Millionen aufbringen, und fast alles zahlten
unsere Schwester Bertha und der Schwager Hans Vaculik. Ich
sehe heute noch den Klosterbruder vor mir, einen alten,
unrasierten, kleinen, stupide aussehenden Mann in einer
alten Kutte. Seine Schuhe Nr. 45 waren voll Lehm und auch
die Kutte. Heute, den 28. Jänner 1959, schreibe ich dieses
nieder.

Endlich kam aus Ramsau die Nachricht, dass mir zwei Wagen
für die Übersiedlung geschickt werden, doch musste der
Termin am 1.1. verschoben werden, denn wegen des starken
Schneefalls hätten die Wagen über den Kaumberg nicht

fahren können. Ich bekam die Nachricht, dass ich meine
Sachen mit der Bahn befördern soll. So kündigte ich am 1.
Jänner dem Herrn Verwalter, der mich jedoch nicht fortlassen
wollte und mir eine Wohnung für den 1. März versprach. Auf
einmal! Und so oft hatte ich ihn darum gebeten!

1923

Ramsau bei Hainfeld

Am 15.Jänner trat ich meine neue Stelle in Ramsau an,
nachdem die zwei Wagen meine Sachen zu meiner neuen
Wohnung gebracht hatten: ein schönes Häuschen, an der
Straße gelegen, mit zwei Zimmern, Küche, Veranda und
Vorhaus und einem Mansardenzimmer. Anschließend ein
Holzschupfen mit Hühner –und Schweinestall. Das Haus stand
auf einer Insel, denn vorne floss der Werkskanal der
Säbelfabrik vorbei und rückwärts der klare, kalte
Ramsaubach, in dem reichlich Forellen schwammen.
Das Monatsgehalt war annehmbar, als Deputat gab es Milch
und Kartoffeln. Zum Haus gehörten noch ein kleiner Garten
und Mistbeete.
Herr Hugo Anbelang wohnte in Wien, Prinz Eugenstraße 2, in
einem Palais am Schwarzenbergplatz. Er kam nur im Sommer
auf seinen Besitz, der außer seinem Jagdschlössl, dem
Ramsauerhof, noch zwei Meierhöfe, den Meierhof am

Windberg und den Farichenbachhof und die Vöslermühle umfasste, einen schönen Besitz an der Straße nach Mariental gelegen. Die einstige Mühle bewohnte Herr Rittmeister Gunkel. Herr Hugo Anbelang war der glückliche Erbe der Firma C.Warhanek für Russen und Fischkonserven, mit den Fabriken in Wien, Zauchtl, Msama Dolna, Brünn und in noch vielen Städten. Die Firma wurde von der Nordsee, der Ostsee, der Adria und der Mittelmeerfischerei beliefert und hatte noch Besitzungen in Grado und noch anderen Orten.

Er, ein Weltmann- seine Gattin eine geborene Dienstl- hatte für die Firma Meinl große Reisen unternommen, bevor er sein Erbe antrat. Er hatte hauptsächlich den fernen Osten bereist, China, Japan, Ceylon als Teeeinkäufer und auch Länder, die Kaffeplantagen hatten.

Endlich hatte ich eine Wohnung und eine Stelle, die mich und meine Familie erfreuten. Zu tun gab es vorläufig nicht viel. Der Gemüsegarten war ein Pachtgrund der Sägewerksfirma Sauermann, im von Riedling erbauten Glashaus mit Kanalheizung war fast nichts drinnen. Na wir werden ja sehen! Eines bemerkte ich sofort: dieselbe Wirtschaft wie in Klein Mariazell! Zwei Meierhöfe, in jedem Meierhof ein paar Ochsen oder ein oder zwei Kühe; nichts angebaut, nur Wald- und Wiesenwirtschaft, bis auf einen Acker Kartoffeln.

Als ich mit dem verhutzelten Oberjäger nach Hainfeld fuhr, meinte er so nebenbei: „Wissen´s, mi nennan die Lait Herr Vawolta". Ja, schaust a aus danoch, logisch, aba i wer zu dir nia Vawolta sogn.

(„Wissen Sie, mich nennen die Leute Herr Verwalter." Ja, du schaust auch so aus, logisch, aber ich werde zu dir nie Verwalter sagen.)

Er war aus der Obersteiermark, „des han i glei gmirgt". *(Das habe ich gleich gemerkt.)* Er zahlte beim Zagler auch für mich 1 Krügel Bier und ein Gulasch, und auf meine Frage, wie er dazu kommt, da sagte er: „Jo wissen's, des han i fast alle Tag wan i nach Hainfeld zan Finanzomt fohr". *(„Das habe ich fast alle Tage,wenn ich nach Hainfeld zum Finanzamt fahre."* Na, mir ist es egal, ich wundere mich über nichts mehr, denn als ich vom Bahnhof mit den zwei Wagen abgeholt wurde, bekamen wir auf Kosten des Kommerzialrates alle dasselbe. Auch der Kutscher W. wurde jedes Mal freigehalten.

Die Vöslermühle, der Bau existiert nicht mehr

(Foto aus dem Nachlass)

Das hiesige Jagdrevier war groß, und ich wunderte mich auch nicht, als im Februar hoher Schnee lag und ich rings um die Villa Hirsche lagern sah, die der Jäger St. Ignaz (der alte St. hieß Anderl, Andreas mit Vornamen) hegte und fütterte. Interessant war der Anblick von der Straße aus, und viele Vorbeigehende sahen die Hirsche oben herumgehen. Lange dauerte es, bis es Frühjahr wurde. ich konnte es kaum erwarten, denn R. hatte noch ein Zimmer mit seinen Möbeln in Beschlag genommen.

Villa Ambelang/ Pauker, Foto aus dem Nachlass;
Herr Oberjäger, seine Frau und F.S.

Ramsau war eine stille, ruhige Landschaft mit Schule und
Kirche, zwei Gasthäusern, von denen eines dem Sepp Huber
und das andere dem Zauner gehörte, der auch eine kleine
Lichtmaschine betrieb. Als Priester war Pater Candidus
Sengsbratl zu nennen und als Oberlehrer Herr Simek. Es gab
zwei Kaufhäuser, eines gehörte dem Herrn Schlacht senior,
das andere dem Schlacht junior. Schlacht senior war zugleich
Feuerwehrhauptmann. Einem Postamt stand Frl. Hansi Berger
vor. Es wohnten noch der Schmied Fasching, der Müller
Lechner und einige Bauern im Ort, aber viele Landwirte weit
verstreut, denn das Gebiet Ramsau reichte bis zum Kieneck
und dem Unterberg. Dazu gehörten noch Mariental, Annental
und Adamstal und wurden von vielen Wienern als
Sommerfrische und von Ausflüglern besucht. Eine sehr
schöne Gegend. Hier gefiel es mir, und ich freundete mich

sehr rasch mit allen an. Auch später war ich bei jeder Gaudi und Hetz dabei, denn was ging mir ab, da ich wieder meine volle Gesundheit erlangt hatte.

Ramsau bei Hainfeld, Ansichtskarte aus dem Nachlass

Schloss Ramsau im Verfall, Aufnahmen 1958, privat

Nur eines machte mir Kummer: der weite Weg zur Schule,
den mein liebes, lerneifriges Töchterl hatte. Der Weg zog sich
entlang des Ramsaubaches bei Waldungen vorbei, die Straße
war nicht grundiert und von vielen Holzfuhrwerken zerfahren.
Bei Regen wurde man kotig bis über die Schuhe, denn es war
kein Gehsteig vorhanden. Hier täglich zu gehen, auch bei
Schnee und oft großer Kälte, war kein Vergnügen, und da die
Bürgerschule vor-und nachmittags besucht werden musste,
gingen ich oder meine Frau unserem Mitzerl entgegen, denn
im Winter war es bald finster, und eineinhalb Stunden hatte
man, wenn Schnee lag, nach Hainfeld zu gehen. Bei
schlechtem Wetter und schlechter Straße kam sie manchmal
etwas zu spät, und eines Tages bekam ich vom Lehrer deshalb
eine Vorladung. Ich stellte mich vor. „Ach Sie sind der Vater,
ich verwechselte Sie, trugen Sie nicht einen Spitzbart?" „Herr
Reis, das war mein Vorgänger Kollege R." Nach einer längeren
Debatte fragte ich Herrn Lehrer Reis, ob er schon einmal in
Ramsau war. Nein? „Bitte, es wird mir eine Ehre sein, wenn
Sie mich und meine Frau besuchten, und wenn möglich auch

einmal bei sehr schlechtem Wetter, damit auch Sie sich ein Bild von dem Weg machen können, den meine Tochter zu gehen hat. Herr Oberlehrer Reis besuchte uns öfters, und von da an hatte sie Ruhe von ihm.

Alle 14 Tage bis drei Wochen musste ich, wenn ich an der Reihe war, nach Wien zum Kommerzialrat, um Bericht zu erstatten. Um 5h früh fuhr der erste Zug über Leobersdorf, Sollenau, und mit dem letzten Zug, der um halb 11 h in Hainfeld ankam, fuhr ich zurück. Ich musste jedes Mal früh aufstehen und kam spät zu Bett, brachte aber jedes Mal von Herrn Anbelang entweder Rollmöpse, Russen in kleinen Fässchen, Aspikheringe oder Sardinen mit.

Der Winter dauerte hier lange. Obwohl Ramsau nur 800 m hoch liegt, blieb der Schnee lange liegen, und ich konnte es kaum erwarten, die Mistbeete anzulegen, um rechtzeitig Gemüsepflanzen zu bekommen. Im Garten half mir Johanna Lechner, und später bei den Säuberungsarbeiten im Park halfen drei bis vier Frauen. Ab Mai hatte ich fast ständig drei Hilfskräfte bis in den Spätherbst.

Der Park war duch R. vernachlässigt, leider auch durch Anbelangs Schuld, denn er hatte den Garten an R. verpachtet, und als Pachtzins sollte R. die Arbeit im Garten bewältigen. R. hatte in erster Linie auf sich gesehen, und Arbeitskräfte kosten Geld, und das Geld dazu hatte er nicht. Auch war er mehr in Hainfeld in seinem Verkaufsladen als in Ramsau.

Ich richtete den Park so her, dass auch der Besitzer restlos zufrieden war. Und das war auch ich, denn Herr Anbelang ließ mich bei meinem sonnig gelegenen Wohnhaus ein Höntsch-Glashaus bauen, mit einem Höntsch-Kessel, der leicht zu bedienen war.

Mit Herrn Anbelang hatte ich nur ein einziges Mal eine kleine Differenz, als ich seiner Anordnung nicht folgte.

Ich hatte schon von R. gehört, dass Herr Anbelang den Oberjäger zu sich ins Haus rief, wenn er ein Mal ins Horn blies, bei zwei Mal ging es den den Jäger an, und drei Mal ins Horn blasen, geht den Gärtner an. Tatsächlich machte Herr Anbelang auch mir das kund und zu wissen, wenn er dreimal bläst, soll ich zu ihm hinauf. Kaum war er im Mai hier angekommen, hörte ich sein dreimaliges Tuten. Statt zu ihm hinauf, ging ich nach Hause. Gleich darauf kam der Jäger Ignaz St. und fragte mich, ob ich nicht tuten hörte. Ich möge zum Herrn hinaufkommen. Jawohl, ich hörte das Tuten, bin aber kein Hund, der auf des Herrn Pfiff schnell läuft. Ich werde schon kommen.

Als ich zum Chef kam, wie ich ihn nun nennen will, sah ich sofort, dass Ignaz wortwörtlich berichtet hatte. Auf die Frage, warum ich nicht gekommen wäre, entschuldigte ich mich und bat den Chef, mir eine Stunde morgens anzugeben, und ich komme dann, um seine Wünsche entgegen zu nehmen. Er möge mir aber niemals mehr tuten, da ich das als Erniedrigung empfinde. „Ja, lieber Souček, Sie haben Recht, obwohl sich darüber noch niemand aufgehalten hat. Wann wollen Sie kommen, und um welche Zeit?" „Herr Chef, am besten um 8 h früh, denn da höre ich zugleich die Wünsche der Köchin wegen des Gemüses." „Gut, von nun an kommt mein Oberjäger, der Anderl, um halb acht, der Nazl ist ohnehin im Haus, und Sie kommen um acht zu mir." So wurde es auch eingehalten, und es gab täglich mit dem Chef über etwas zu plaudern, und oft war ich länger als eine Stunde bei ihm, und es wären Stunden daraus geworden, wenn ich mich

nicht selbst empfohlen hätte, da auch ich Arbeit hatte. Oft suchte er mich im Garten oder im Park auf, und wenn ich ihn sah, legte ich das Werkzeug aus der Hand und ging ihm entgegen. Der Chef war immer guter Laune, und einmal, als ich ihn wieder begrüßte, sagte er: „Sagen Sie, lieber Souček, wie ist das, ich habe Sie schon öfters beobachtet und sah, dass Sie mit etwas beschäftigt waren. Sie ließen die Arbeit stehen und kommen mir entgegen. Der R. tat nichts, aber wenn er mich sah, dann nahm er den Krampen oder die Schaufel in die Hand und arbeitete und tat so, als hätte er mich nicht gesehen". Wie oft sagte er mir: „Lieber Freund, richten Sie alles schön her, ergänzen Sie die Rosengruppen, das Alpinum, die fehlenden Azaleen und Rhododendren, kaufen Sie noch Obstbäume, wenn Sie glauben, dass noch wo Platz ist. Meine Sparkasse ist für Sie offen, ich will es schön haben". Und er hatte auch alles in schönster Ordnung. Ich brachte aus Purgstall, wo ich zweimal beim Grafen Schafgotsch war, dann aus St. Pölten vom Obergärtner Briza und vom städtischen Obergärtner alpine Pflanzen und richtete das Alpinum her zu einer Sehenswürdigkeit. Wo ich nur konnte, pflanzte ich Perennen und Sommerblumen entlang der prachtvollen Kegelbahn, deren Säulen mit Actinidia berankt waren. Vor der Villa, an der Böschung, wurden Schlingrosen gepflanzt, während der Blütezeit ein herrlicher Anblick, wenn die ganze Böschung eine einzige Blüte war. Darüber die vielen Azaleen und Rhododendren, Rosengruppen, Rabatten mit Rosen, Rabatten mit Pelargonium meteor und viele mehr!
Im Park waren die schönsten und darunter auch sehr seltene Laubbäume, Nadelhölzer und Sträucher. Ein Tennisplatz mit

einem schönen Häuschen, dann noch eine Terrasse tiefer das Haus des Oberjägers und des Kutschers mit Stallungen, Remise und einer Lichtmaschine zum Laden der Säurebehälter.

Einmal sollte ich auf Anraten des Chefs nach Tullnerbach-Pressbaum zu einem schwedischen Gartenarchitekten um verschiedene Perennen und Alpenpflanzen. Ich fuhr auch dorthin, kaufte jedoch fast nichts, denn die Preise waren mit zu hoch. Die Ware bekam ich woanders billiger.

Kommerzialrat Anbelang ließ auch seine Meierhöfe, die Wohnhäuser seiner Holzfäller, mein Wohnhaus und auch die Villa gründlich renovieren und auch alle Fenster und Türen streichen.

Er scheute keine Auslagen und Professionisten aus Wien kamen, um so manche Arbeit zu machen, die auch ein Hainfelder hätte leisten können.

Als auch R. das zweite Zimmer bald räumte, kaufte ich dafür eine Schlafzimmereinrichtung, und mit Erlaubnis des Chefs nahm ich über den Sommer Sommerfrischler aus Wien auf. Es war für uns eine Einnahmequelle und eine ganz besondere Zubesserung, denn die Inflation hielt an.

Es war alles ganz schön, doch mit dem Wetter musste ich immer raufen. Gleich im ersten Jahr, einen Tag vor Pfingsten setzte ich noch Pelargonien vor der Villa aus. Trotzdem ich sie zur Sicherheit gegen Nachtfrost schützte, erfroren sie über Nacht, und ich wollte doch, dass wenn der Chef kommt, alles fertig hergerichtet ist. Doch der Chef, als er sah, dass mir das peinlich war, tröstete mich mit den Worten: „Ja, lieber Souček, Sie kennen die hiesigen Klimaverhältnisse nicht, hier dürfen Sie vor Anfang Juli heikle Pflanzen nicht ansetzen.

Verkaufen Sie andere. Ich fuhr nach Berndorf zum Verwalter, der mir sofort Pelargonien gab, obwohl er noch auf mich böse war, weil ich ihn verlassen hatte. Ich habe ihn eingeladen, nach Ramsau zu kommen, was er auch versprach.

Auch in Enzersfeld Lindabrunn war ich etliche Male beim Gartendirektor des Baron Rothschildschen Gutes Herrn Kunz, den ich noch von der Fürstlich-Eszterhazy-schen Gärtnerei in Eisenstadt kannte, wo er Hofgärtner war.

Gartenverwalter L. starb noch im Sommer 1922 an Herzschlag. Sein Nachfolger wurde der Gartenarchitekt Gabesam, ein Sohn des alten Gabesam aus Pottenstein.

Hatte ich die Gärtnerei in Berndorf vorzeitig verlassen oder war es Bestimmung? Schade, ich hätte mich sonst um die Stelle beworben, denn der Herr Krupp war mir sehr gewogen, und als er hört, dass ich wegen einer Wohnung die Stelle verlassen hatte, soll er Herrn L. grob angefahren haben: „Warum ließen Sie den Gärtner fort, ohne mich zu verständigen? Ich hätte ihm sofort eine Wohnung zugewiesen. Solche Menschen lässt man nicht fort, die ihre Sache verstehen. Schade, ich war mit ihm sehr zufrieden. So schön waren die Anlagen noch nie hergerichtet."

Ja, man sollte alles im Vorhinein wissen oder? Nun, ich hatte einen Herrn jetzt, der zu mir und meiner Familie kein Herr war sondern ein väterlicher Freund. Er war die Güte selbst und nie hörte ich ein schlechtes Wort. Auch meinte er einmal zu mir, als wir gemeinsam nach St. Pölten fuhren: „Souček, vor 20 Jahren hätten Sie zu mir kommen sollen und nicht so spät. Ich bin heute ein alter Mann und mein Leben ist begrenzt. Ich spüre es und auch alle Ärzte, die ich konsultierte, bestätigen es, doch die Spanne Zeit wollen wir

uns noch gütlich tun. Sind Sie zufrieden mit mir, dann freut es mich, ich will nur glückliche und zufriedene Menschen um mich sehen, mit denen ich mich auch ausreden kann. Haben Sie gestern gehört, was mir Anderl sagte, als ich ihn fragte, was es Neues gibt? „A Kua is krank, a Ross geht krumb, a Beinlschwarm is often ogfohn, und am Windberg is a Kaibl hingwo´dn." *(Eine Kuh ist krank, ein Ross geht krumm, ein Bienenschwarm ist davongegangen, und am Windberg ist ein Kälbchen eingegangen.)*
Na, lieber Souček, da soll man eine Freude haben, wenn man mit solchen Sachen begrüßt wird". „Ja schaun Sie, Herr Kommerzialrat, der Mann versteht es nicht besser und seine Frau noch weniger, beiden fehlt die Schul-und Lebensbildung." „Ja, Sie haben recht." „Meiner Meinung" sagte ich, „hätten Sie das Gesagte vom St. auch später erfahren".

Ja, der St. Anderl, der war sein Geld wert.

Wie ich schon erwähnte, musste in der Zeit, da der Chef in Wien war, einer von uns dreien zu ihm nach Wien kommen. Diesmal wäre der Oberjäger an der Reihe, doch telefonierte der Chef tags zuvor, ich muss zu ihm kommen. Na schön, ich fahre zu ihm, übergebe ihm als er noch im Bett lag, einen Brief vom Anderl. Er reißt das Couvert auf und liest und fängt derart zu lachen an, wie ich ihn noch nie lachen sah und gab mir den Brief zu lesen. Darin stand, so weit ich mich nach 37 Jahren- heute schreiben wir das Jahr 1959- erinnern kann:
„ Gnädiger Her, weil i heint za inan net kim, gib i dem Sotscheg den Brief mit. I muas mi iba eam beschweren.
1. Er hot Kränz verkaft und a Pflonza und des Göld hot er se gholtn, weil in seina Rechnung, die er ma gebn hot zan

auszolen firt Leit steht do nix drin das a Göld zan varechnan hot. Also hot er sichs gholten. Mei Rechnung is a dabei und in Sotscheg han i 100 Stück Ziegln gebn, die i unta da Hand kaft han, er wird scho brauchen, a di Allerheilnbluman vakaft a und nochan hot er ka firn Fridhof nach Wien. De Sau hot gfadelt. Won da Gnä Her anige Russn übri han, mecht ma schea bittn. De Sau hot 9 Junge und an schean Repok hot da Nazl gschossn, den hon i eana mit da Bon gschigt und lossn s eana guat schmeckn. Da Sotscheg wü an Hosn, soll i eam an schiasn. Gscheida net. Bis i eina kim sog i eana gnä Her mer Kis die Hond, A. St."

(Gnädiger Herr, weil ich heute nicht zu Ihnen komme, gebe ich dem Souček den Brief mit. Ich muss mich über ihn beschweren. Erstens: Er hat Kränze verkauft und auch Pflanzen, und das Geld hat er für sich behalten, weil in seiner Rechnung, die er mir gegeben hat, damit die Leute ausgezahlt werden, steht nichs drinnen, dass er Geld zu verrechnen hat. Also hat er es sich behalten. Meine Rechnung ist dabei und dem Souček habe ich 100 Stück Ziegeln gegeben, die ich unter der Hand gekauft habe, er wird sie schon brauchen. Auch die Allerheiligenblumen verkauft er, und dann hat er keine für den Friedhof in Wien. Die Sau hat geworfen. Wenn der gnädige Herr einige Russen übrig hätte, möchten wir schön bitten. Die Sau hat acht Junge. Und einen schönen Rehbock hat der Nazl geschossen, den habe ich Ihnen mit der Bahn geschickt, und lassen Sie sich ihn gut schmecken. Der Souček will einen Hasen, soll ich ihm einen schießen? Gescheiter nicht. Bis ich herein komme, sage ich Ihnen, gnädiger Herr, Küss die Hand, A.St."

„Na lieber Souček, was sagen Sie jetzt dazu?" „Nichts, Herr

Kommerzialrat. Ich freue mich, dass Sie der Anderl über alles so gut unterrichtet. Was ich verkaufte, waren übrige Pflanzen, die ich nicht mehr benötigte, und mit Ihrer Zustimmung und auf Ihre Anordnung lieferte ich mit Ihrem Namen einen Kranz, wenn ein Ihnen bekannter Bauer starb, und alle anderen Kränze ließ ich mir bezahlen. Bis jetzt waren es zusammen 3 Kränze, und für Pflanzen nahm ich insgesamt 600 Kronen ein. Ein bescheidener Betrag. Was die Ziegel betrifft, so bekam ich vom St. 10 Stück, die er geschenkt erhalten hatte. Wieso er 100 Stück Mauerziegel verrechnet, weiß ich nicht."

„Naja, lassen wir das, ich habe Sie hereingebeten, um mir eine schöne, große Palme zu beschaffen. Da haben Sie von mir 500 Kronen und schauen Sie, ob Sie eine schöne Kentia für mich finden. Die Allerheiligenblumen werden Sie sich am Zentralfriedhof beschaffen, richten Sie das Grab meiner Frau nur ja schön her, das Geld bekommen Sie dann von mir, wenn Sie die Palme bringen. Auch wird eine Frau aus meiner Fabrik hier auf Sie warten, die hilft Ihnen bei den Arbeiten am Grabe."

Ich beschaffte eine sehr schöne Kentie, und nach einem ausgiebigen Frühstück fuhr ich mit der Frau, die nach Heurigen roch, zum Zentralfriedhof. Bei einem Kollegen kaufte ich das Pflanzenmaterial, sehr schöne Chrysanthemen Blanche Poitevine. Ich staunte über das einzigartig schöne Grabmal unweit des großen knienden Ritters. Es ist im selben Stil wie das Denkmal für Strauß und Lanner im Wiener Stadtpark, mit vielen Engelsköpfen, Engeln, die beschwingt zu singen und zu jauchzen scheinen.

Auf dem Zentralfriedhof wurde ich mit Herrn Amtsrat

Rambusek bekannt. Ein sehr netter Herr und Kollege, der für das Schmücken der Gräber zuständig war.

Im Sommer kaufte ich mir ein schönes Fahrrad, „Wanderer", mit dem ich fleißig lernte. In kurzer Zeit hatte ich die Sache heraus und fuhr längs der Straße zum Säbelwerk, sehr unbeholfen und ängstlich, um ja nicht zu nahe an die am Bachrand wachsenden Brennnesseln heranzukommen. Ich musste aber einem leeren Holzfuhrwerk ausweichen, so lag ich schon in den Brennnesseln und verbrannte Gesicht und Hände. Nach vierstündigem Lernen fuhr ich schon mit dem St. Nazl nach Annental zum Meinl-Besitz. Dort kam ich gut an, ohne dass mir unterwegs etwas zugestoßen wäre. Dort blieben wir über eine Stunde, und dann fuhren wir, nein, dann fuhr ich wie eine Olympiaradler bergab los. Ich sauste nur so dahin, denn ich vergaß auf den Rücktritt und die Vorderhandbremse. Der Weg war schmal und ein kleiner Wildbach mit steinigem Grund floss linker Hand, und bald wäre ich rechter Hand an den Felsen im vollen Saus heran-gekommen, doch auch hier konnte ich noch knapp vorbei. Das Verhängnis nahte doch, denn als ich um eine Biegung fuhr, sah ich ein Personenauto entgegenkommen, da erinnerte ich mich in der Angst der Bremsen und trat mit Kraft in den Rücktritt und bremste zugleich mit der Vorderbremse. Da flog ich im Bogen auf die frisch geschotterte Strasse, und, o Schmerz, wie sah ich aus? Der alte Herr Meinl stieg aus dem Auto und fragte mich, ob ich mir weh getan habe. Na ja, ich war zerschunden und er nahm aus seiner Autoapotheke Watte und Alkohol und reinigte mir die Wunden. Es schmerzte furchtbar, doch ich war froh, dass

mir damit geholfen wurde. Endlich kam auch der St. Nazl und
staunte über meinen Stern, den ich gerissen habe. Seine
Lehren, die er mir gab, beherzigte ich künftig und fuhr bis zum
Jahr 1945 anstandslos, doch das Nähere später. *(Der spätere
Teil zu diesem Thema wurde anscheinend vergessen H.St..)*
Ich denke an die Zeit zurück, als noch die Hochräder in
Verwendung standen, dann erst die Fahrräder in jetziger
Form einzeln sichtbar wurden und jeder Radfahrer eigene
Kurse besuchen musste, die z.B. im Prater abgehalten
wurden. Die Fahrräder hatten anfangs eine Nummer und
jeder Radfahrer eine amtliche Fahrbewilligung. Trotzdem
wurden Menschen mit dem Rad überfahren oder
niedergestoßen. Im Prater wurden eigene Radfahrwege
angelegt, es wurden besondere Radfahranzüge, auch eigene
Kappen geschaffen. Es gab auch zweisitzige Räder oder
Tandems, und sonntags sah man viele Radfahrer ins Grüne
fahren. Mit der Zeit gab es viele Räder, die von Jung und Alt
benützt wurden, ohne nennenswerte Unfälle und ohne das
übliche Sturmläuten der Radfahrglocken. Nur ein-, zweimal
wäre mir ohne etwas Glück beim Radfahren Schlimmeres
geschehen. Ich fuhr öfters nach Lilienfeld und besuchte den
Stiftsgärtner und seine Familie, trank auch ein paar Gläser
guten Stiftswein im Stiftkeller. Wir plauderten über die
Liebesabenteuer so mancher Herren und über Fachliches.
Einmal besuchte ich danach im Kreislandeskrankenhaus einen
Bekannten und fuhr vom höher gelegenen Spital mit meinem
Rad bergab. Da riss mir die Kette im vollen Lauf, und ich
stürzte knapp vor einer Frau, der ich auch beim Fallen die
Tasche aus der Hand schlug. Die Frau schimpfte fürchterlich
und schrie derart, dass uns sofort eine Menge Menschen

umringten. Gott sei Dank war mir beim Fallen nichts
geschehen. Als ich mich entschuldigte und auf die gerissene
Kette als Ursache des Sturzes wies, beruhigte sich die Frau,
auch weil aus der Tasche nichts fehlte.

Noch einmal hatte ich Pech, als ich zu meinem Kollegen
Krampulik ins Mariental fuhr, der beim Besitzer der
Kupferhütte, Herrn Weinberger, beschäftigt war. Ich fuhr
entlang des Ramsaubaches auf einem kleinen Fußweg, denn
die Straße war unbefahrbar wegen der vielen Schlaglöcher
und ausgefahrenen Geleise, da sprang mir die Gabel aus der
Vorderradachse. Das Vorderrad löste sich, ich fiel vornüber
und kugelte über die Böschung zum Bach ohne mir zu
schaden.

Mein Kollege besuchte mich auch öfters, doch ich sah bald,
dass er mir meine Stelle neidete.

Sein Vorgänger, der Kollege Kubessa, wäre im Mariental bald
verhungert. Er war alleinstehend, hauste dort vom Herbst bis
zum Frühjahr ganz allein, und die Inflation wirkte sich in
seiner Situation verheerend aus. Wenn er zu uns kam, ganz
verhungert und ohne Geld, konnte er sich wenigstens satt
essen.

Das Jahr 1922 ging zu Ende, und das Jahr 1923 brachte mir
viel Arbeit. Der alte Gemüsegarten musste im Herbst an die
Firma Sauermann übergeben werden, und der Chef pachtete
vom Bauern Hauser ein Grundstück, das einerseits an den
Park und an den Garten des Bauern Zauner grenzte und unten
vom Ramsaubach gegenüber der Kirche abgegrenzt wurde.
Das Grundstück war nass, und so mussten wir eine Menge an
Drainagerohren legen und damit entwässern. Eine nach
meiner Vorstellung gezeichnete Hütte für Werkzeug,

Mistbeetfenster, Strohdecken usw wurden vom alten Täubel und seinem Sohn aufgestellt, und der Gemüsegarten auch nach meinem Plan mit Wegen und Mistbeeten versehen, rigolt. Als Hilfskräfte hatte ich einen Mann mit einem Gehilfen, der leider halb blind war bei der Arbeit, und wenn er eine Schere aus der Hand gab oder sonst ein Werkzeug, die Gegenstände dann eine halbe Stunde lang suchte und eine Zigarette nach der anderen rauchte. Zum Stehlen aber sah er alles, was verwertbar war und verkaufte es, um Saufgeld zu haben. Beim Essen war er nicht zu sättigen und fraß für drei. Da er auch sonst ein derber, ungemütlicher Kerl war, der sich nicht reinigte und noch dazu Gewandläuse hatte, die auch der Chef an ihm sah, musste ich ihn entlassen.

Die Mauern des Glashauses wurden vom Hainfelder Maurermeister namens Adami, der aus San Daniele stammte, errichtet und die Firma Höntsch aus Wien III mit dem Vertreter Herrn Sülze sandte zwei Monteure, die das Glashaus und die Heizungsanlagen montierten. Als das Glashaus fertig war, beschaffte ich mir aus Gent in Belgien einen großen Korb voll verschiedener Pflanzen, einige Palmen, Azaleen und noch anderes. Auch brachte ich noch viele Stecklinge von den Kollegen z. B.aus Hainfeld, St. Pölten, Lilienfeld, und als das Jahr 1923 zu Ende ging, hatte ich das Glashaus voll: mit Dracaenen, Königsbegonien, Palmen, verschiedenen Warm-und Kalthauspflanzen. Der Chef staunte, dass er mit so wenig Geld das Glashaus voll hatte. Ich hatte nicht nur das Glashaus, den Park und den Gemüsegarten in schönster Ordnung sondern auch alles, was zum Besitz des Kommerzialrates Anbelang gehörte, war wie neu hergerichtet. Da hörte ich, wie der Vater seines

Schwiegersohnes, Herr Rittmeister Gunkel fragte: „Ja sag einmal, Hugo, du trägst dich wohl mit dem Gedanken, alles zu verkaufen, sonst würdest du nicht alles so herrichten". „Na ja, ehrlich gestanden, es wird mir nichts übrigbleiben, denn, mein lieber Freund, schau dir das Dach genauer an! Da im Sommer die Sonne nur kurze Zeit her scheint und sieben Monate im Jahr nicht, sind die Dachtrame morsch. Du kannst fast überall einen Nagel ohne Mühe hineinstecken." Dazu konnte ich nur eines sagen: „Herr Kommerzialrat, das Haus steht fast im Wald, ist auch vorne von hohen Fichten umsäumt. Es wäre gut, die vorderen Bäume zu entfernen, damit Sonne und Luft besser dazu können." „Eine Idee, Sie haben recht, Souček, wir werden die vorderen Bäume kassieren, und der Nazl soll die Wurzelstöcke mit Sprengstoff sprengen." Und so geschah es auch. Das Haus stand freier da, und ich ergänzte die frei gewordene Fläche mit schönen immergrünen Pflanzen und als Abschluss mit niederen Thujopsis-Bäumen wie dolobrata, mit Sadebaum, Feuerdorn etc., so dass die Villa frei da stand und von der Straße aus gut sichtbar war.

Anbelang hatte über den Sommer sehr oft Besuche vom Maler Temple, der sich auch mit mir gerne unterhielt. Temple war eine Größe als Maler von Kriegsszenen und Schlachten. Anbelang galt auch viel als Mäzen und Förderer der Kunst, von Malern und Bildhauern, der Musik und des Schauspiels. Ein Buch verewigte die Erlebnisse eines Mulatten, des Sohnes eines Wiener Professors mit einer Negerin. Dieser Mulatte war durch die unermüdliche Hilfeleistung des Herrn Anbelang nach Amerika gekommen, wurde dort als Neger verachtet trotz seines an der Universität Wien erworbenen Doktorates.

Gleich am dritten Tag nach seiner Ankunft wurde er
bestohlen und musste dann unter den schwierigsten
Verhältnissen leben und heiratete eine arme Schwarze. Er
konnte nicht begreifen, dass es so schlechte Menschen gab,
die sich Christen nannten und nicht nur Rassenhass predigten
sondern auch die Neger auf das schändlichste behandelten
und ausnützten, und ein Hund mehr galt als ein Mensch mit
dunkler Hautfarbe; und das auch wenn er weiß war und nur
einige Merkmale der Schwarzen an sich hatte wie krauses
Haar oder etwa den gewissen zimtartigen Hautgeruch.
Ja, das Leben wäre zu schön gewesen, wenn es so geblieben
wäre. Was wir alle befürchtet hatten, trat am 1.XII. 1924 ein.
Herr Anbelang verkaufte seinen schönen Besitz an Dr. Ing.
Franz Pauker aus Brünn, Generaldirektor der Brünner
Maschinenfabrik AG, und ich wurde mit selben Tag von ihm
übernommen. Ich bekam von Herrn Anbelang als Abfertigung
5 Millionen Kronen und ein schönes Zeugnis, das ich ehrlich
verdiente. Was sich bis zu diesem Tag im Orte ereignete, will
ich kurz streifen. Außer der Nichte Mitzi, die den
Bankbeamten und dreifachen Villenbesitzer A. R. aus Mödling
heiratete, und uns die Ehre gab, kam auch mein Vater einige
Male, Mitzis Bruder Viktor P. aus Guntramsdorf mit seinem
Flügelhorn, der an lauen Abenden von einer Anhöhe die
schönsten Lieder blies, was allen Bewohnern einschließlich
Herrn Anbelang gefiel. Es kam auch einmal der Onkel Martin
Borenits mit Gattin aus Baumgarten in Burgenland und der
kleine Neffe Vendo über die Ferien zu uns, um Deutsch zu
lernen, denn der Vendo sprach nur kroatisch wie alle Kinder
in Zagersdorf. Als Sommergäste hatten wir Herrn Oberlehrer
Kreitsch und Frau aus Wien, der nach dem Motto „Verkühle

dich täglich" im eiskalten Ramsaubach täglich badete und
dessen Haut krebsrot war. Auch sonst fehlte es nicht an
täglichen Besuchern wie zum Beispiel Familie Dobschak aus
Eggenburg, die eine gut gehende Tischlerei einrichtete.
Erzeugt wurden Möbeln wie Klappsesseln und Klapptische,
Liegestühle, Fauteuils und Sesseln aus gebogenem Holz nach
Thonet-Art, Tische für Kaffelhäuser und Gasthäuser und noch
alles Mögliche wie Kluppen und andere Massenartikel. Große
Lieferungen gingen nach England. In der Kanzlei des Betriebes
war Herr Hengst beschäftigt, den ich als Hauptmann des
Schützenregiments Nr. 14 am Montello bei …..(unleserlich) di
Zorle kennen lernte. Ich führte ihn damals zu unserem
Kommando, und als eine italienische 15er Granate vor dem
Eingang der Kaverne explodierte, hatte ich gerade noch
vorher Zeit, mit einem Hechtsprung in die Kaverne zu stürzen.
Dabei rannte ich den Hauptmann um. Das Wiedersehen war
herzlich, und oft sprachen wir noch über den Krieg.
Hatten die Klein Mariazeller ein Kriegerdenkmal an der
Mauer neben dem Eingang des Kirchgartens errichtet, da
hatten auch die Ramsauer das Bestreben, ein
„Heldendenkmal" zu errichten und auch einen
Kameradschaftsverein ins Leben zu rufen. Wenn in Ramsau
was los war oder in Szene gesetzt werden sollte, zogen sie
auch mich immer heran. Wir bildeten einen Ausschuss. Zu
einem Verein gehören in erster Linie Mitglieder und ich stellte
den Antrag: Um zu erfahren, wer gewillt ist, beizutreten, bat
ich die hiesigen Briefträger, sie mögen die Unterschriften bei
den ehemaligen Soldaten des Weltkrieges einholen. Wir
mussten uns einig werden, an welchem Sonntag und zu
welcher Uhrzeit wir uns dann zur Konstituierungs-

versammlung treffen sollen. Der Antrag wurde einstimmig angenommen, und die Briefträger erhielten die Formulare, und unglaublich, wir hatten binnen acht Tagen trotz des großen Rayons fast 140 Mann auf den Listen. Bald darauf fand die Versammlung statt, Herr Wittenberger wurde zum Obmann gewählt, Lechner jun. zu seinem Stellvertreter , ich zum Schriftführer und Fasching zum Kassier. Aus Hainfeld kamen nur 40 Mitglieder. Bald darauf kam der Ausschuss wieder zusammen und beriet wegen eines Kriegerdenkmals. Wittenberger bekam den Auftrag, einen Bildhauer in St. Pölten zu besuchen und wenn er etwas Passendes bei ihm findet, ihn einzuladen. Er sollte Fotomaterial und Zeichnungen mitbringen, und der Ausschuss sollte verständigt werden. Der gute Mann kam, und wir hatten dazu auch Herrn Pfarrer Candidus Sengsbratl eingeladen. Das erste Bild zeigte einen Obelisken aus Stein mit einem Adler wie schwebend auf der Spitze. Ja das wäre was und nicht teuer. Blödsinn, zu sowas brauchen wir doch keinen Steinmetz, das machen wir selber. Er zeigte uns noch mehr und es passte nichts, doch halt, da wäre etwas! Ein schönes Denkmal mit einem Soldaten, das hätte ich gerne, was kostet das? Die Summe wurde genannt, und nun ging's los: „Bist narrisch, wer hat das Geld dazu?" Nichts zu machen. Der gute Candidus weinte Tränen, was er sogar oft machte, besonders wenn ihm etwas nicht passte. Er sagte: „Ausgeschlossen. Wo wollt ihr das große Denkmal hinstellen?" „Auf ihren Grund, gegenüber der Kirche." „Ausgeschlossen, gehört dem Stift. Da erobern Sie nichts!" Na, wir werden sehen, Herr Pfarrer, wer Recht behält. Nach langem Für und Wider bekam ich die guten Leute so weit, dass sie mir beistimmten. Nachdem wir die

Anzahlung geleistet und die Zahlung in mehreren Raten
gesichert hatten, wurde der Termin der Aufstellung
ausgemacht. Um uns auch das Grundstück zu sichern,
machten wir ein Gesuch an den Abt des Stiftes Lilienfeld, und
ich persönlich überreichte es ihm und zeigte ihm das Foto
des Denkmals, das zur Aufstellung gelangen sollte. Ein
anderes in dieser Art war schon in der Nähe von St. Pölten
aufgestellt. Der Abt gab die Zustimmung und sandte in
diesem Sinne eine Zuschrift an den Pfarrer.
Leider konnte ich dabei eines nicht erreichen: statt „1914
Unseren Helden 1918" „1914 Unseren Opfern 1918" zu
schreiben, da überstimmten mich alle. War es eine Heldentat,
für etwas zu sterben, was sich nicht lohnte? Was hatten wir
erreicht? Den Zerfall der Monarchie, Hunger, Not und Elend
auf einer Seite und Verbrecher und Kriegsgewinner auf der
anderen. Chaos und Inflation auf der ganzen Welt, Krüppel,
Tote, Witwen und Waisen, Tausende in Gefangenschaft.
Um das Denkmal zu finanzieren, wurden wieder Listen
ausgelegt und gebeten, alle Toten bekannt zu geben, und wer
zu dieser Sache beisteuert. Wir baten wieder die Briefträger,
uns behilflich zu sein. Es kam eine schöne Summe heraus.
Auch wurden viele Großgrundbesitzer wie Meinl, Pauker,
Weinberger als Spender genannt und auch Sommerfrischler
waren unter den Spendern.
Endlich war es so weit. Das Denkmal stand. Die Namenstafel
hatte einen Hohlraum, da hinein legten wir Not-und
Inflationsgeld, alte Münzen und eine mit weißer Farbe
gestrichene Tafel, auf die ich mit schwarzer Farbe die Namen
der Ausschussmitglieder und das Datum der Errichtung des
Denkmales schrieb. Auch einige Waffen wie Gewehre,

Bajonette, Granathülsen und so weiter wurden in den für
solche Sachen ideal angelegten Raum gegeben. Zur Krönung
des Ganzen wurde ein großes Fest veranstaltet; mit
Ehrenjungfrauen, Kameradschaftsvereinen, mit der
Einweihung des Kriegerdenkmals, Böllerschüssen und großen
Reden und dann nachmittags mit einer Tanzunterhaltung
beim Huberwirt, und das alles mit Musik seit dem frühen
Morgen. Natürlich war auch die Feuerwehr vertreten, und
viele Menschen gab´s von weit her. Die Einnahmen des Festes
waren überraschend hoch, so dass nicht nur das Ehrenmal
restlos bezahlt wurde sondern noch ein schöner Überschuss
verblieb, der den Armen des Ortes und der Feuerwehr
übergeben werden konnte und noch zu einer kleinen
Nachfeier reichte. Auch unser liebes Mitzerl konnte bei der
Enthüllung des Denkmals ein schönes, langes Gedicht
aufsagen, doch als die Reihe auch an mich kam, hatten meine
Vorredner schon alles was zu sagen war, heruntergeleiert, so
dass ich lieber schwieg, denn ich hatte, ehrlich gesagt, kein
Redetalent.

Die Enthüllung des Kriegerdenkmals in Ramsau bei Hainfeld

In Ramsau wurden auch alle Jahre der Jäger- und der
Bauernbundball abgehalten. Ich, die beiden Jäger und einige
Bauern hatten jedes Mal den Hubersaal mit vielen
Jagdtrophäen und viel Tannenreisig geschmückt. Bei guter
Blechmusik ging es jedes Mal bis spät in den Vormittag des
Sonntags mit Tanz und Unterhaltung hoch her. Ebenso war es
beim Feuerwehrball. Da prangte auch der Saal im
Festschmuck, an den Wänden auch mit humoristischen
Zeichnungen von mir; mit dem Portrait des Herrn Schlacht
sen. als Hauptmann und dann von einigen
Feuerwehrmännern, mit lustigen Bildern von
Feuerwehreinsätzen. Beim Jäger-und Bauernball wurden auch
die Jäger im Bild festgehalten und das Jägergericht verurteilte
die Sünder je nach ihren Verfehlungen nach den Regeln der

Jäger zu Weinstrafen. Hat zum Beispiel ein Jäger vier Schüsse auf einen Hund abgegeben ohne zu treffen, war die Strafe 4 Liter Wein, wenn ein Bauer bei seinem Haus einen Rehbock schoss, der sich als Rehgeiss entpuppte, kostete es z. B. 6 Liter Wein.

Bei jedem Fest gab es auch eine Glückslotterie und es waren mitunter sehr schöne Beste dabei wie ganze Wurststangen, Flaschenweine, lebende Hühner, Enten usw., die in Ramsau und Hainfeld als Spenden gesammelt worden waren, und auch noch viele nette Gegenstände für den Haushalt, die wir in Wien eingekauft hatten. So mancher von den Gästen erlaubte sich auch den schlechten Witz, einem glücklichen Gewinner einer ganzen Wurst diese zu stehlen und sie bei Tisch aufzuteilen. Der Bestohlene aß freudig mit und lobte die Freigiebigkeit des Spenders und kam dann darauf, dass es seine Wurst war. Da gab es Gelächter genug, wenn er sich darüber aufregte. Eine ausgelassene, fröhliche Stimmung herrschte immer, und der Wirt machte sein Geschäft, das heißt, wenn er guten Wein ausschenkte. Bei einem Ball der Jäger zahlte er schwer darauf. Als wir den Saal schmückten, sahen wir, wie er Wein in Flaschen füllte und mit der Etikette „Jagawein" versah. Wir kauften eine Flasche und hatten genug von dem Gsüff. Na warte Bursche, du willst einen schlechten Wein um teures Geld anbringen, das wird dir nicht gelingen, Peppi, denn der Zauner hat eine Halbe, das sind 300 Liter, angeschlagen. Hm, der war süffig! Na, den nehmen wir ganz einfach vom Zauner mit. Alle Gäste wurden schon auf der Straße abgefangen und zum Zauner dirigiert. Ich musste schon um 7 h zum Huber-Peppi um nachzusehen, was er macht. Die Musikanten waren auch schon zur Stelle, es wird

halb acht, es wird acht Uhr abends, kein Mensch zeigte sich,
und um viertel Neun schickte ich die Musik zum Zauner nach.
Ich sah nur, was mich freute: Der Sepp hatte sich einen
Mordsrausch angetrunken, anscheinend als er hörte, dass das
Fest abgesagt war und alle sich beim Zauner aufhalten. Wir,
das heißt seine Frau und seine Mutter schleppten ihn in sein
Zimmer, damit er sich seinen Muglrausch ausschlafen sollte.
Der Zorn darüber half mit, den Sepp so schnell fertig zu
machen. Es war ja keine Kleinigkeit, wenn man bedenkt, dass
so viel an Krapfen, Schnitzeln, Gulasch, Schweinsbraten,
Kalbsbraten, Gebäck und noch vieles mehr vorbereitet
worden war.

Endlich hörte ich die Musik und sah auch vom Fenster aus den
Zug herannahen. Die Männer hatten jeder eine Literflasche in
der Hand, und so marschierten sie in den Saal. Ich sah, wie die
Frau des Huber Sepp befreit aufatmete und sich die Tränen
abwischte. Na, Ende gut, alles gut. Die lustige, gemütliche
Unterhaltung dauerte bis 10 h morgens, und der Herr Pfarrer
kam und fragte, ob er die Predigt hier halten soll, weil fast
kein Mensch in der Kirche ist. Die Huberin verkaufte ihre
vorrätigen Fressalien, schenkte eine Menge Bier aus, und aha,
statt dem Jagawein, dem miserablen Gepansch, einen guten
Tropfen. Der Sepp zeigte sich die ganze Nacht nicht, er hatte
Hausarrest, denn ohne ihn ging es noch besser.

Ja, der Sepp war eine besondere Nummer. Er offerierte sein
Gasthaus in allen Wiener Zeitungen als erstklassiges Haus mit
guter Küche in der beliebten Sommerfrische Ramsau. Die
Annoncen kosteten ein schönes Geld. Es kamen auch viele
Gäste und blieben nur einige Tage, denn schon fanden sie bei
den hiesigen Bauern eine billigere und bessere Unterkunft

und auch bessere Verpflegung. Auch der hiesige
Verschönerungsverein trug viel dazu bei, den Fremden gut
unterzubringen. Es gab schöne Spazierwege mit
Sitzgelegenheiten und auch Ausflugsorte wie die Araburg,
wohl eine Ruine und doch sehenswert; Mariental, Annental,
Adamstal, Klein Zell, Kieneck, Unterberg und viele andere.
Es gab auch einige Bauern, die als Unikum auffielen, zum
Beispiel der alte Hauser, der Geld genug hatte und einen
schönen Besitz. Wenn man aber in sein Haus trat, da sah man,
dass alle Räume einen Fußboden hatten, der nie gereinigt
wurde, und man stolperte über Hügel von Erde, und setzte
man sich nieder, freuten sich unzählige Flöhe und Fliegen.
Es gab aber noch drei Brüder in der Ramsau, die einen
schönen und großen Besitz hatten, alle drei ohne Frauen
wirtschafteten, das schönste Vieh im Stalle, die bei Tage
schliefen und abends und in der Nacht ackerten, säten und
ernteten. Bei Laternenlicht sahen sie wie Räuber aus,
ungepflegt, unrasiert, ungewaschen. Die Kleider und die
Wäsche trugen sie am Leibe bis die Fetzen herunterhingen,
die sie dann auf einen Haufen warfen. Einer kochte,
abwechselnd, wie die Reihe an ihn kam. Das Feuer brannte im
Ofen, aber wie? Einen Teil eines dicken, langen Baumastes
schob man immer nach, bis der ganze Ast auf diese Art
verbrannte, denn wozu Holz schneiden, wenn es so auch
geht? Alles voll Hühnerdreck auf Tisch und Bänken, die Teller
auf dem Tisch umgeklappt und die Essbestecke nur
abgeschleckt und nie gewaschen. Hie und da begegnete ich
dem einen oder anderen; des Nachts, wenn man die Brüder
nicht kennt, würde man schnell auf einen Baum klettern oder
fluchtartig Reißaus nehmen, so sahen sie aus, und doch

waren sie auf ihre Art glücklich zu nennen.

In Wien amtierte der Bürgermeister Karl Seitz und mit dem tüchtigsten Baumeister Breiterer ließ er die schönsten Bauten errichten; riesengroße, moderne Häuser, ganze Blöcke mit Höfen und Gartenanlagen, beispielrichtend für alle Länder, Kinderhorte, Schulen und mehr mit gefälligen Fassaden in allen Bezirken. In Österreich regierte als Oberhaupt Dr. Karl Renner, dem auch sehr viel zu verdanken ist; dass Österreich mit dem Wasserkopf Wien, wie man Wien nannte, mit seinen zuerst nicht existenzfähigen Bundesländern wieder aufzublühen und zu arbeiten begann und nun zeigte, dass die Länder trotz der Niederlage, der Inflation und dem Zerfall der Monarchie doch lebensfähig sind und stolz wieder das Ansehen in der Welt erreichten, das ihnen gebührt.

Wie ich schon erwähnte übernahm Herr Dr. Ing. Pauker aus Brünn den Besitz des Herrn Kommerzialrates Anbelang und Anfang Dezember 1924 rollte ein roter, sechssitziger Mercedes zur Villa hinauf. Es entstiegen Herr und Frau Pauker, der Sekretär Rosenkranz und der Chauffeur Orlik. Der Besuch war angemeldet und die beiden Jäger und ich empfingen die hohen Herrschaften, und ich begrüßte Herrn und Frau Pauker im Namen aller Beschäftigten. Ich bedauerte den Abgang des gütigen Herrn Anbelang, der zu uns wie ein Vater war und sprach die Hoffnung von uns allen aus, dass auch Herr Pauker, der als allgewaltiger Generaldirektor tausende Menschen in den Brünner Werken beschäftigt, seine Güte und sein Wohlwollen auch den hier beschäftigten Leuten zukommen lässt.

Der Herr Generaldirektor und seine holde Frau Gemahlin

schüttelten uns die Hände, und er versprach, auch uns im Sinne des Herrn Anbelang zu behalten und auch väterlich für uns zu sorgen. Die Herrschaften blieben nur kurz und versprachen, bald wieder zu kommen. Ich wurde noch gefragt, ob ich etwas von Obstbaumschulen verstehe. Als ich bejahte, bekam ich den Auftrag, zwei Quartiere in der neuen Anlage mit Apfel-und Birnenwildlingen zu bepflanzen, was ich auch im Frühjahr ausführte.

Den Winter über hatte ich Ruhe. Das Jahr 1925 verging mit kurzen, jedes Mal nur einige Tage währenden Besuchen, doch eines sah ich gleich: Hier fängt ein neuer Wind zu blasen an. Es ist auch eine Frau im Haus, die sich um alles kümmert. Im Sommer besuchte sie meine Frau, ließ sich die Wohnung zeigen, und statt erfreut zu sein wie Herr Anbelang, der gerne nur das Schöne sah und Gutes wollte, verdüsterte sich ihr Gesicht und sie sagte: „Was, das ist Ihre Wohnung? So wohnen Sie? Unerhört, das ist ja viel zu schön für einen Gärtner". „Ja, das war der Wunsch des Herrn Anbelang, er wollte nur zufriedene Leute um sich haben", gab meine Frau zur Antwort.

Im Frühjahr 1926 konnte ich alle Obstbaumwildlinge veredeln, da ich dazu Reiser benützte, die ich aus Brünn bekommen hatte. Die Bäume wuchsen auf dem rigolten Grund rasch heran.

Auch war nun die „gnädige Herrschaft" ständig in Ramsau. Herr Dr. Ing. Franz Pauker, ein jovialer, gutmütiger Mann, der mir so manchen Hundertschillingschein in die Hand drückte, wenn er sah, dass ich wieder etwas Neues geschaffen hatte, gefiel mir sehr gut. Was dazu beigetragen hatte, dass er die Stelle als Generaldirektor der Brünner Maschinenfabrik

verlassen musste und noch vieles andere an Eigentum, will ich
hier nicht festhalten. Er war ein sehr sympathischer und
gerechter Mann, und obwohl er sehr viel an Geld und Aktien
verloren hatte, war er ein Gentleman. Seine hübsche, jüngere
Frau, eine gebürtige Polin, war die „Kaiserin von Brünn" und
hatte Angst zu verhungern. Im Garten und im Park musste ich
viele Arbeiten einschränken, und wenn sie mich irgendwo
erblickte, war sie schon bei mir mit einem Buch unterm Arm.
Einmal schnitt ich die Obstbäume und da fragte sie mich, ob
ich pekrunieren könne *(Obstbaumschnitt nach Pekrun,
Anmerkg. H.St.)*, wenn nicht, zeige sie es mir. Obwohl ich den
Pekrun-Schnitt kannte, gab ich ihr die Schere mit den Worten:
„Bitte zeigen Sie mir den Schnitt, ich will gerne von Ihnen
lernen". „Da, schauen Sie mal, so wird es gemacht." Gut, ich
ließ sie den unteren Ast beschneiden und sah, wie sie alle
Fruchtzweige glatt am Ast abschnitt und nichts am Ast
verblieb. Danke ich habe genug gesehen. „Hören Sie, gnädige
Frau, wenn ich so weiter schneide, bleiben nur kahle Äste und
keine Fruchtblüten, und wenn Sie glauben, ich kenne den
Pekrun-Schnitt nicht, dann irren Sie. Bitte, sehen Sie zu, so
wird es gemacht, und nun schauen Sie genau in Ihrem Buche
nach, wie es dort abgebildet ist. Auch möchte ich bitten, mich
in meinem Fach nicht belehren zu wollen, welches ich besser
als Sie verstehe." Da sah sie mich verblüfft an und zog ab.
Nachmittags traf ich Herrn Dr. Ing. Pauker, der mich bat, seine
Frau freundlich zu behandeln, auch wenn mir manches von
ihr nicht passt. Ich soll über ihre Worte hinweg gehen, denn
sie habe sich beklagt, ich sei grob zu ihr gewesen. Er gab mir
hundert Schilling mit den Worten: „Na, Sie wissen ja, Frauen
sind oft übel gelaunt, und da ist es besser, man weicht allem

aus". Leicht gesagt, aber ich vertrage keine Ungerechtigkeiten. Einmal fragte sie mich: „Ja sagen Sie mal, was machen Sie den ganzen Winter?" „Schlafen, gnädige Frau, wie der Dachs in seinem Bau." Ich glaube, dass ich Arbeit genug hatte, bei schönem Wetter im Garten und im Park, sonst im Glashaus, wo ich einige hundert Hochstammrosen und einige hundert Buschrosen veredelte und mir die Unterlagen selbst in der Gegend ausgegraben hatte.

Dann wieder einmal, als sie mich im Glashaus besuchte: „Ja sagen Sie, was macht Ihre Frau? Warum arbeitet sie nicht mit? Sie könnte die Glashäuser und Mistbeete betreuen." „Verzeihung, gnädige Frau, ich wurde von Herrn Anbelang als Obergärtner aufgenommen und auch von Herrn Dr. Ing. Pauker übernommen. Dass auch meine Frau mitarbeiten soll, wurde nicht verlangt, und wäre es verlangt worden, hätte ich die Stelle nicht angenommen. Meine Frau hat zwei Kinder und im Haushalt genug zu tun."

Meine Frau und ich gingen eines Nachmittags nach Hainfeld, um Einkäufe zu besorgen und auch den Zahnarzt aufzusuchen. Wem begegneten wir als der Herrschaft, die ebenfalls in Hainfeld war und mit dem mit zwei Rappen bespannten Wagen nach Hause fuhr! Tags darauf war die erste Frage nach der Begrüßung: „Ja sagen Sie mal, geht das nur so, dass Sie während der Arbeitszeit mit Ihrer Frau spazieren gehen?" „Ja, gnädige Frau, ich glaube schon, dass es geht, das sahen Sie doch gestern selbst. Ich und meine Frau waren beim Zahnarzt, beiden musste ein Zahn gezogen werden, da sehen Sie selbst noch die Wunde. Doch auch ohne zum Arzt zu gehen erlaube ich mir jeweils einen Spaziergang nach Hainfeld um Diverses einzukaufen. Fragten Sie schon einmal, gnädige Frau, wann ich Urlaub hatte? Mir gebührt ein Urlaub wie allen anderen, ich hatte bis jetzt keinen Urlaub und kenne keinen freien Sonntag und noch weniger einen Achtstundentag." „Ah, da sind Sie ja unzufrieden?" „Bedaure, gnädige Frau, dass Sie mich nicht verstehen wollen. Ich bin mit dem Gehalt, den Deputaten und der Wohnung zufrieden. Ich wünsche nur eines, dass auch Sie mit mir zufrieden sind und sich nicht über jede Kleinigkeit aufregen. Verzeihen Sie meine Worte, aber ich musste Ihnen die Wahrheit sagen. Wie ich hörte, wurde Ihr Gärtner in Brünn von der Fabrik bezahlt, hatte den Achtstundentag und Urlaub, und wenn seine Frau in der Gärtnerei mithalf, wurde sie auch dementsprechend entlohnt."

Am meisten litten der Oberjäger St. und seine Frau, die konnten der „gnädigen Frau" nichts recht machen. Auch der Jäger Ignaz St. und seine Frau, die in der Villa wohnten, litten unter ihrer Laune.

Im Frühjahr 1925 kamen auch zwei Herren in die Gutsverwaltung, beide aus der Hochschule für Bodenkultur in Wien: Dr. Ing.Forest Erich Bäcker, der den Forst übernahm, und der Ingenieur für Landwirtschaft Goldfeld-Gutheil. Beide Herren hatte meine Frau zum Mittagstisch und Nachtmahl, da sie ins Gasthaus nicht gehen wollten. Jeder von ihnen hatte seine Aufgabe zu erfüllen, Dr. Ing.Bäcker das Aufforsten der Schläge, das Durchforsten der Waldbestände und die Aussaat von Buchen-und Eichensamen. Dann wurde auch eine Forstbaumschule angelegt. Ing. Gutheil übernahm die beiden Meierhöfe Windberg und Farichenbach. Es wurden sofort Wiesen umgerissen und Getreide, Kartoffeln, Rüben und Klee angebaut; saure Wiesen durch das Legen von Drainageröhren entwässert. Herr S. aus Hainfeld, Landwirt und Bezirksstrassenmeister, erhielt den Auftrag, gute Kühe mit Herdbuch aus der Steiermark zu besorgen, Murbodner Kühe, die er auch kaufte jedoch für sich behielt. Seine eigenen Kühe gab er der Verwaltung, darunter eine Kuh mit drei Zitzen, die nachweisbar in seinem Stall gestanden hatte. Auch zwei Haflinger Pferde mit einem Wagen drehte er der Herrschaft an, der Hengst zu jung und die Stute schlug mit den Vorder- und Hinterhufen beim Trab zusammen. Er, der Herr S., hatte ein Jahr lang die Kontrolle über Forst-und Landwirtschaft und bezog ein schönes Gehalt bis, na, bis man auf seine Unredlichkeiten kam.

Im September 1925 begann auch Helene mit der Volksschule in Ramsau. Am liebsten hielt sie sich bei den Scher-Kindern auf, und wenn man den kleinen Blondkopf fragte, Helenchen, was willst du werden? Ein Kuhdirndl! Na, wir werden sehen, was noch aus dir wird. Mia geht in die 3. Klasse der Bürgerschule und lernt fleißig. Sie will Lehrerin werden. Auch da werden wir sehen, was sich machen lässt.

Auch dieses Jahr ging zu Ende, und das Jahr 1926 brachte nicht viel Neues. Mia, wie wir unser Mitzerl nannten, trat aus der Bürgerschule mit gutem Zeugnis aus, und wir gaben sie in das Internat der Englischen Fräulein, eine Lehrerbildungsanstalt in Krems an der Donau. Ich besuchte sie einige Male in der Anstalt, doch bei meinem letzten Besuch, es war vor Weihnachten, musste ich Mia wegen einer schweren Angina aus der Anstalt nehmen, und ich und meine Frau waren entsetzt, als wir sahen, dass ihr Kopfhaar voller Läuse war.

Eines Tages kam ein Agent mit Losen zu uns, und er wollte uns durchaus eines anhängen, da sagte meine Frau: „Ja, schön wäre es, wenn wir gewännen, da würden wir uns ein kleines Haus kaufen oder bauen". Da meinte der Gute: „Ja, wenn Sie ein Haus haben wollen, da weiß ich Ihnen zu raten. Wenden Sie sich an die Bausparkasse Gemeinschaft der Freunde Wüstenrot in Deutschland. Wir haben einen Vertreter in Wiener Neustadt, einen pensionierten Major. Er wird Ihnen alle Unterlagen geben, wenn Sie ihn besuchen, und Sie beraten. Eine sehr reelle Firma, auch ich bin Mitglied. Ich überlegte nicht lange und suchte den Herrn auf, und nach reiflicher Überlegung unterschrieb ich den Bausparvertrag mit der Nummer 2994 auf 18000 Schilling und ersuchte den Herrn, er möge in Hainfeld eine Versammlung abhalten, was er mir auch versprach. Er kam auch 8 Tage darauf, und seine vorhergehende Reklame mit Plakaten und Einladung hatte vollen Erfolg. Wir waren Schnellsparer, denn wir wollten möglichst rasch zur Zuteilung gelangen. Ich war müde, immer für Fremde zu arbeiten und wollte mich mit etwas Grund und einem kleinen Häuschen begnügen, mich selbständig machen, solange ich noch jung war. War? Na, ich zählte doch schon 40 Jahre, höchste Zeit und fort von hier, egal, wie es ausgeht. Wer nicht wagt, gewinnt nichts.

1927, Februar. Durch einen Zufall hörte ich, dass in Rainfeld bei Hainfeld das Gasthaus Linsbichler zu pachten wäre. Ich besprach mich mit meiner Frau, und sie war mit der Pacht einverstanden, denn auch ihre Freundin Griesmaier aus Ortmann im Pistinggebiet, die uns manchmal mit ihrem Mann mit dem Auto besucht hatten, hatte ein Gasthaus. Auch wir waren ein paarmal in Ortmann. Zweimal ging ich zu Fuß hinüber, denn ich hatte mich schon mit 26 Jahren mit dem Gedanken getragen, in der Umgebung von Gutenstein oder Ortmann einen Grund zu kaufen und eine kleine Gärtnerei zu errichten. Ich kam aber davon ab, denn das Klima dort ist zu rau und der Absatz fraglich.

Nachdem ich mir beim Linsbichler die Wohnung gesichert hatte, traf sich bald eine Gelegenheit, von hier los zu kommen. Es geschah schneller als ich dachte. Zu mir kam der Nazl: „Herr Souček, Sie sollen zur gnä Frau kommen". „Gut, ich komme, was will sie?" „So viel ich hörte, sollen Sie Eis einräumen helfen." „Wer von Euch hat das angeregt?" „Ich und der Anderl St., denn wir sehen nicht ein, warum wir das immer allein machen sollen, helfen Sie mit." „Merken Sie sich eines, Nazl, ihr werdet das Eis ohne mich in die Eisgrube bringen, so wie früher, ohne mich." Ich ließ mich bei der Dame melden und sie empfing mich mit den Worten: „Ja hat Ihnen der Nazl nicht gesagt, Sie müssen beim Eis mitarbeiten?" „Wohl, er sagte es, aber ich wollte den Auftrag von Ihnen, gnädige Frau, hören. „Ja warum, es genügt doch!" „Nein, mir nicht. Bis jetzt habe ich diese Arbeit nicht verrichtet sondern Arbeiter und die zwei Jäger. Wenn Sie mich als Arbeiter beschäftigen wollen und mich als Arbeiter betrachten, dann verlasse ich binnen drei Tagen die Stelle und bitte, sich um einen neuen Gärtner umzusehen. Ich verlasse die Stelle am 15.März." „Ja geht das nur so? Wie stellen Sie sich das vor? Wollen Sie in der netten Wohnung weiter bleiben?" „Nein, ich räume am 15. auch die Wohnung."

Auf das Rufen der „Gnä Frau" kam der Herr Dr.Ing Pauker und

was los sei, war seine Frage. „Denk Dir, Franz, ich habe ihm nur gesagt, er soll Eis einräumen helfen, und der Obergärtner hat mir versprochen, binnen drei Tagen die Wohnung und die Stelle zu verlassen und verweigert mir die Arbeit." „Bitte, ich habe dir oft genug gesagt, lasse den Menschen in Ruhe. Souček, bleiben Sie weiter, Sie brauchen beim Eis nicht helfen, auch werden Sie künftig von meiner Frau Ruhe haben." „Herr Generaldirektor, bitte seien Sie mir nicht böse, aber ich will nicht weiter hierbleiben und ziehe es vor auszuziehen. Ich danke Ihnen vielmals für die Güte und das Wohlwollen, das sie mir und meiner Familie schenkten."

Zur letzten Blattseite folgt jetzt eine Ergänzung, die Franz Souček viel später eingefügt hat:

Bei meiner Durchsicht am 11.Jänner 1970; Ich bin jetzt fast 83 Jahre alt, schreibe weiter an meinen Erinnerungen und will Frau Pauker noch etwas ausführlicher beschreiben. Wie ich schon einmal hier erwähnte, war sie eine Polin, die wahrscheinlich einmal sehr, sehr reich war, und da sie immer sorglos lebte und ihr auch Millionen zur Verfügung standen, war sie es gewöhnt, jeden Menschen von oben herab, als Domestiken zu behandeln, und sie verlangte auch, dass man ihr dementsprechend entgegenkommt. Sie duldete keinen Widerspruch, und alle sollten vor ihr kriechen. Einmal, gleich zu Beginn, als sie kam, um mich im Glashaus aufzusuchen, sagte sie zu mir: „Ich verstehe nicht, wie sich die Leute hier mir gegenüber benehmen. In Polen küssten sie mir den Rocksaum und meine Hände, und auch in Brünn waren alle zur mir devoter, untertäniger, überall wo ich hinkam."

Nun, sie war wirklich eine schöne Frau, vollbusig und mit einer schönen Gestalt, man könnte sie liebhaben. Ich sagte ihr darauf: „Gnädige Frau, gilt das auch mir? Ich kenne Polen sehr gut und auch die Mentalität der Menschen, besonders den Reichen und dem Adel gegenüber. Aber, gnädige Frau, bedenken Sie doch, wir sind in Österreich, und die Leute sind nach dem Weltkrieg nicht mehr so wie vorher, als man zu jeder vermögenden Frau „Euer Gnaden" sagte, die Hand oder sogar den Saum küsste. Die Menschen sind hier freundlich, offen und ehrlich, bis auf Ausnahmen. Herrn Anbelang sagten die beiden Jäger „Euer Gnaden" und ich nur „Herr Kommerzialrat", das genügte. Aber auch die Jäger stellten sich um und sagten dann nur „Gnä Herr"." Von da an war sie auch zu mir freundlicher. Es gab sogar Stunden, wo wir friedlich auf einer Bank saßen, botanisierten und alle hier im Park wachsenden Bäume und Sträucher mit den richtigen Namen bezeichneten. Es gab sehr seltene Koniferen und Laubbäume;
viele Sorten Tannen, Abies, wie Edeltanne, Abies alba, Weißtanne, cephalonica, griechische Concolor, Koloradotanne, pinsapo, Chaemacyparis, Lawsoniana, alumni, Drummondii, Veitchii glauca, minima, Nootkatensis pendula, obtusa gracilis, pisifera plumosa aurea, thyoides ericoides, Gingko biloba, Cryptomeria japonica, verschiedene Juniperus (ca. 16 Sorten Wacholder), Larix europaea, Leptolepis pendula, verschiedene Fichten wie Picea pungens glauca etc., Taxus, Pinus mugo mughus, Pinus Klosteri, Pinus orientalis, verschiedene Föhren, Pseudotsuga Douglasie, Thujen in vielen Variationen, Thujopsis dolobrata, Thuja canadiensis, und noch viele Laubbäume und Sträucher.

(Vielleicht in der Erinnerung daran, wie er der schönen Dame seine Gelehrsamkeit zeigte aber sicher auch an den schönen Park zählte hier Herr Souček so viele botanische Variationen auf, die heute durchaus alle in Wikipedia als Abbildung zu sehen sind.)

Als Generaldirektor Pauker den Anbelangschen Besitz erwarb, waren er und seine Frau vorerst zwei Jahre lang in Brünn, erst im letzten Jahr benützten sie das Haus für immer. Sonst kamen sie nur hie und da auf ein paar Tage nach Ramsau. Sie fanden stets den Park in Ordung, es gefiel ihnen sehr gut, und sie äußerten sich lobend. Erst das letzte Jahr hatte ich die „gnädige Frau" täglich bei mir. Öfter kam auch der Sohn zu uns und heimlich seine Braut, die sich immer bei uns trafen. Seine Braut war Schauspielerin in Wien. Beide wohnen nun in der Vöslermühle in Wien, nachdem das Haus in der Kriegszeit zusammengebrochen war.

Wenn sie gut gelaunt war, war die „gnädige Frau" unterhaltsam.

1927: Gastwirtschaft in Rainfeld

Bevor ich Ramsau verließ, kam es zu einer Abschiedsfeier beim Zauner, die bis zum Morgengrauen dauerte. Ich zahlte einige Fass Bier, den Wein und das Essen besorgten sich die Leute selbst. Beim Takt der drei Musikanten, die sich dann einfanden, drehte sich Jung und Alt im Tanz.

Ein Plateauwagen brachte unsere Möbel am 15. März nach Rainfeld, unweit von Hainfeld und Sankt Veit an der Gölsen. Das Gasthaus Linsbichler sah von außen nichts gleich. Es war

ein im landesüblichen Stil erbautes Bauernhaus; im Parterre
ein Gastzimmer, ein Extrazimmer, ein Clubzimmer, ein
Wohnraum und eine Küche, anschließend ein großer
Theatersaal; ein großer Hof mit Stallgebäude und einer
Scheune und noch ein Fleischhauerei samt Geschäft, das
Herrn Fleischermeister Frech gehörte. Linsbichler wohnte
ober dem Gasthaus und verkaufte Bauschotter aus seiner
Schottergrube mit seinen zwei Pferden und dem
Kastenwagen. Er durfte das Gasthaus nicht selbst führen.
Sein bester Freund war ein gewisser Sterzinger, ein
Holzwollefabrikant, mit dem er in geschäftlicher Verbindung
stand, der auch sofort den Pachtzins einsteckte, den ich an
Linsbichler zahlte.
Anfangs ging das Geschäft flau. Es kamen viele Leute, auch
Jugendliche in das Klubzimmer. Es wurden öfters
Versammlungen abgehalten, ohne dass jemand etwas trank.
Da stimmte etwas nicht. Ich, meine Frau und Mia waren
immer höflich, schenkten den besten Wein aus, Hainfelder
und Schwechater Lagerbier. Waren alle Abstinenzler? Bis ich
dahinter kam! Im Ort waren die Fabriken für die „Swoboda-
Öfen", einige andere Betriebe wie die Kettenfabrik, eine
Fabrik für Vorhangschlösser und noch andere, und die
Rainfelder Bewohner zu 90% „Freidenker" und
Sozialdemokraten. Mich und meine Familie hielten sie für
katholische Schwarze. Musste ich mir das gefallen lassen, dass
die Herren Gäste in den Saal und ins Klubzimmer gingen und
beide Räume benutzten, ohne mich zu beachten? Ich und
meine Frau waren für sie Luft. Wenn ich Luft bin, dann sollen
auch alle, die zu mir kommen, an die Luft. Ich sperrte das
Klubzimmer und den Saal ab und ließ niemanden hinein. Da

gab es einen Krach, und damit erreichte ich eine Aussprache mit dem Obmann der sozialistischen Partei und Obmann der Freidenker. Es kam zu einer Klarstellung. Der Obmann war der Ansicht, dass der Saal und das Klubzimmer grundbücherlich der sozialistischen Partei überlassen war. Das stimmte nicht, wie ich mich selbst überzeugen konnte. Es war eine sehr erregte Debatte, bei der wir uns endlich dahin einigten, dass eine Kundgebung in der „Arbeiterzeitung" erschien, in der allen Genossen mein Lokal zum Besuch und zur Abhaltung diverser Versammlungen empfohlen wurde.

Von da an klappte alles, und täglich hielt irgendein Verein seine Sitzungen und Versammlungen ab. Samstags und sonntags spielte die Rainfelder Bühne sehr schöne Operettenstücke als auch Bauernbühnen bei vollbesetztem Saale. Das gab auch für mich und meine Helfer ausgiebige Arbeit. Während der Pausen rann das Bier aus dem Fünfzigliterfass ohne Unterbrechung, und der Konsum an Wein stieg rapid. Am Samstag und am Sonntag halfen mir Herr Laisch als Schankbursche und Herr Pullmann als Kellner. Pullmann kannte ich von Klein Mariazell, und seine Frau aus der alten Mühle in Puchberg am Kamp.

Samstags stand ich um halb sechs auf. Der erste der kam, war der Bäcker, dann kam der Zuckerbäcker mit sechs bis zehn großen Kartons, die oft für eine Woche nicht genügten. Der nächste war der Bierverteiler aus Hainfeld von der Brauerei Riedmüller. Je nachdem wurden fünf bis zehn Fass Lager und fünf bis zehn Kisten Flaschenbier abgeladen; auch vom Schwechater Bräu einige Fässer und Kisten. Dann kam der Sodawassermann mit Syphon und diversen Fruchtsäften, Kracherln für die Jugend. Zigarren und Zigaretten wurden geholt, vom Fleischer das nötige Fleisch. Schafkäse hatte ich schon am Tag vorher bei bestimmten Bauern gekauft. Das Gastzimmer, das Extrazimmer, das Klubzimmer und der Saal wurden für den Besuch der Gäste hergerichtet, der Wein aus der Wachau, der Kremser Gegend, rot und weiß, so belassen, wie ich ihn bekam, in Flaschen abgefüllt, stand bereit, und so konnte der Rummel beginnen. Ja, der Rummel begann schon am Samstagvormittag und am Dienstag nach Mitternacht fiel ich übermüdet und voll Schlaf ins Bett. So erging es auch meiner guten Frau, die das beste Gulasch aus täglich 10 kg Fleisch kochte und viele andere Speisen. Es kam wohl vor, dass um 9 h abends niemand im Lokal war, dann trachteten wir, ins Bett zu kommen. Um halb 11 h nachts wurden wir wach getrommelt und mussten Gäste bedienen, die aus dem Hainfelder Kino kamen, auch darunter Hainfelder Bürger, und blieben bis lange nach Mitternacht auf. Bei Hochzeiten und Taufen der Freidenker ging es hoch her, und da mussten wir bis in die frühen Morgenstunden auf den Beinen sein.

Ich fragte nie einen Gast, wenn er mein Lokal betrat, was er trinken will, er musste es mir selbst sagen, auch dann nicht, wenn er leer getrunken hatte. Ich beließ dem Gast sein leeres Glas, bei dem er sitzen konnte, solange es ihm beliebte. Obwohl in Rainfeld noch einige Gasthäuser waren, hatte ich die meisten Gäste. Dass ich dabei auf Draht sein musste, ist selbstverständlich, denn es fanden sich manchmal auch Stänker ein, auch Zechpreller, mit denen ich unsanft verfuhr. Am besten gefielen mir die St. Pöltner Zigeuner, wenn die angerückt kamen, da war das Lokal voll von ihnen. Da musste Gulasch her und alles was zu haben war. Der Primas hatte zwei fesche Frauen und alle, oft bis zu 15 Personen, kamen mit den Pferdewagen angefahren, und der Pferdehandel konnte beginnen. Der Handel dauerte oft zwei bis drei Tage. Da wurden Pferde vorgeführt, Pferde getauscht und gehandelt. Was die Zigeuner aßen und tranken wurde restlos bezahlt, und ich staunte oft über den echten Goldschmuck, den sie hatten. Logierten die Zigeuner in nahen Orten, auch dann, und wenn es auch ein bis zwei Stunden entfernt war, wurde bei mir Gulasch für alle geholt.

Eines Samstagvormittags stehe ich vor dem Lokal und sehe drei Autos mit Jagdgästen auf der gegenüberliegenden Seite halten. Ein Auto hatte eine Panne. Da hörte ich folgendes: „Wissts wos, bis der mit seina Reparatur fertig is, gemma da eina auf a Viertel Wein." „ Bist narrisch", sogt a andara zu erm, „du wirst do net in die Bude da gehen an Sauerampfer trinken, wos kann der a scho hobn?"

„Meine Herren, wenn´s glaubt´s, i hob an Sauerampfer, dann kost er nix, kommt´s oba drauf, dass da Wein guat is, dann zahlt´s ma´n gern", sagte ich darauf.

„Guat is, gemma." Als die Herren eintraten, verlangte einer ein Achtel zur Kostprobe. „Na, wia is a?" „Tulli, her damit, an jeden a Viertel." Da ruft einer zum Autoreparateur: „Herst, kumm eina, der do hot a Weinderl, von dem nehman wir a paar Flaschen mit." Es wurden 20 l Wein mitgenommen, und sooft sie vorbeifuhren, blieben sie stehen und nahmen ein bis zwei Dutzend Liter Wein in Flaschen mit.

Ein großartiges Frühlingsfest wurde abgehalten und fast 200 Kinder wurden bei mir mittags verpflegt, und die lieben Schauspieler und Schauspielerinnen halfen servieren.

Da möchte ich besonders hervorheben: den Wiesbauer Hansl, der die komischen Rollen sehr gut spielte, und der leider nach kurzer Zeit starb, und die Ferry List.

Eines muss gesagt sein: Alle Rainfelder Freidenker und Sozialisten hielten besonders zusammen. Sie waren von Jugend auf besonders mit Disziplin erzogen. Die Disziplin wurde auch in allen sozialdemokratischen Vereinen gehalten, wie ich es sonst nirgends fand.

Es kam auch öfters der Redner der Freidenker, Herr Znaiden-Snayden, dessen Vorträge stark besucht waren und mir sehr gut gefielen.

Das Frühjahr 1927 war sehr bewegt. In Wien ging der Justizpalast in Flammen auf.

Im Zusammenhang mit diesen politischen Auseinandersetzungen stand Schattendorf bei Ödenburg (die „Schondorfer Guggafanger") an der burgenländisch-ungarischen Grenze, wo es bei einem Aufmarsch zu unliebsamen Zwischenfällen zwischen Rot und Schwarz kam und zu einigen Fehlurteilen.

Beim Brand des Justizpalastes waren auch einige ungarische Militärdeserteure beteiligt, die die Feuerwehrschläuche zerschnitten und die Polizisten von den Pferden gerissen hatten. Sie sprachen beim Obmann der SP vor und baten um Unterstützung, und ich war der Dolmetsch, als sie ihre Untaten erzählten.

Da der Obmann sie unterstützte statt anzuzeigen, ging mich die Sache weiter nichts an.

Ich fuhr öfter nach Wien, und einmal besuchte ich Herrn Sülze der Firma Höntsch und Co, der mich fragte, ob ich nicht gewillt wäre, in der Steiermark eine Gärtnerei einzurichten. Er würde drei Glashäuser dazu liefern und gab mir die Adresse von einem Herrn Dr. Kurt K. in Krems bei Voitsberg. Ich möge mich mit dem Herrn ins Einvernehmen setzen. Warum nicht? Mich freute der Gastwirtebetrieb nicht mehr, denn ich war nur der Knecht der Brauereien.

Ich hatte an Dr. K. geschrieben und bekam sofort Antwort. Er lud mich zum Besuch nach Krems ein zur Besprechung der Lage und der Planung.

Da in Graz zur selben Zeit eine Tagung der Gastwirte und eine Ausstellung waren, fuhr ich mit ermäßigter Karte nach Graz und von dort noch 30 km mit der Graz-Köflacher Bahn in die Weststeiermark. Zuerst ging es durch eine hübsche Ebene entlang der bei der Fahrt rechts gelegenen Berg-und Hügelketten, die sich vor Krottendorf auch links der Bahn näherten und bei Gaisfeld ganz nahe der Bahn heranrückten. Vor Krems sah ich eine große Ruine auf einem Berge, bevor wir in einen kurzen Tunnel fuhren, und schon war die Station Krems da. Als ich die vielen Berge sah und schon während der Fahrt hohes Gebirge im Hintergrund, verlor ich die ganze Freude.

Ich stieg in Krems aus. Ein komischer, übler Geruch empfing mich, und als ich einen Bahnangestellten fragte, was hier so stinkt und warum das Wasser des vorbeifließenden Baches ganz braun und schwarz ist, sagte er mir, es wäre die Zellulosefabrik der Firma Ruhmann, und was hier so fein riecht, ist die Holzlauge. „Könnten Sie mir noch sagen, wo der Herr Dr. K. wohnt?" „Da gengans do iba die Bruckn in da Kästnallee weida, bis zu dem großen Haus wos do segn, wann's wieda iba a Bruckn kemman, links, das Herrnhaus, do drinn wohnt a."*(Da gehen Sie über die Brücke in der Kastanienallee weiter, bis zu dem großen Haus, was Sie da sehen, wenn Sie wieder über eine Brücke kommen, links, das Herrenhaus, da drinnen wohnt er.*" „ I dank ihna sakrisch, oba hurchn´s, wia is do des Wetta? Is do recht kalt und scheint do im Winter die Sunn a her?" *(Ich danke Ihnen vielmals, aber, hören Sie, wie ist da das Wetter? Ist es da recht kalt und scheint da im Winter auch die Sonne her?*" „Jo mei, durt wo Sie hingehn, is im Winter ka Sunn, und wir sog´n dazu „Neu Sibirien". Wann scho der Schnee iberoll weg is, dort halt er si no lang. Jo Herr, warum frog´ns mi wegn an Weda? Wulln´s des E-Werk vom Doka pochtn? Er hot al Turbin und wü do wos anfang´n. I man holt, wäu scho anige gfrogt han. Wos wölln´s dn do mochn?" *(Ja mein Gott, dort wo Sie hingehen, ist im Winter keine Sonne, und wir sagen dazu „Neu Sibirien" Wenn der Schnee schon überall weg ist, dort hält er sich noch lang. Ja, Herr, warum fragen Sie mich über das Wetter? Wollen Sie das E-Werk vom Doktor pachten? Er hat eine Turbine und will da etwas anfangen. Ich meine halt, weil schon einige gefragt haben. Was wollen Sie denn da machen?*"

„Entschuldig´n scho, oba des waß i sölba no net." „Na vül Glück!" „Dank schen, oba sogn´s ma no, gibt's do hie und do a Hochwasser?" „Mei, soll woi, fost alle Johr." „So, und wia weit reicht des Wossa?" „Jo mei, do san de Grind olle untan Wossa, wos do segn." „Dank schen, auf Wiedersehn!"

„Entschuldigen Sie schon, aber das weiß ich selbst noch nicht." „Na, viel Glück!" „Danke schön, aber sagen Sie mir noch, gibt

es da hie und da auch Hochwasser?" „Mein Gott, das wohl,
fast jedes Jahr." „So, und wie weit reicht das Wasser?" „ja
mein, da sind alle Gründe unter Wasser, die Sie da sehen. "

Ich ging den Weg, den mir der Eisenbahner gewiesen und
kam in das Herrenhaus, unterwegs die riesengroße Ruine
betrachtend. Der Herr Doktor war zu Hause, begrüßte mich
herzlich und gab mir seine Wünsche bekannt bezüglich der
Errichtung einer Gärtnerei mit der Benützung des
Elektrowerkes als Glashausbeheizung. Wir besichtigten das E-
Werk, und vor dem Werk wollte er die Glashäuser hin bauen.
Nachdem ich einige Leute herbeigerufen und sie gefragt
hatte, von wann an die Sonne im Winter scheint und bis wann
im Herbst, wusste ich, dass von Oktober bis Mai kein
Sonnenstrahl das Gelände bescheint. „Nichts zu machen, Herr
Doktor, außer Sie haben noch woanders günstiger gelegene
Gründe." „Ja, ich zeige Ihnen, was mir gehört; der ganze
Grund, den Sie hier übersehen und der Berg mit der Ruine.
Gehen wir aber weiter." Wir standen vor dem großen
Personalhaus, ebenfalls zum Besitz gehörend, und da zeigte
mir der Doktor die übrigen Felder, die bis zur Bahn und an die
Packer Bundesstraße reichten. Da auch hier einige Leute in
der Nähe herumstanden, fragte ich auch sie wegen der
Überschwemmungsgefahr und des Sonnenscheins.
„Jo, wenn´s Wossa gach hoach kimmt, dann kanns scho
viakemma, dass´s bis doher rinnt. Im Winta is holt wegn dem
Berg a weni Sunn."
(Ja, wenn das Wasser schnell hochkommt, dann kann es schon
vorkommen, dass es bis da herrinnt. Im Winter ist halt wegen
des Berges auch wenig Sonne)

„Sagn´S Herr Doktor, muss es gerade eine Gärtnerei sein? Wie wär´s mit einer Weberei oder Patschenfabrik? Überlegen Sie sich die Sache gut. Entscheiden Sie sich trotzdem noch für die Gärtnerei, dann wäre der Platz, den ich Ihnen jetzt zeige, der höchst gelegene samt den Äckern dazu für die Gärtnerei geeignet." „Gut, Herr Obergärtner, Sie haben recht. Wenn es so weit ist, würden Sie die Gärtnerei einrichten? Sie bekommen dann eine Wohnung im Herrenhaus mit einer Küche und zwei Zimmern, mit Licht und Beheizung und als Gehalt 350.- Schilling monatlich, so wie Sie es verlangten. Ich komme dann zu Ihnen, um die Glashäuser in Wien definitiv zu bestellen."

Von Rainfeld nach Krems in der Steiermark war ich bei Tag gefahren und im Grazer Gasthaus „Zum braunen Hirschen" am Dietrichsteinplatz über Nacht geblieben. Zurück fuhr ich mit Dr. K. nach Graz und nachts über Bruck und den Semmering weiter nach Hause, doch sah ich mir vorher noch die Grazer Frühjahrsmesse an.

Acht Tage darauf, an einem Samstag, da ich gerade den Saal voll Menschen hatte und es bei einem Hochzeitsschmaus und Tanz hoch her ging, kam Dr. K. zu mir. Die Augen, die er machte, als er den Betrieb sah! Hatte er doch in Krems auch ein Gasthaus, an den Pächter Herrn Nebel vergeben.

„Sehen Sie, so etwas könnte ich brauchen. Haben Sie öfter so viele Menschen im Gasthaus?" „Jeden Samstag und Sonntag." „Ja, und da gehen Sie von hier fort? Bei so einem Geschäft?" „Warum nicht, schließlich bin ich ein gelernter Gärtner und kein Wirt."

Ich wollte ihm doch nicht sagen, dass die Regulierung der Traisen bald ein Ende nimmt, und vor ein paar Tagen, als die

Arbeiter streikten, alle entlassen wurden. Am Tag zuvor war vom Zangthaler Bergbau aus Voitsberg ein Bagger mit dem Baggerführer Ciebula hier angekommen. Es werden wieder in beschränkter Anzahl Arbeiter aufgenommen, und nächste Woche arbeitet der große Bagger schon mit und erspart beim Aushub über 100 Leute.

Spät abends begab sich Dr. K. auf sein Zimmer und legte einen Revolver auf das Nachtkastl. Ich fragte, ob er Angst habe. „Ja, wissen Sie, für alle Fälle, ich habe auch Geld bei mir, ich kenne die Leute nicht." Na lieber Doktor, hättest du gehört, was die Leute über dich wissen wollen! *(Einige abfällige Bemerkungen der Einheimischen wurden hier gestrichen. H.St.)*

Am Sonntg nach dem Mittagessen fuhr Dr. K. nach Wien und hatte am Montag mit Herrn Sülze bezüglich der Glashäuser abgeschlossen, Lieferzeit September, doch würden die Glashäuser noch vorher in der Grazer Herbstmesse ausgestellt. Ich war am Montag ebenfalls in Wien, und wir besprachen uns gemeinsam über die Elektroheizung und Verschiedenes andere, denn ich wollte mich auch über alles Bautechnische informieren. Zugleich wurde meine Aufnahme als Obergärtner mit 1. September 1927 festgelegt. Er bat mich öfters, ihn nicht im Stich zu lassen und bestimmt zu kommen. Nun, ich sagte zu und hielt auch später mein Wort. Herr Ciebula und ein Wiener Maschinist waren abends meine besten Gäste, die auch einige Frauen bei Essen und Trinken freihielten.

Auch ein Schuhmachermeister war als Quartalsäufer mein guter Gast, der drei Tage soff und schlief und so lange- trotz Zureden und Grobsein- im Gastzimmer verblieb, bis er sein

Geld versoffen hatte. Was er in Hainfeld vorher eingekauft hatte, meistens Wäsche, Kleider usw., nahm ich in Verwahrung bis er nüchtern war und nach Hause gehen wollte, dann bekam er seine Pakete mit. Er staunte oft, dass er alles wohlbehalten zurückbekam.

Am ärgsten waren einige Menschen darunter, die am Samstag glaubten, sie müssten restlos ihr Geld bei mir lassen, trotzdem jeweils die Frau mich beschworen hatte, dem Mann nichts mehr zu trinken zu geben. Wenn ich sah, dass er genug hatte, bekam er von mir nichts mehr zu trinken, doch dann wurden sie derart grob, dass ich sie bat, das Lokal zu verlassen. Sie gingen aber in das nächste Gasthaus, und dort tranken sie weiter. Einmal verspielte einer das Geld für 3 Kubikmeter Holz, lauter Buchenscheiter, die ich ihm abgekauft hatte, bis auf den letzten Groschen an einem Abend beim Schnapsen. Eine Frau eines Zimmermannes, der täglich zu mir kam, holte Tag für Tag einen halben bis einen Liter Rum, den sie austrank, und der Mann bezahlte den Rum ohne zu murren.

Ich und meine Frau tranken tagsüber keinen Wein und auch kein Bier, erst vor dem Schlafengehen ein Achtel Wein oder ein Glas Bier, das genügte uns vollkommen.

Der Sommer verging sehr rasch, und die Zeit näherte sich dem Herbst. Einige Male war ich in Mödling nachschauen, wie weit die Konstruktion fertig war. Die Firma Höntsch hatte die Werkstätte in der Nordpolgasse unweit vom Missionshaus St. Gabriel.

Ende August zog ich mit aller Habe, die zur Bahn verfrachtet war, aus Rainfeld aus und übergab das Gasthaus der Familie

Dobeschak aus Ramsau. Ein Sohn war bei der Firma Swoboda, Fabrikation von Öfen, in Rainfeld angestellt.

1927: Wieder eine Gärtnerei: in Krems bei Voitsberg

Am 1.September 1927 kam ich mit meiner Familie in Krems bei Voitsberg an, und da hörte ich, dass ich im Herrenhaus die Zweizimmerwohnung nicht bekomme sondern ein Zimmer mit Küche im Beamtenhaus, und so musste ich einen Teil meiner Möbel im unteren Magazin einstellen.

„Meine" Wohnung bekam ein gewisser Herr Marton, der bei der Glasfabrik in Oberdorf bei Voitsberg als Teilhaber des Betriebes tätig war. Herrn Agraringenieur Marton kannte ich schon aus Fahrafeld, wo er beim Grafen Wimpfen mit einigen ehemaligen Offizieren Landwirtschaftspächter war. Außer ihm und seiner Frau wohnte dort noch das Frl. Temple, die Nichte des Malers Temple, den ich in Ramsau bei Kommerzialrat Anbelang kennengelernt hatte.

Der Wortbruch des Dr. K. bezüglich meiner Wohnung passte mir nicht, aber was sollte ich machen, da ich nun einmal da war?

Wir speisten beim Kremswirt Herrn Nebel, und ich muss heute noch darüber lachen. Er brachte uns Suppe, dann Schweinsbraten mit Salat. Der Salat war richtig, doch was schwimmt da für ein Öl darauf? Teufel nein, der Wirt muss sich vergriffen haben, das ist doch pures Maschinöl, schwarz und grün schimmernd. Herr Wirt, bitte, nehmen Sie den Salat zurück, der ist versehentlich mit Maschinöl angemacht.

Wieso? Maschinöl? Na herns, des is do dos beste
Kürbiskernöl, kosten S´nur, es schmeckt do prima!
Kürbiskernöl? Kennen wir nicht. Wir kosteten den Salat, nein,
nicht unser Geschmack, fort damit. Und doch kamen wir
später auf den guten Geschmack und aßen es sogar gesalzen
mit Brot und verwendeten das Öl für alle möglichen Salate.

Dr. K. war verheiratet und wohnte in Graz-Waltendorf mit
seiner hübschen Frau. Seine Mutter hatte ein Palais in der
Neutorgasse und wohnte im Sommer in Krems. Eine ältere
Frau, klein, untersetzt, mit Spitznase und einer kranken Haut
auf der unteren Gesichtspartie, geschädigt vom ständigen
Auszupfen der Barthaare. Eine überaus energische Frau, so
eine Art „Speibteufel" hätte ich bald gesagt, aber bitte, das
war sie nicht, sie hatte auch gute Stunden, nur die konnte
man leider zählen. Sie war von allen Kremser Bewohnern
gefürchtet, und wenn die Leute vor dem Haus saßen oder
standen und tratschten und sie sahen die Frau K. daher
kommen, dann verschwand Alt und Jung fluchtartig in den
Häusern. Sogar die Hühner nahmen schnell Reißaus. Wehe
den Kindern, wenn sie sah, dass sie Falläpfel aufhoben um sie
zu essen, da schrie sie: „Schaut´s dass verschwindet´s, ihr
lausigen Dreckfratzen, am liebsten würde ich alle Äpfel
vergiften, damit ich euch nicht mehr sehe!" Dass der Herr Dr.
K. nicht viel zu reden hatte, sah ich bald. Frau Adele K. war ein
gefürchteter „Prozesshansel", wie man so sagt. Bei jeder
passenden Gelegenheit hatten das Gericht und die Advokaten
zu tun. Ihr am meisten gefürchteter Gegenadvokat war der
Voitsberger Advokat Dr. August Pendl senior, „der

Dickschädl" von ihr genannt, der die Firma Ruhmann vertrat.
Am 3. September kam es zu einer Aussprache zwischen Dr.
Kurt K., dem Stadtbaumeiser Alois Kriechbaum und mir. Am
Tag darauf wurde mit dem Aushub der geplanten Glashäuser
und der Beschaffung des Baumaterials begonnen. Es kam der
Polier Mixner mit seinen Maurern und Arbeitern, und nach
den Plänen standen bald die Mauern der Glashäuser. Das
große Verbindungshaus war 20 m lang, 6 m hoch und 4 m
breit. Beinahe wäre die hohe Mauer wegen zuerst zu
schwacher Pfeiler eingestürzt. Ein Vermehrungshaus war
20 m lang und 3 m breit, das große Haus war 20 m lang und 6
m breit. Als alles für die Monteure fertig gestellt war, kam
auch schon die Eisenkonstruktion mit dem Obermonteur
Knödler, noch einem Monteur und einem Wiener
Glasermeister, denn auch das Glas lag schon bereit. Die
Glashäuser waren mit Autos aus der Grazer Messe herbei-
geschafft worden. Bald wurde auch schon verglast, und ich
arbeitete flotter als der gelernte Glasermeister. Mit dem
Diamanten schnitt ich das Glas schneller als der Meister mit
dem Stahlrad und ich hatte auch weniger Bruch. Zur Hilfe
hatte ich zwei Kremser Jungen, den Ilgerl Pepi und den
Birnstingl Pepi, und beide behielt ich dann als Lehrlinge.
Außerdem nahm ich noch den Weger Franz, einen Südtiroler
als Gehilfen auf, der mit seiner Frau in Gaisfeld eine kleine
Keusche besaß. Der Pousnar Franz, von allen Leuten Poschner
genannt, ein ruhiger, fleißiger Mann, machte die
Zimmermannsarbeiten.
Alles ging programmmäßig vorwärts, bis auf den Kesselraum
für den elektrischen Heizkörper. Kaum hatte man einen
Meter tief gegraben, da war schon das Grundwasser da. Da

war nun guter Rat teuer. Der Baumeister ließ Fallen schlagen, der Schotterboden rutschte immer nach, und das Wasser musste mit einer großen fahrbaren Benzinpumpe ständig ausgepumpt werden. Mein Rat, der so einfach war, wurde nicht befolgt. Ich wollte Piloten schlagen lassen und seitwärts starke Vierkanthölzer nachschieben-nach Art der Betonbrunnenrohre, die in die Tiefe nachrutschen- und seitlich zum Auspumpen des Wassers Betonbrunnenrohre, denn der Brunnen sollte später zur Wasserentnahme dienen. Hätten mich nur die Herren arbeiten lassen, wie ich wollte! Auch kam ich auf einige Sabotageakte der Brüder Böhmer, die ich auch zum Teufel schickte. Bald wäre das ganze Unternehmen an diesem Kesselraum gescheitert, bis ich den Pflanzl Albin, den Fripertinger und den alten Maschinisten Ilgerl von der Pumpe ablöste und dieselbe 40 Stunden lang ohne Unterbrechung bediente, bis der Kesselraum vollständig betoniert war. Noch zwei Tage lang, bis alles fest war, durfte niemand in die Nähe kommen, sonst hätte ich denjenigen, der es gewagt hätte, angeschossen.

Als die Schalung entfernt wurde, sickerte an einigen Stellen das Wasser durch die Wände, und so musste Dr. K. rasch noch das Dichtungsmittel Sika beschaffen.

Endlich wurde Ende November die Glashausanlage fertig, und am 2.12.1927 übergab mir Dr. K. eine Lichtbildaufnahme von den Gewächshäusern mit den darauf geschriebenen Worten: „Dass der Bau zu einem guten Ende geführt wurde, ist das der Erfolg Ihrer Ausdauer und Ihres Fleißes, Dr. Kurt K..“

Als Dank dafür trug es mir eine Lederhose ein. Auch gut.

Knapp vor Weihnachten 1927 waren im Glashaus 500 Rosen in Topf zum Treiben, Azaleen, Ficus elastica, Ficus pandurata,

Phönix - und Chamaeopspalmen, Kentien, Aralien Moseri und
Sieboldi, Araucarien; 1000 Stück Asparagus Sprengerii und
plumosus; Tradescantien, verschiedene Farne und viele
andere Topfpflanzen. Einige Körbe kamen aus Gent von
Hartmann, und vieles verschaffte ich mir von Grazer Kollegen.
Im Vermehrungshaus hatte ich belgische Blattbegonien und
viele Aussaaten von Begonien, Salvien und anderen mehr.
Das große Haus wurde nachts mit großen Lampen beleuchtet,
und das Wachstum der unterhalb der Lampen gestellten
Rosen und anderen Pflanzen war beachtenswert.
Bis Februar, denn das Wetter war günstig, waren die
Mistbeetkästen für 250 Fenster hergerichtet, und die Aussaat
der verschiedenen Gemüse-und Blumenpflanzen konnte
beginnen. Ein großes Problem war das Bedienen des
Elektrowerkes, dessen Beaufsichtigung Poschner und einem
jungen Grazer Studenten oblag. Ich hielt täglich Nachschau,
meist noch spät abends aber auch öfters nachts, besonders in
kalten Nächten. Der Riemen vom Schwungrad zum Motor war
alt und brüchig und bestand aus lauter kleinen Lederflecken,
die mit einem starken Eisendraht verbunden waren. Der
Riemen riss oft, und das Flicken desselben nahm immer viel
Zeit in Anspruch. Das Reißen des Riemens war
lebensgefährlich, so musste Dr. K. aus Wien einen neuen
„Atlaslederriemen" beschaffen, und von da an lief das Werk
ohne Lebensgefahr.

Im Frühjahr, als ich genug Verkaufsware im Glashaus hatte
und auch Gemüse- und Blumenpflanzen verkaufsfertig waren,
kamen an manchem Tag ganze Prozessionen von Menschen
aus Voitsberg und anderen Orten, ja sogar am Sonntag ging

es bei mir lebhaft zu, denn viele kamen schon aus Neugierde. Das Geschäft florierte und die täglichen Einnahmen wuchsen, so dass ich mit dem Geld mein Gehalt und die Löhne samt den sonstigen Auslagen bestreiten konnte, und es war erst der Anfang. Vieles konnte ich während des Sommers und auch später an die Blumenhändler in Graz und vieles an Gemüse an Geschäfte und laufende Kunden abgeben. 1928 war auch ein gesegnetes, reiches Obstjahr, und einige tausend Kilogramm Äpfel konnte ich einem Obsthändler von Krottendorf verkaufen.

Im Sommer, es war Ende August, kam Dr. K. zu mir und fragte mich, ob ich mit dem Gärtnerverein aus Graz die Samenzuchtgärtnerei des Herrn Haubensack in Strass besuchen möchte. Ich sagte zu, und wir fuhren ab Graz mit den Autobussen zusammen mit dem Verein und dessen Obmann, dem Gärtnereibesitzer Elsnegg. Es war eine sehr schöne Fahrt, und ich sah auch interessante Zuchtergebnisse, besonders die neue Gurkensorte „Sensation", die noch nicht im Handel war. Ich lernte dabei einige Kollegen kennen, und im Herbst kam der ganze Gartenbauverein Graz nach Krems. Bei der Herbstmesse hatte ich Dahlien ausgestellt, die im Freien zu einer Gruppe gepflanzt waren. Bei der Besprechung vor der Messe zum Thema Gartengestaltung lernte ich außer dem Gartenarchitekten Grubbauer die Architekten Vannino und Hammer kennen.

Im Herbst waren die Einräumungsarbeiten beendet, und ich hatte es dann etwas leichter.

Eines Abends fuhren Dr. K. und ich nach Köflach, besuchten das Köflacher Kino, und um 10 h abends machten wir uns auf den Weg entlang des „Sommerlangen Zaunes".

(Es folgt die Erzählung einer recht abenteuerlichen Nacht mit einem beschwerlichen Weg, einer Übernachtung in einem Heustadel, dem Frühstück bei Bauern und einigen Missgeschicken des Herrn Dr. K.)

Wie ich hörte, war es der Sallabach, und wir mussten noch lange gehen; vorbei an einer Sensenschmiede, an schroffen Felsen und einem Marmorsteinbruch; an einer von Künstlerhand geformten Gämse, die von weitem sichtbar auf einem Berggipfel stand, bis wir endlich hundemüde zu unserem Ausgangspunkt Köflach kamen.

Die K.s stammten aus Hamburg, wie ich vom alten Ilgerl hörte, und sie errichteten die Zellulosefabrik in Krems. Die alte Dame, Frau Adele K. erzählte oft von den schönen Einnahmen, die sie hatten. Die Fabrik brachte stündlich einen Doppeldukaten Reingewinn. Der alte Herr hatte sein ganzes Geld in Aktien der Papierfabrik und in Grundstücken angelegt, und wo es ging wurden Nadelbäume gepflanzt, denn die Fabrik verarbeitete jährlich eine Unmenge Schleifholz. Nach dem Tode des alten Herren wurde das Unternehmen an Ruhmann, den Besitzer der Papierfabrik Ruhmann in Guggenbach verkauft.
Karl K. hatte seinen Riesenbesitz an die Firma Henckel in Deutschland verkauft. Er scheint jedoch dabei übers Ohr gehauen worden zu sein, da ein Prozess um Millionen ausgetragen wurde. Karl K. verlor angeblich den Prozess.

Ende November hatten wir im Jahr 1928 eine Kälte von 31 Grad unter Null, der Werkskanal war zugefroren und das Werk setzte aus. Ich musste mit meinen Leuten Stroh

heranschaffen und die Glashäuser damit bedecken. In den
Glashäusern musste ich Benzin ausschütten und anzünden,
sonst wären alle Topfpflanzen erfroren. Die Heizrohre wären
von der Kälte zerrissen worden. Alle Bäume und Sträucher
waren weiß und voll mit spitzen Eisnadeln. Nach einer
grimmig kalten Nacht wurde es wieder wärmer, die Turbine
konnte wieder anlaufen, sodass die Gefahr gebannt war.
.

Das Jahr 1929 war ein Jahr voll Arbeit. Mit der Firma
Haubensack wurde vertraglich die Anzucht verschiedener
Grasarten aus Samen vereinbart. Fast 14 Tage lang arbeitete
im Frühjahr eine Fräse, um den Ackerboden zur Aussaat
dieser Grassamen umzuackern und zu ebnen. Es waren dies
Gründe, die von Jahr zu Jahr an die Arbeiter der
Zellulosefabrik vergeben wurden. Mit einer Sämaschine an
einem „Planet junior" befestigt brachten wir das Saatgut bald
in die Erde. Auch bekam ich Möhren und Petersilie, die
Samenträger werden sollten. Einige Sorten Salate wurden
wegen der Sortenreinheit in entsprechender Entfernung
gepflanzt und schöne, glatte Gurken der Sorte „Sensation" als
Samenträger belassen. Das Geschäft ging normal weiter, und
zum Muttertag und auch sonst zu allen Zeiten brachte ich die
schöne Ware an.
Die Zeit kam heran, da meine Wüstenroter Bauzuteilung fällig
wurde. Ich nahm mir einige Tage Urlaub und fuhr mit meiner
Frau nach Mödling, wo wir unsere vielgeliebte Nichte Mitzi
und ihren Mann Tonetto besuchten. Als sie hörten, dass wir
eine kleine Gärtnerei mit einem Haus kaufen wollten, fiel mir
auf einmal das Gesicht auf, das sie dabei machten. Wir waren

alles eher als gerne gesehen. Der Herr Sparkassendirektor und dreifache Villenbesitzer hatte sich den alten, an den Ellbogen zerrissenen Rock angezogen und war im Gespräch mit uns so arm und verschuldet, dass wir ja von ihnen nichts erhoffen durften. Ich hatte in der Zeitung einige Angebote von Grundstücken und Häusern gelesen in Mödling, Maria Enzersdorf, Brunn am Gebirge, und so machten wir uns auf die Beine. Wir fanden nicht was wir wollten und suchten und kamen abends wieder zu den lieben Verwandten, um dort trotz der sichtbaren Abweisung über Nacht zu bleiben. Sie hatten oft und tagelang bei uns übernachtet aber meinten jetzt: „Ich weiß für euch ein billiges Hotel, wo ihr, lieber Onkel und liebe Tante übernachten könnt."

Wir fuhren heim und als wir ankamen, lag ein Brief von Dr. Kurt und Adele K. auf dem Tisch, rekommandiert aufgegeben, und noch ein rekommandierter Brief von der Bausparkasse Wüstenrot, die Geldzuteilung, um bauen oder ein Haus mit Grund kaufen zu können.

Im Brief von Dr. Kurt und Adele K. war meine Kündigung ab 1.September 1929 enthalten. Dr. K. hatte in der Zeitung die Zuteilung an mich gelesen, und das nahm er als Grund zur Kündigung. Nun, komme es wie es wolle, ich habe eine dreimonatige Kündigungsfrist ausgemacht und habe nun Zeit, mit etwas zu suchen. Bei der Aufnahme hätte ich mich verpflichten sollen, im Umkreis von 50 km keine Gärtnerei zu errichten. Das hatte ich natürlich nicht unterschrieben, und so suchte ich mir etwas in Voitsberg. Davon hörte auch Frau Adele, und einige Tage darauf kam sie zu mir und sagte: „Wissen Sie, Sie müssen nicht glauben, dass Sie bis zum Schluss hierbleiben müssen, je eher Sie gehen, umso lieber ist es mir, und wenn es schon morgen oder heute wäre." Bitte, den Gefallen kann ich Ihnen ruhig tun. Ich verließ sofort nach Übergabe der Gärtnerei an Dr. K., den Gehilfen Weger und die Lehrlinge den Betrieb und ging nach Hause.

Herr Prosser, Bahnangestellter der GKB, der im Voitsberger Bahnhofgebäude wohnte, gab mir ein Zimmer, in das ich übersiedelte.

Ich verlangte von Dr. K. ein Zeugnis, er verweigerte es mir wegen Untreue, obwohl er wusste, dass ich auf Jahre hinaus nicht bleiben wollte und Bausparer war.

Hatte er während des ganzen Sommers mit Ruhmann einen Prozess wegen verschiedener Häuser, nun, so kommt es auf noch einen Prozess nicht mehr an. Er klagte mich bei Gericht an, ich hätte ihn böswilliger Weise vorzeitig verlassen und wolle mir in Voitsberg ein Haus bauen. Als ich die Ladung zur Gerichtsverhandlung bekam, war ich gar nicht darüber erstaunt, denn ich wusste, dass er und sie nicht ohne Prozess sein können. Nur schade um das viele Geld, das sie beim Fenster hinauswarfen, denn gewonnen haben sie noch nie.

Der Tag der Verhandlung kam, und der Saal war voll mir Zuhörern. Richter war Dr. Diemath, Dr. K. hatte einen Grazer Anwalt mitgebracht, den Dr. Fuchs. Auch Dr. Pendl saß links vorne beim Anwaltstisch, als Zuhörer, denn ich hatte mir keinen Anwalt genommen. *(vorerst kein Anwalt, dann war Herr S. durch Anwalt Dr. Pendl vertreten.)*

...(gekürzt)...

Ich bestand darauf, dass auch Frau Adele K. in die Verhandlung einbezogen wird. Es kam zu einer Vertagung, um noch mehrere Zeugen einzuladen.

Währenddessen sah ich mich in Voitsberg um einen günstigen Bauplatz um.

(Der Arbeitgeber verlor den Prozess.)

Er musste die Kosten übernehmen und mir außerdem die mir schuldigen drei Monatsgehälter zahlen.

1929: Selbständig im eigenen Haus

(Ein Grund wurde gefunden und gekauft, weil Eile geboten war, das Haus in einer damals neuen Schnellbauweise mit Holzständern und Heraklith gebaut. H.St.)
Herr Oberbaurat Scharnagl ermahnte mich zum zweiten Mal, unbedingt im Mai das Bahnhofgebäude zu verlassen. Ich gab ihm zur Antwort, dass ich nicht im Mai sondern schon im Jänner in mein neues Heim einziehe. Da sagte er mir: „Mit Narren rede ich nicht." „Herr Oberbaurat, was gilt die Wette?"
Er gab mir Zeit bis zum 1. Mai, da könnte ich mir eine provisorische Notwohnung geschaffen haben.
Schade, Herr Oberbaurat, ich hätte so gerne mir Ihnen gewettet.
Am 15.Jänner waren die unteren Räume verputzt und auch schon trocken, so dass ich tatsächlich einziehen konnte. Wie es der Zufall will, sah ich den Herrn Oberbaurat Scharnagl am

Voitsberger Bahnhof. Ich bedankte mich vielmals höflich und bedauerte, keine Wette abgeschlossen zu haben. „Hören Sie, Souček, Sie haben mich mit dem Bau überzeugt, ich hatte mit Heraklith noch nie gearbeitet und staunte nur, so oft ich mit der Draisine oder mit dem Zug vorüberfuhr, wie das Haus so rasch emporwuchs. Aber ich verstehe nicht, wieso Sie in die unfertigen Räume einziehen. Sie haben doch Zeit." Unfertige Räume? Nein, die Räume, ein großes Zimmer, eine Küche, ein Kabinett, das Vorhaus und das Klosett sind verputzt und trocken, folglich beziehbar.

Folgendes wäre noch zu erwähnen: Als das Haus im Rohbau fertig stand, sah ich in der Mittagsstunde Herrn Dr. K. an das Haus herankommen. Er sah so aus, als würde er denken: „Na warte nur, Bursche, mir kommst du nicht aus. Sicher baut er mit Baumeister Kriechbaum, eine abgemachte Sache, mit meinem Geld vom Glashausbau." Du armer Kerl, wie oft habe ich mit Kriechbaum gestritten, und wie oft musste er die Preise herabsetzen, denn mich konnte er so leicht nicht hineinlegen. Er suchte die Baumeistertafel und fand sie, auf ihr stand „Jakob Piuko, Stadtmaurermeister Voitsberg". Er wusste nicht, dass ich ihn sah, wie er den Kopf schüttelte. Schade, wäre wieder ein hübscher Prozess gewesen.

In meinen Gedanken wieder in Krems, denke ich an die schlechte Zeit, als so mancher arbeitswilliger Mensch von Ort zu Ort wanderte, so wie als einmal im August 1929 der junge Bettler namens Scheifinger aus Wien zu uns kam. Zerlumpt, zerrissen, ungewaschen, so stand er vor uns. Meine Frau gab ihm ein reines Hemd und einen Rock, die Nachbarin eine passende Hose, und da ich noch halbwegs gute Schuhe hatte, die ihm passten, die Schuhe, eine gute Jause und einige

Adressen von Baumeistern mit Segenswünschen auf den Weg. So ausstaffiert, konnte er überall vorsprechen. Wie staunten wir, als wir ihn als Hilfsarbeiter bei unserem Bau antrafen. Herr Piuko hatte ihn sofort beschäftigt.

Bis zur Fertigstellung des Hauses gab es noch viel zu tun. Als Schutz gegen die anhaltende Kälte bestellte ich bei der Firma Uhlich in Graz ungarischen Bauzement, und so konnten wir bei acht Grad minus den Außenputz anbringen. Das Gerüst blieb stehen, und im März konnten wir den ockergelben Spritzwurf anbringen. Der Baumeister und seine Arbeiter hatten mit Bauxitzement noch nie gearbeitet und einen großen Mörtelkasten voll davon vorbereitet, so kamen wir erst darauf, dass der Zement zu rasch fest wurde ohne bei der Kälte einzufrieren. Durch fleißiges Wasserschütten und Umrühren konnte der Mörtel breiig und brauchbar erhalten werden. Der nächste Mörtel wurde in geringen Mengen vorbereitet, jetzt klappte es. Dass sich sehr viele Zuschauer und Besserwisser einfanden, ist selbstverständlich. Was musste ich mir alles anhören! Die Sonnenseite ostwärts war ohne Fenster, wollte ich doch später einen Zubau machen mit Glashäusern, und ich baute nur so weit als meine Geldmittel reichten.

(Einige Zeilen der näheren Beschreibung wurden hier weggelassen.)

Im Frühjahr 1930 stand mir und meiner Familie viel Arbeit bevor, aber wir schafften es. Waren wir doch bei vollen Kräften. Da hieß es zeitig auf und spät ins Bett. Vor allem mussten 12 Mistbeetkästen aufgestellt werden, 10 m lang und 1m 60 breit; der Boden bearbeitet, Strohdecken geflochten und 120 Mistbeetfenster, von der Firma Höntsch bezogen, eingeglast und verkittet werden.

Den Samen bezog ich von der Firma Prantstralller, Graz. Ich
war dort schon bekannt und konnte den Samen schuldig
bleiben, auch die Firma Höntsch musste mit einer Restschuld
warten.

Ich gab bei der Bezirkshauptmannschaft mein mit Stempeln
versehenes Gesuch um eine Abfertigung an die Kommission
für die Entschädigung der Invaliden ab, die Kommission im
Bundesministerium unter Herrn Minister Hainl. Nun hieß es
warten. Nach drei Wochen rührte sich noch nichts. Da fragte
ich bei Herrn Klampfl in der BH, den ich gut kannte, um den
ganzen Dienstweg des Gesuchs. Nächste Instanz Stadtamt,
dann Gendarmerie für Erhebungen, dann Wien –Magistrat,
weiter zum Ministerium, von da zum Invalidenamt in Graz,
Humboldtstraße und dann wieder zurück nach Wien zum
Finanzministerium. Ich frage beim Stadtamt nach und bei der
Gendarmerie und höre, dass kein Gesuch von mir
eingegangen ist. Zurück zur BH, das Gesuch ist unauffindbar.
Es heißt, dass der gute Amtsdiener Hiebler, Musikant und
Kapellmeister, das Gesuch verwurstelt hat. Bleibt nichts
anderes übrig als noch einmal schreiben, einreichen und
weiter warten. Zuerst nicht mehr als drei Tage, nach denen
ich erst fortging, bis ich das Gesuch in der Hand hatte und es
zum Bürgermeisteramt tragen konnte. Nach acht Tagen-
leider braucht so ein Gesuch viel Arbeit- und nachdem ich
noch etwas darauf warten musste, trug ich das Gesuch zur
Gendarmerie. Es wurde in sechs Tagen erledigt und nach
Wien zum Magistrat gesandt. Drei Tage darauf fuhr ich selbst
mit der Bahn nach Wien, wo ich etwas zu tun hatte, so ging es
in einem. Also bis zum Rathaus. Ja meine Lieben, gibt´s so

etwas? Stellt Euch vor, ich bekam mein Gesuch binnen einer
halben Stunde befürwortet, und so konnte ich es persönlich
im Ministerium überbringen. Es war gerade Donnerstag und
kein Amtstag. Zu blöd! Soll ich unverrichteter Dinge weiter-
ziehen? Ach was, wenn's auch auf der Tafel steht: Heute kein
Amtstag, ich versuch's. Ich mache die Vorzimmertür auf und
da bellt mich schon der Amtsdiener an: „Hern'S, ham'S die
Tofl net glesn? Heit tama nix." „Entschuldigen Sie vielmals,
Herr Rat, ich wollte nur das Gesuch hier abgeben." „Heit wird
da nix abgebn, schickn'S as per Post, ham'S verstanden?
Adjöh." Ich wollte schon gehen, und weil er gar so laut war,
machte ein Herr die Tür auf und fragte, was da los ist. Ich
erklärte dem Herrn warum es geht und dass ich von
Voitsberg, von so weit her komme, da sagte er jovial zu mir:
„Kommen Sie mit rein, der Herr Minister kommt gleich, dann
kann alles sofort erledigt werden. Der Herr liest mein Gesuch,
schaut mich an und sagt: „Sie, mein Lieber, wir kennen uns ja,
Sie waren im Sophiensaal Gärtner und haben auch bei mir zu
Hause zu tun gehabt. Auch ich erinnerte mich sofort, es war
der Ministerialrat oder Hofrat D. Er bot mir eine Zigarre an
und fragte mich um vieles, wo ich überall gewesen sei und so
weiter. Ich wartete kaum eine Stunde und wurde zum
Minister befohlen. Der Herr war sehr freundlich, gab seine
Unterschrift und überreichte mir das Gesuch wieder mit dem
Wunsch, daß es bald erledigt werde. Ja, die baldige
Erledigung hätte ich dringend nötig, denn ich hatte in der
Sparkasse Voitsberg bei Herrn Direktor Stranzl einen Kredit
von 1000 Schilling auf 2 Jahre aufgenommen. Leider verstarb
der Herr Direktor plötzlich durch einen Herzschlag, und sein
Nachfolger kündigte mir den Vertrag und ich bekam nur 500

Schilling auf einen vierteljährlichen Wechsel. Dieses Geld hatte ich wohl zu Hause, um den Wechsel begleichen zu können, ich wollte es aber zur Beschleunigung der Abzahlung gebrauchen, das habe ich auch im Gesuch angegeben.

Meine Freude war groß, dass ich in Wien alles so schnell erledigen konnte. Auch die Kunstblumensendung von der Firma Türfelder, Wien VII, Kirchengasse, war eingetroffen. Es blieb noch die vorletzte Instanz, das Invalidenamt Graz. Auf zum Kampf, Torrero, auf zum Invalidenamt! Dort erfuhr ich, wo ich das Gesuch abzugeben hatte, im ersten Stock. Ich mache die Tür auf und ein Herr Kamerad sitzt bei Tisch, liest die Zeitung und isst ein mit Schinkenwurst belegtes Butterbrot. „Was wünschen Sie?" „Entschuldigen Sie vielmals, Herr Amtsrat, wenn ich störe. Ich möchte hier das Gesuch abgeben und Sie bitten, es bald zu erledigen, denn ich brauche das Geld zur Abdeckung eines bald fälligen Wechsels." Der Herr Kamerad liest das Gesuch und gibt es in einen neuen Aktenumschlag, schreibt darauf „Souček" und mit Rotschrift „dringend", zweimal unterstrichen. Ich denke mir noch: Hab i a Sau, es geht wia gwunschn. Es vergehen drei Wochen, es rührt sich nichts, bleibt nichts übrig als wieder ins Invalidenamt. Ich komme rein zum Kameraden, und er liest wieder die Zeitung und frühstückt. Auf dem Tisch liegt der einzige Akt, „Souček, dringend". In mir kocht´s. Halt di z´ruck, Franzl, sonst schmier i eam ane. Ich entschuldige mich, dass ich störe und bitte ihn den lieben Kameraden nicht zu vergessen, da es Zeit ist, den Wechsel einzulösen. „Bei wem haben´S den Wechsel gnommen?" Er, der liebe Kamerad läutet Voitsberg auf und bittet den Direktor zum Telefon. Ein sehr freundlich gehaltenes Gespräch zwischen beiden, ja es stimmt mit dem Wechsel, und bitte, dem Souček baldigst zu helfen, was der Herr Kamerad versprach, noch heute geht der Akt ab. Der Herr Kamerad, bevor ich mich empfehle, schreit mich an: „Sie glauben wirklich, ich hab nichts anderes zu tun. Rennan´S ma net imma die Tür ein, Sie wern scho ihr Geld kriagn, wonn´S ma no amoi kumman, schmeiss i Ihna aussi." Na, da kam er bei mir gut an. „Geben´S acht, dass Sie net fliagn, wenn Sie net imstand sind, den Akt in 4 Wochen zu erledigen, g´hörns nimma auf den Sessel,überlassen´S das Sitzen anderen. Übrigens wer i mi beim Minister über Ihna beschwern." „Wos, keck san´S a no, hern´S, wann´S net glei verschwinden, hol i die Polizei und loss Ihna abführn." „Jo, Se kennan mi, Se Tepp Se", und draußen war ich.

Acht Tage darauf war ich wieder im Amt, frage einen Beamten, wer den Akt noch zu unterschreiben hat. Danke für die Auskunft. Ich gehe in den ersten Stock zu meinem lieben Kameraden. Der steht beim Fenster, die Hände in den Hosentaschen, eine Zigarette im Mund. Mit drei Schritten bin ich bei seinem Tisch, da dreht er sich um und sieht, wie ich den Akt „Souček, dringend" vom Tisch nehme, und schon bin ich draußen. Er mir nach, doch ich war schneller und laufe die Stufen in den zweiten Stock hinauf und rein bei der Tür. Ein Herr steht bei seinem Tisch und fragt nach meinem Wunsch. Außer Atem sage ich, was bis jetzt mit meinem Gesuch und dessen Erledigung bis zum heutigen Tag geschah und bitte ihn, mir den Akt zu unterschreiben. Er besah den Akt, ich sah an seinem Gesicht, dass er zornig wurde. „Unglaublich, warten Sie hier, Sie bekommen sofort alles erledigt." Und tatsächlich, es währte keine 5 Minuten, da hatte ich alles, mein Gesuch samt Beilagen in einem an das

Finanzministerium gerichteten Briefumschlag in der Hand und konnte es in den Briefkasten des nächsten Postamtes als portofreie Dienstsache einwerfen.
Vier Tage darauf hatten Prantstraller, Türfelder und Herr Sülze von der Firma Höntsch ihre Rechnungen bezahlt bekommen, und es blieben mir noch 400 Schilling, denn während dieser Zeit hatte ich auch schon den fälligen Wechsel eingelöst. Ja, der liebe Amtsschimmel stirbt nie aus, besonders wenn er von einem so eifrigen Beamten gefüttert wird. Leider gibt es fast in allen Ämtern solche Kreaturen, die, ungebildet, sich einbilden, mehr zu sein als die wirklich mit höherem Schul-und Fachwissen im Amte tätigen Personen.

Aller Anfang ist schwer, und besonders ein Anfang des Gärtners, der auf einem Wiesengrundstück seine Mistbeete anlegt. Ohne Dünger, ohne Komposterde und Torfmull.
Die Zeit war zu kurz, als dass ich mir diese Hilfsmittel hätte beschaffen können. Die Pflanzen wuchsen trotzdem heran, und nur der Kunstdünger in flüssigen Gaben half dem Wachstum nach. Trotz vieler Freunde und Bekannter und der Einschaltung in der hiesigen Zeitung, dem „Voitsberg-Köflacher Wochenblatt", dass ich meine Gärtnerei eröffnete, ging das Geschäft mies. Viele Pflanzen musste ich an Arme verschenken und auch als überständig kompostieren.
Es war eine Krisenzeit, kein Geld, viele ohne Arbeit! So mussten auch wir uns dadurch helfen, dass wir Zimmer an Beamte vermieteten, möbliert und auch mit Kost. Binderei gab es nicht viel, und wenn überhaupt, dann nur billige Kränze und Bouquets, Kränze von 5 Schilling aufwärts und

Bouquets von 2 Schilling aufwärts. 1931 hatte ich das Glück, zwei gegenüber liegende Kirchenäcker pachten zu können. So konnten wir für uns Kartoffeln und Gemüse pflanzen und uns zwei Ferkel einstellen, die Holzhütten und der Schweinestall waren schon vorhanden. Wir mussten sehr sparen, denn monatlich hatten wir an die Bausparkasse der „Gemeinschaft der Freunde Wüstenrot" 120 Schilling zu zahlen, und laufend wurden noch verschiedene Auslagen und Neuanschaffungen notwendig. Da zeigte meine herzensgute Frau was sie kann, und nur ihr hatte ich es zu verdanken, dass wir uns über Wasser hielten. Mein Kollege XX sagte offen in den Gasthäusern, er werde mir Füße machen, und ich würde mich kein Jahr meines Hauses erfreuen, und doch verdanke ich ihm meinen Geschäftsaufschwung. Je mehr er über mich bei seinen Kunden schimpfte, umso mehr Kunden erhielt ich, denn durch ihn wurden erst viele aufmerksam, dass es in Voitsberg noch einen weiteren Gärtner außer ihm und der Schlossgärtnerei mit dem polnischen Gärtner Sochacky gibt. 1933 begann der Zubau.

Herr Ing. Anton Jurisovic´, der bei mir wohnte, war so liebenswürdig, mir die statische Berechnung und den Plan für meinen Zubau zu machen, den ich durch den Baumeister Holweg den Älteren ausführen ließ. Er überließ mir den Lehrling Tamegger, und im März, trotz der vielen Gartenarbeit, hatten wir den Bau begonnen. Tamegger als Maurer und ich als Handlanger, so ging es flott vorwärts. Der beim Hausbau schon bewährte Zimmermann Albin Marek zimmerte das Holzfach und alle dazu gehörenden Arbeiten, und weil der erste Stock auch innen und außen aus Heraklitwänden bestand und auch der Tischler Mahr Fenster und Türen zeitgerecht lieferte, konnte auch der Zubau mit 40 qm verbauter Fläche bald fertig werden. Nach der Fertigstellung des Glashauses konnte ich das provisorische Glashaus entfernen und gewann dadurch wieder Raum für Mistbeetkästen. Noch im Herbst desselben Jahres hatte ich an das bestehende Glashaus ein 15m langes und 6 m breites Glashaus mit einer Art Satteldach dazu gebaut. Die Rohglasscheiben hatte ich in Wiener Neustadt bekommen, aus einer still gelegt gelegten und zum Abbruch reifen Fabrik. (Ich glaube, es war die Waggonfabrik.)

Ich fuhr mit dem Hausmannauto, das Herr Kaufmann Weiß (Herr Jud Weiß angeredet) für eine Lieferung Schwarzbeeren nach Wien bezahlt hatte. Ich fuhr bis Wiener Neustadt mit, suchte die Fabrik auf, kaufte die Scheiben und wartete auf das Auto aus Wien. Mit einigem Bruch kamen wir in Voitsberg gut an, und nächsten Tag konnte ich schon mit dem Einglasen beginnen. Nach einigen Tagen war das auch bald fertig, und ich konnte mit dem Bau des Heizkanals und des Ofens beginnen.

Die Tonrohre bezoge ich aus Premstätten vom Hafner Nograsek, und auch die Töpfe. Endlich kam auch die belgische Sendung an: 2 große Körbe mit Araucaria excelsa (Zimmertanne), Kentien, Aspidistra (Schusterpalme), Ficus, Chamaenopsis, Königspalmen und Hortensien, sodass das Glashaus bald voll war, denn ich stellte noch Primeln, Cyclamen und später auch Cinerarien ein. Auch holländische Zwiebeln, Tulpen und Hyazinthen zum Treiben und für das Freiland bekam ich, und so hatte ich mit der Zeit alles für den Verkauf und die Binderei zur Verfügung.

Anlässlich einer Dahlienausstellung im Festsaal bekam ich

Bestellungen für Dahlienknollen. (Ich hatte die Blüten aus der bekannten Dahliengärtnerei Roschker in Graz bezogen.) Auch mein Name als Gärtner wurde bekannter. Im Frühjahr 1933 pflanzte ich vor dem Haus 150 Stück Dahlien in 80 Sorten. Auch bestellte ich einige hübsche Sorten beim Dahlienbauer in Wien. Für den bewurzelten Steckling „Jane Cowl" zahlte ich 20 Schilling. Einige Zeit darauf sah man die „Jane Cowl" in allen Orten des Bezirkes, und 1960 ist sie noch eine Zierde vieler Hausgärten.

Leider konnte ich wegen des Mangels an Raum vieles nicht selbst kultivieren. Besonders zu Muttertag musste ich jährlich viele Körbe mit blühenden Pflanzen von den Grazer Kollegen Franz Steyskal, Jupp, Hladik, Sackl, Elsnegg, Russ und Posch beziehen.

Nach meinem Abgang haben meine Nachfolger die schöne Elektrogärtnerei gänzlich verludert.

Was hätte ich mit den Glashäusern und dem vielen Grund alles leisten können! So haben der Besitzer und seine Angestellten aus fachlicher Unkenntnis alles ruiniert. Selbst die Samenzucht, die ich für die Firma Haubensack in Strass in großem Ausmaß betrieb und wirklich einträglich war, konnte nicht aufrecht erhalten bleiben.

(Auf dem Arbeitsplatz in Krems wurde keine ausreichende Wohnung zur Verfügung gestellt. Diese war ja beim Antritt der Stelle versprochen worden. Wäre Herr S. sonst geblieben?)

Eines Tages kam Herr Neuhold der Firma Fritz Uhlich zu mir und bot mir die Vertretung für Heraklith an, es sollte bei mir ein Lager dafür errichtet werden. Da ich schon mit Heraklith zu tun hatte, sagte ich zu. Raum dafür hatte ich ja in der 10 m langen Hütte und so hatte ich einen kleinen Nebenverdienst.

1933. So waren damals die Zeiten.

Das Jahr 1933 ging seinem Ende zu und auch das halbwegs noch erträgliche Leben. Es wurde von Tag zu Tag schlechter. Hatte man zwischen den Jahren 1926 und 1930 und noch bis 1933 für ein kleines Gulasch in Wien und auch anderswo 50 Groschen bezahlt, und in manchen Orten bekam man für 50 Groschen ein Gulasch mit einer Semmel und noch ein Glas Bier dazu- bitte, vielleicht stammte das Fleisch vom „Pepi-Hacker"(*Pferdefleischhauer)*- nun, man bekam etwas für sein Geld, und Geld war da. Es gab nach 1918 genug Arbeit für alle, und der Schilling stand gut. Ein kg Schweinernes kostete 3-5 Schilling, 10 Eier kosteten 1 Schilling, ein Viertel Wein 20, 30 oder 40 Groschen, der beste Wein 50 Groschen; ein guter Wintermantel 70 -800 Schilling, 1 Paar Schuhe 8-12 Schilling. Ein Hilfsarbeiter verdiente 30 bis 40 Schilling in der Woche, ein mittlerer Staatsangestellter 180 bis 300 Schilling im Monat.

Schon 1930 war die Hochkonjunktur zu Ende, und viele wurden arbeitslos und mussten stempeln gehen. Ein Motorrad konnten sich nur sehr wenige leisten, und ein Auto hatten nur Unternehmer und hochgestellte Persönlichkeiten. In Wien wurden die schönsten Bauten unter dem Finanzgenie Breitner errichtet, so der Karl Marx-Hof, der Hanus –Hof, der Sandleitner Hof, ganze Gartenstädte und Straßenzüge, unter

Karl Renner und Seitz, bis Herr Seipel und Dollfuss kamen-, und aus war's mit der Gemütlichkeit. Auf einmal sah man zwei feindliche Lager: hie Schutzbund und hie Hahnenschwanz, der Ausgang zum Bürgerkrieg und auch der Anfang des Faschismus. Als sich Rot und Schwarz in den Haaren lagen, begann die Wühlarbeit der illegalen Nazi und Hitleranhänger und Propagandisten, die das Land Österreich reif für den Anschluss an Deutschland machten und sich nicht scheuten, ebenso zu morden wie Herr Seipel und Herr Dollfuss im Namen der Christenheit mordeten und Leute, wenn sie Sozialisten oder Kommunisten waren, in die Konzentrationslager steckten. Auch in unserem Bezirk wurden Bergarbeiter, die sich nicht für ein Paar Würstel und ein Krügel Bier für die Starhemberg-Bewegung kaufen ließen, fristlos entlassen und von der GKB und der Alpine-Montan-Gesellschaft wurden lauter junge Bauernburschen aufgenommen. Es kam auch zu einem kurzen Streik, und „Jud Weiß" spendierte den Streikenden sogar eine Kuh zum schlachten, aber die Kumpeln zogen den Kürzeren.
Im Bezirk Voitsberg gibt es folgenden Bergbau: Tagbau Tregist und Josefschacht, Karlschacht und die Hödlgrube, Ferdinandschacht in Rosenthal, Bergbau Oberdorf in Bärnbach und Marienschacht, auch Piberstein von Maier-Melnhof usw.
Der 12.Februar 1934 war die Generalprobe des Pfriemer Putsches, des Grafen Revertera und Seiner Durchlaucht des Fürsten Rüdiger von Starhemberg. Keine Gnade sollte walten in Wien und anderswo. Es standen Österreicher gegen Österreicher; auf Befehl der Industriellen und Adeligen 40000 Schutzbündler gegen Hahnenschwänzler; Arbeiter gegen

Arbeiter, denn auch die neu angeworbenen Bauernsöhne sind nun genauso Arbeiter wie die anderen, nur mit dem Unterschied, dass der Bauernsohn zusätzlich zu seinem Verdienst zu Hause Lebensmittel vorfindet. Der entlassene Arbeiter mit den geringen Mitteln des Arbeitslosen kann samt seiner Familie hungern und darf sich die Fleisch-und Wurstwaren und alle anderen Bedarfsgegenstände in den vollgefüllten Auslagen von außen betrachten und mit hungrigem Magen schlafen gehen. Kann man verstehen, wenn die Geschäftsleute über die Arbeiter schimpfen, obwohl sie von den Arbeiterschillingen leben? Die Arbeiter niedergeworfen, niedergehalten, das taten alle, auch die Bauern, und doch werden sie alle, wenn die Krise so weiter geht, über kurz oder lang darankommen. Diesmal finanziert Mussolini die Putsche mit etlichen Millionen Schilling. Womit wird der Gottsoberste der Hakenkreuzler den nächsten Umsturz zahlen?

Wie schon erwähnt hatte ich nach Fertigstellung notgedrungen einige Räume vermietet. Die ersten Mieter waren das Fräulein Anna T. und ihr Lebensgefährte Franz P., früher Beamter und nun stellunglos. Frl. T. war die Stellvertreterin des Postamtsdirektors, hatte ein schönes Gehalt, das der gute und schöne Franzl täglich in den Gasthäusern verkleinerte und obendrein Schulden machte. Mit „mordstrum" Räuschen kam er nach Hause oder wurde von Frl. T. in allen Wirtshäusern gesucht und heimgeholt. Oben im Zimmer, da gab es stundenlangen Krach, und Franzl bekam so manche Ohrfeige. War das Fenster offen, standen auf der Straße eine Menge Leute und hörten den lustigen

Keif-und Raufszenen und den Beteuerungen des Franzl zu,
sich nie mehr zu betrinken und brav zu sein. Da wir nicht
mehr die sich täglich wiederholenden Szenen dulden wollten,
kündigten wir den beiden, und sie zogen aus.
Im Eckzimmer hatte ich Herrn Ing. J., im Mittelzimmer den
Herrn Lehrer A., und in der Küche Herrn Sch., Angestellter bei
Julius Meinl, womit alle Zimmer im ersten Stock aufgezählt
wären. Alle Mieter waren bei uns möbliert untergebracht.
Lehrer A. spielte auf der Gitarre, Herr Sch. Geige und Herr Ing.
J. Flöte. So hatten wir fast alle Abende das schönste Konzert.
Eines Tages machten wir zu viert einen kleinen Ausflug nach
St. Martin. Wir gingen gleich nach dem Essen von zu Hause
weg über Berg und Tal, vorbei beim Gasthaus Grinschgl vulgo
Dammbauer, die Hohlleiten hinauf, beim Vipper vorbei bis
Sankt Martin zum Großgrundbesitzer Lesák.

Auf dem halben Weg, beim Voitsberger Riegler, kam uns
unser Hund „Hassan" nach. Er war eine Kreuzung zwischen
Dobermann und Vorstehhund. Ich war über sein Erscheinen
nicht sehr erfreut, denn er jagte alles, ob Hasen oder
Haushühner, und ich musste so manches tot gebissene Huhn
dem Bauern bezahlen. Auch diesmal musste ein Huhn das
Leben lassen. Er bekam deshalb auch Scheltworte und einige
Schläge mit der Hand, die er auch, der Schuld bewusst, ruhig
einsteckte, und sich dann ordentlich benahm. Bei der Familie
Lesák wurden wir herzlich aufgenommen und mit einem
schönen Stück Schweinsbraten bewirtet, und als Trunk
bekamen wir Most, ja einen „Mooost", der schmeckte wie
Wein. Beim Plaudern mit Papa und Mama Lesák verging die
Zeit schnell. Herr Lesák sen. erzählte, wie er mit noch einem

Schulfreund beim böhmischen Regiment diente. Gemeinsam
machten sie eine Waffenübung bei den Kaisermanövern in
der Weststeiermark mit, und da waren sie auch einmal bei
einem Bauern in Sankt Martin am Wölmißberg einquartiert.
Es war in den 1880er, 1890er Jahren. Viele Bauern aus der
Gegend verkauften ihren Besitz und wanderten aus oder
zogen in die Stadt, um in der Industrie unterzukommen. Hei,
das war ja ein gefundenes Fressen für die zwei Tschechen.
Nach der Waffenübung, in den Heimatort zurückgekehrt,
animierten sie ihre Freunde und Bekannten, sich in der
Weststeiermark anzukaufen. Vorerst fuhren die zwei, die die
Gegend schon kannten, nach St. Martin, kauften sich dort an,
und nach etlichen Jahren war dort schon eine eigene Siedlung
entstanden. Es waren die Familien Marek, Gutehalt, Vancura,
Hanus, und noch einige Familien. Alle Familien standen sich
mit der Zeit durch fleißiges Arbeiten und gründliches
landwirtschaftliches Wissen sehr gut, und Familie Lesák hatte
1960 einige hundert Hektar Wälder und Äcker in Besitz.
Der Tag neigte sich dem Abend zu, als wir von unseren lieben
Gastgebern Abschied nahmen. Bald war es stockfinster, und
der Maschanskermost tat seine Wirkung. Meine Herren, wir
finden den Weg nicht, so lassen wir den Hund den Weg
suchen. Meinen Spazierstock beim Halsband einhaken, und so
wird er uns führen. Einer hält den anderen beim Rockzipfl,
und los geht´s. Schön langsam aber sicher führte uns Hassan
bergauf durch den finsteren Wald, und außer mit einigen
kleinen Schrammen, die wir uns beim Hinfallen zugezogen
hatten, kamen wir gut nach Hause, und jetzt waren wir froh,
dass wir unseren braven Hassan bei uns hatten.

Noch ist uns der 15. Juli 1927 in Erinnerung, als der
Justizpalast in Wien brannte; es waren riesige
Demonstrationen auf der Wiener Ringstraße. Ein Anlass der
Demonstration war auch, dass faschistische Mörder nach
dem Mord in Schattendorf an der ungarischen Grenze vom
Gericht freigesprochen worden waren. Die Demonstrationen
wurden mit Salven auseinandergetrieben, und auf Befehl
Seipels wurden viele getötet, das Wort „keine Milde" geprägt.
So kam der 12.Februar 1934 und damit die fieberhafte
Vorbereitung zur Auffrischung der faschistischen Diktatur in
Österreich.

Schon am 7.März 1933 hatten sich 40000 bewaffnete
Schutzbündler gegen die Heimwehrbewegung gestellt und
konnten trotz Unterhandlungen mit Dr. Dollfuß nichts
erreichen. Das Parlament war schon zwei Jahre lang
ausgeschaltet, und es regierten die Ultrachristen Prälat Seipel
und Dollfuß, die Österreich an den Bettelstab brachten. Die
Schutzbündler versagten kläglich, denn ohne Generalstreik in
ganz Österreich und Stilllegung der Eisenbahnen waren sie
machtlos. Nur durch das Zusammenhalten der arbeitenden
Klassen hätten sie den Ständestaat beseitigen und die
Demokratie der Sozialisten gründen können.
Auch in Voitsberg sammelten sich die Sozialdemokraten in
der Glasfabrik, und ebenso standen die Glashütten in
Oberdorf und Voitsberg still. Bürgermeister Steiner, Elektriker
Rechbauer, Ing.Jurisovic, Jugendamtsleiter Hans Blümel, Fritz
Mettal und viele Arbeiter warteten vergebens auf die
Siegesnachricht ihrer Partei. Stattdessen marschierte die
Volkswehr in Voitsberg auf. Bürgermeister Steiner verließ mit

mehreren Anhängern fluchtartig die Glasfabrik, und als tatsächlich alle gegen und nach Jugoslawien flüchteten, wurden sie von einer Maschinengewehr-Abteilung beschossen. Ebenso flüchteten etwa 15 weitere Personen entlang der Bahn, bei der Rittler-Gärtnerei vorbei und wurden von dem kleinen Wäldchen beim Bergwirt aus mit Maschinengewehren beschossen, jedoch ohne dass jemand getroffen wurde. Einige Kugeln zischten bei meinem Haus vorbei, und da verging mir meine Neugierde und ich verschwand im Keller. Gleich darauf zog eine militärische Abteilung von der Glashütte durch die Bahnhofstraße mit gezücktem Bajonett, und sie schrien laut: „Weg vom Fenster, die Fenster zumachen, sonst kracht´s!" Blümel, Rechbauer und viele andere wurden verhaftet. Steiner und Genossen wurden über das Radio gesucht. Ing. Jurisovic entkam durch meine Mithilfe der Verhaftung und hielt sich in Graz auf. Er hatte noch die Frechheit, bei der Verhandlung als Zuhörer im Gerichtssaal anwesend zu sein, obwohl er durch die Gendarmerie gesucht wurde. Obwohl der Richter mehrmals seinen Namen erwähnte und ihn alle im Saal sahen, verriet ihn niemand. Er saß als Zuhörer im Raum und verfolgte die Verhandlung mit großem Interesse. Bald darauf verließ er Österreich und fuhr nach Persien, wo er sich bis zum heutigen Tag, den 14.1.1961, aufhält und als Architekt einige Großbauten und auch Spitäler nach seinen Plänen errichten konnte.

Es gab auch einige Hinrichtungen in dieser traurigen Zeit der schwärzesten Ära. Der Lebensstandard verringerte sich zusehends und die Arbeitslosigkeit vermehrte sich durch die

Schließung vieler Fabriken und Betriebe. Täglich baten mich
etwa zehn bis fünfzehn ausgeheuerte Arbeitslose, die von
Land zu Land und von Stadt zu Stadt zogen, bettelnd um ein
Essen und ein Stück Brot. Ich gab so lang ich konnte jedem,
der kam, obwohl auch ich unter den gegebenen Verhältnissen
litt. Brachte ich doch weder Blumen, Kränze und Gemüse an,
und auch viele blieben mir die Bezahlung der Bepflanzung
und Pflege der in Auftrag gegebenen Gräber schuldig; sie
zahlten ganz einfach nicht. Auch kam es vor, dass ich
vormittags ein oder mehrere Gräber bepflanzte, und als ich
die Bepflanzung nachmittags fortsetzen wollte, die Blumen
schon zu Mittag gestohlen waren.
Die Bauersfrauen kamen mit allen Erzeugnissen aus Garten
und Landwirtschaft in Scharen auf den Markt, um wenigstens
das Geld für z.B. Zucker, Salz, Kaffee und für das Steueramt
zusammen zu kratzen. Auch das Obst fand keine Abnehmer,
es hätte waggonweise abgeliefert werden können.
Um die Milch zu vermarkten, wurde ein „Milchring" in
Voitsberg gegründet, der alle Milch übernehmen und
verbreiten sollte. Zum Direktor und Leiter des
Kollektivunternehmens „Milchring" wurde Herr Österle
bestellt. Als dann der Bau fertig war, konnte ich entlang des
Gehsteiges und des Zangtalerbaches eine Ligusterhecke
anbringen.
Zwischen 1936 und 1938 hatte ich zwei Lehrlinge. Josef K.,
der nur einen Onkel hatte und eine Mutter, die wenig zu
Hause sein konnte, wurde mir durch Herrn Stadtamtsobmann
Rossmann zugewiesen. Er sollte etwas lernen und
Verpflegung bekommen, weil sich sonst niemand um ihn
kümmere. Ein Jahr darauf nahm ich auf die Bitte meiner

Tochter Hela den jungen Burschen Viktor K. auf, der nur einen Vater und keine Mutter hatte. Außer diesen beiden hatte ich schon seit Jahren Frau Stefanie Engelbrecht, ihre Mutter Frau Jandl, Frau Hieden, Frau Guggi, und später noch Frau Anna Hauser beschäftigt. Es ging sich immer so aus, dass man knapp alles bezahlen und leben konnte, doch von einer Geldrücklage war keine Rede. Der Schilling stand zwar gut und wurde im Ausland als „Alpendollar" gerne genommen, auch Kleider und Schuhe waren zu günstigen Preisen zu bekommen, doch hatte leider niemand viele Schillinge übrig. Deutschland sperrte gegen uns die Grenzen, nahm uns nichts ab, und jeder, der vom Reich nach Österreich wollte, musste 1000 Mark an der Grenze erlegen. Die Österreicher sahen und hörten, dass es im Reich nach der Übernahme des berühmten Gefreiten als Reichskanzler ab dem 30. Jänner 1933 aufwärts zu gehen schien und wieder Arbeit und Brot da war. So tauchten in Österreich die illegalen Nazi wie die Pilze nach einem warmen Regen auf. Die Nationalen hielten Versammlungen ab, erst geheim, dann immer öffentlicher. Sie verteilten Nazischriften und machten überall, ja bis nach Jugoslawien Propaganda für die Nazibewegung. Überall sah man Menschen mit weißen Halbstrümpfen, und die Gendarmen hatten viel zu tun, denn sehr oft tauchten an den Hauswänden Hakenkreuze auf. Auch wurden an manchen Orten riesige Hakenkreuze, weit sichtbar im abendlichen Dunkel auf den Bergeshöhen abgebrannt. Waren vorher Sozialdemokraten und Kommunisten verfolgt und verhaftet worden, wurden jetzt die Nazi verfolgt. Auch in Voitsberg wurden Papierhakenkreuze auf die Straßen gestreut, die Wände beschmiert, sogar Auslagen von Geschäften wurden nicht verschont. Dass dann uns schon bekannte Parteigenossen als Reinigungstrupps unter der Aufsicht der Gendarmen herangezogen wurden, stimmte so manchen zum Lachen. Aber nicht zum Lachen war es, als eines Abends im Rathaushof eine Naziversammlung gesprengt wurde, der Gendarm Moitzi auf dem Hauptplatz herum schoss, eine Lehrerin durch eine Kugel getötet und einige Personen schwer verletzt wurden. Abends und in der Nacht hörte man immer wieder Böllerschüsse, Sprengkörper, von den Nazis vor die Kirche oder auf den Hauptplatz geworfen. Ich erfuhr, dass auch in meinem Haus Nazis wohnten. Den Lehrer Franz P. und noch einen Herrn von der Wach-und Schließgesellschaft konnte ich, als der Gendarm Weizendorfer in ihren Zimmern die Durchsuchung nach belastendem Material vornahm, dadurch retten, dass ich die Mitgliedsbücher vorher zu mir nahm.

(Diese Stelle hätte ich gerne verschwinden lassen. Etwas später jedenfalls hatten Mieter, die Nazis waren, keine Hemmungen, Herrn Souček anzuzeigen. Anmerkung, H.St.)

Der liebe Herr Weizendorfer, auch bei mir wollte er im Februar 1934 Gewehre ausgraben. Nach dem Putsch kam er auch zu mir, ich sollte ihm die bei mir versteckten Gewehre aushändigen.

Wos, Gwern *(Maulwurfsgrillen, Anmerkung H.St.)* wollns haben, Herr Inspektor? Ja, Gwern san gnua do, aber Se miassns scho selba ausgrobn, bitt schen, hier is die Schaufl. *(ja, Maulwurfsgrillen sind genug da, aber Sie müssen sie schon selbst ausgraben, bitteschön, hier ist die Schaufel.)* Was, im Komposthaufen haben Sie´s? Na jo, wo denn sonst, da san´s ja am meisten und schen groß und fett. Wollen´S leicht damit fischen, Herr Inspektor?" „Herr Souček, wollen Sie mich pflanzen? Ich frage Sie noch einmal, ob Sie Gewehre versteckt haben." „Na! Wos brauch ich Gewehre! Ich hab keine. Ich habe wahrscheinlich schlecht verstanden. Entschuldigen Sie, Herr Inspektor." „Na, schon gut."

Eines Tages kam wieder ein Gendarm zu mir und bat mich, ihm alle Nazis aus meiner Umgebung, die ich als solche kenne, zu melden. Na, da kam er gut an. „Herr, das müssen Sie schon selbst besorgen, denn dazu habe ich keine Zeit."

Im Jahr 1933 hatte ich ein 15m langes und 6m breites Glashaus mit einem Satteldach gebaut, und im Jahr 1937 baute ich eine Zentralheizung mit einem Strebel-Kessel ein, montiert von der Firma Schlick und Rabensteiner. Herr Schlick selbst schweißte die Rohrleitungen, und es war eine Freude, die Glashäuser in Wärme zu halten. Als ich einmal einen Lehrling darum bitten musste, mich und meine Frau, einen Abend lang beim Heizen des Glashauses zu vertreten, sah ich am nächsten Morgen zu meinem Schrecken, dass durch zu heftiges Heizen ein Feuer im Glashaus entstanden war, die Heizung eingestürzt, die zur Vermehrung gedachten Pflanzen kaputt und zwei Sprossen und einige große Glastafeln durch den Brand beschädigt waren. Ich hatte mit meiner Frau beim Schlosshiasl einen Ball besucht.

Meine Lehrlinge hatten im Sommer von 6-11h, von 13h, oft auch von 14 h bis 18 h und im Winter von 7 h bis 12 h und von 13 h bis 17 h regelmäßig Arbeit. Sonntagsdienst selten. Sie hatten Verpflegung und Taschengeld. Schlafen mussten sie zu

Hause. Die Kost war reichlich und gut, hatten wir doch im Jahr zwölf Schweine gefüttert und abgestochen und auch Hühner gehalten. Auch Gemüse war reichlich vorhanden. So gab es Abwechslung genug.

Der Installateur erzählte mir bei seiner Arbeit, dass er das Sängerfest im Breslau besucht hatte, ein gewaltiges Fest mit tausenden Sängern aus allen Gauen Deutschlands, aus Österreich, und vielen Deutschen aus Jugoslawien und Rumänien. Im Reich des Führers Adolf Hitler soll es keine Arbeitslosen mehr geben. Nun, ich glaubte ihm. Denn wer Hitlers „Mein Kampf" gelesen hat, der wird auch wissen, dass er alle Betriebe für die Kriegsrüstung einspannte. Der preußische Stiefel marschierte schon. Auch waren oder wurden alle, die nach Breslau fuhren, illegale Nazis und waren für Österreich die besten Propagandisten. Für diesen Zweck wurden ganze Fuhren mit Material über die Grenze gebracht. In Voitsberg wurde der Deckname „Tante Marie ist heute angekommen. Wollen Sie sie nicht begrüßen?" bekannt, und jeder, der die Tante Marie begrüßte, hatte in seiner Tasche oder im Rucksack Zeitungen und Hetzschriften gegen Österreich und die Regierung Schuschnigg. Dollfuß war ja von den Nazis heimtückisch ermordet worden.

Wer war Engelbert Dollfuß? 1892 geboren, seit 1932 österreichischer Bundeskanzler. Er wurde bei einem nationalsozialistischen Erhebungsversuch am 25.7.1934 erschossen. Sein Nachfolger war Kurt, Edler von Schusschnigg, geb.1897, seit 1932 österreichischer Minister, setzte die Politik von Dollfuß fort und ließ die Nazis einsperren. Das Befriedungsabkommen vom 11.7.1936 führte er nicht durch. Man sah in Graz hie und da Zeitungskolporteure mit einer SA-

Kappe und gegen 1938 täglich Aufmärsche der unzufriedenen Geschäftsleute und Arbeiter. Bevorzugt waren die Herrengasse, der Hauptplatz, die innere Stadt. Die Stänkereien fingen an und endeten meistens in Schlägereien. Man sah nicht nur Menschen mit weißen Strümpfen sondern auch schon SS-Uniformen, Stiefeln und SS-Hose. Besonders waren es Studenten, die Passanten anrempelten. Am 12.2.1938 wurde der Bundeskanzler zu Hitler befohlen. Im „Fuchsbau" Berghof bei Berchtesgaden kam es zur Aussprache wegen des Anschlusses von Österreich an das Deutsche Reich. Schuschnigg wollte nach seiner Rückkehr eine Volksabstimmung durchführen, doch Hitler wartete die Abstimmung nicht ab. Vom 11. bis 13.März 1938 wurde durch den Einmarsch der deutschen Truppen der Umbruch vollzogen und Österreich an das Deutsche Reich angeschlossen.

Wer war Adolf Hitler? Der Führer und Reichskanzler? Geboren am 20.4. 1889 in Braunau in Oberösterreich, angeblich Zeichner und Maler, übersiedelte 1912 von Wien nach München, kämpfte während des Ersten Weltkrieges im deutschen Heer und wurde Gefreiter.1919/1920 schuf er die NSDAP. Die „nationale Erhebung" am 9.11.1923 in München scheiterte nach einem blutigen Zusammenstoß in der „Feldherrenhalle", und Hitler wurde zu 5 Jahren Festungshaft verurteilt. Im Dezember 1924 aus der Festung Landsberg entlassen, gründete er im Februar 1925 erneut die NSDAP. Am 30.1.1933 wurde er, der „böhmische Gefreite" durch List und Gemeinheit vom Reichspräsidenten von Hindenburg als Reichskanzler an die Macht berufen. Hitler eroberte mit der NSDAP den Staat, beseitigte die Parteien und alle gegensätzlichen Strömungen mit brutaler Gewalt und gründete den Einheitsstaat. Außenpolitisch trat Hitler zuerst für eine Politik des Friedens und der Verständigung ein, „auf der Grundlage der deutschen Ehre und Gleichberechtigung." Im Herbst 1933 trat das Reich aus dem Völkerbund. Im Jänner 1937 war zu hören, dass Hitler „die letzten Fesseln des Versailler Zwangsvertrages sprengte" und „entschieden gegen den Bolschewismus auftrat". Nach dem Tod Hindenburgs wurde Hitler auch Reichspräsident. Am 13. 3. 1938 erfolgte die Annexion Österreichs durch Hitler. Im September 1938 wurden „die Sudetendeutschen von den Tschechen befreit". Hitler führte den Hitler-Gruß ein „Heil Hitler!".

Ein Mensch, der nichts war, nichts hatte, immer arbeitsscheu war, nirgends gerne gesehen. Ein gewöhnlicher Gefreiter wurde durch die Firmen Krupp, Thissen, Lahusen u.a. und deren Geld zum mächtigsten Herrscher über Leben und Tod. Er, der Allgewaltige, der am 30. Juni 1934 schon mordete und General von Schleicher, Gregor Straßer, von Bredow und Röhm, ebenso die Frau des Generals von Schleicher heimtückisch ermorden ließ. Auch Jung und Bose mussten daran glauben, und einige hundert andere Gegner des Hitler-Regimes. Die deutsche Tragödie des blinden Glaubens und blinden Gehorsams hat begonnen. Tränen der Begeisterung wurden geweint, und besonders die Frauen vergötterten den Führer. Es war fraglich, ob die Begeisterung lange anhalten würde, und ob nicht noch bittere Tränen geweint werden.

(Es folgt eine Aufzählung von 12 wichtigen Personen und Funktionären des Regimes mir allen Daten. Da diese Personen historisch reichlich bekannt sind, wurde dieser Absatz hier ausgelassen. H. St.)

In Deutschlands Weimarer Republik herrschte Uneinigkeit. Von 1919 bis zum Jahr 1934 kamen und gingen die Regierungen. Nachdem der Sozialdemokrat Scheidemann die Republik ausgerufen hatte, gaben sich in 14 Jahren 13 Kanzler bei 21 Regierungen die Hände. Im Reichstag saßen bis zu 15 Parteien. Prominente Kanzler dieser Zeit waren Kanzler Gustav Stresemann und Kanzler Heinrich Brüning. Kanzler Kurt von Schleicher und Franz von Papen wurden Steigbügelhalter für Hitler. SS-Männer ermordeten Schleicher 1934. Er war der beste Du-Freund Hitlers.

Aufmärsche, Fackelzüge, Paraden, wehende Fahnen, blinkende Standarten, organisierte Massen; das ist die Fassade eines scheinbar sauberen und geordneten Staates. Dahinter spielen sich teils ungesehen und teils vor aller Augen grauenvolle Dinge ab. Der Unmensch triumphiert. Hunderte Synagogen werden auf Befehl in Brand gesteckt, Schaufenster eingeschlagen, Wohnungen demoliert und Menschen ihrer letzten Würde beraubt, die bis gestern noch gute Nachbarn waren. Viele von uns standen am Straßenrand, als Juden durch die Straßen getrieben wurden. Vielen griff die Angst ans Herz, aber die Furcht, von den Schergen gepackt zu werden, ließ viele die Augen vor dem menschlichen Leid verschließen. Man ahnte auch nicht, dass nach der Verhaftung und der Einlieferung in eines der vielen Konzentrationslager der Mord vor dem selbst geschaufelten Grab folgte. Man wollte nicht wahrhaben, was nicht wahr sein durfte. Was viele Deutsche und Österreicher für die Rettung hielten, wurde der Anfang vom Ende. Die Totenglocken für die erste Republik haben in Deutschland mit

1.Juni 1932 zu läuten begonnen. *(Ist die Ernennung von Franz von Papen zum Kanzler gemeint? H.St.)*

Auf obersten Befehl wurde im Februar1933 durch Karl Ernst und Parteigenossen das Reichstagsgebäude in Berlin angezündet, die „Quatschbude", wie sich Hitler im Buch „Mein Kampf" geäußert hatte.

Karl Ernst und seine Brandlegergehilfen wurden nach der Tat erschossen, und, da sie mundtot waren, Georgi Dimitroff, ein Bulgare, der in Berlin studierte, und einige andere wie Torgler und Marinus van der Lübbe und die Bulgaren Popoff und Taneff der Tat beschuldigt.

Marinus van der Lübbe, ein etwas geistig beschränkter Mann, der sich nicht so verteidigen konnte wie die im Prozess freigesprochenen Bulgaren, wurde hingerichtet.

Mit Mord, Totschlag und Lügen, Verbrechen an Verbrechen häufend, fing das unglückselige Regime an. Die Bilanz des gottähnlichen Führers der deutschen Nation, der der Hüter des Gesetzes und der Ordnung sein sollte, war fürchterlich.

Ansichtskarte mit dem Titel „Das festlich geschmückte Graz"

Es nahte der März 1938. Schon zu Beginn des Monats bemerkte ich eine ungewöhnliche Unruhe unter den Leuten, in Graz, Voitsberg, ja in der ganzen Steiermark, überhaupt in Österreich. Meine beiden Lehrlinge benahmen sich ebenfalls danach, auch meine beiden Mieter L. und P. mussten immer eilig zu Versammlungen. L. war im Konfektionshaus Weiss in der Conrad von Hötzendorf-Strasse angestellt. Am 11. März kamen meine beiden Jungen schon mit dem Hakenkreuz am Rock zur Arbeit. Als ich das sah, sagte ich nur: „Na, wenn Ihr beide schon Nazis seid und bei der Hitlerjugend, was ich schon längst weiß, denn ihr habt schon die längste Zeit Nazischriften mit meinem Fahrrad in die Umgebung befördert, so solltet ihr doch mit dem Tragen des Hakenkreuzes so lange warten, bis es offiziell erlaubt ist."

Am 13.März war nun der Anschluss schon im Radio und in
den Zeitungen verlautbart. Wir hießen nun Ostmark, und die
„Füssener" aus Bayern marschierten bald darauf in Voitsberg
ein. Der Jubel der Bevölkerung war grenzenlos, und alle
erhofften sich nun Arbeit und Brot.

Ein imposanter Fackelzug und Marsch der uniformierten
politischen SA und SS, die Begrüßung der Füssener Soldaten
machten Eindruck, und auch ich sah mir den Zauber an. Ein
deutscher Major, der vor dem Rathaus neben mir stand hielt
seine Hände vor die Augen und meinte dabei zum Umzug und
zu der Begeisterung: „Ja, alles ganz schön, aber ihr werdet
noch s o l c h e Augen machen!".

Mein lieber Mieter Herr St. bekam am 13. März abends
Besuch von den Herren B. und L.. Es wurden einige Gläser
Schnaps konsumiert, und am nächsten Tag war unser lieber
St. „Zellenleiter". War immer sehr brav schwarz und nun
braun. Ja, so ändert sich alles. Nun hieß es, die neue Fahne zu
beschaffen. Eine rote hatten wir, Hela nähte den weißen
Spiegel darauf und dann das schwarze Hakenkreuz; denn der
Ruf „Fahne heraus!" erscholl durch alle Gassen. Meine Fahne
war kurz, sie hatte nur zwei Meter. Das passte natürlich nicht,
ich wurde beanstandet. Aber ja, sobald ich sehe, dass es
besser wird, wird die Fahne verlängert.

Dem Weiss wurden die Auslagscheiben verschmiert, und so
mancher Jude, der noch rechtzeitig Österreich verlassen
konnte und ins Ausland flüchtete, konnte unter Umständen
sein Leben retten.

Auch in der Steiermark brannten alle Synagogen nieder. Die
Juden bekamen einen Judenstern, den sie öffentlich auf dem
Rock, der Bluse oder dem Mantel tragen mussten und die

Schikanen gegen die Juden und ihre Verfolgung begannen. Viele Männer, die katholisch oder protestantisch waren und eine jüdische Frau hatten, konnten die Frau mit einer hohen Summe loskaufen und vor dem Konzentrationslager retten. Am 20. März 1938 hatte ich mit der Partei die erste Kontroverse. Mein Lehrling Josef K. hatte sich beim Ortsgruppenleiter Herrn Magister L. beklagt, dass ich am 11. März abfällige Äußerungen über die Partei gemacht hätte, und am 16. März habe er von meiner Frau eine Ohrfeige bekommen. Ja, der gute Sepp, wie er sich jetzt nannte, hatte jetzt für seine Verdienste von der Partei viel zu essen bekommen, so dass er auf unser Essen nicht mehr anstand und den Teller mit Mohnnudeln zornig mit den Worten „Des fressen´S sölba!" über den Tisch stieß. Na, meine Frau kannte keinen Bahnhof. Sie „rieb ihm eine umi".

(Ich, die Abschreiberin bin fest überzeugt, dass das Ohrfeigen eines Lehrlings wirklich etwas Unmögliches ist und unter allen Umständen verboten! H.St.)

Gleich darauf gab es die zweite Kontroverse in der Ortsgruppenleitung und beim Kreisleiter W. Da hatte mich der Zellenleiter St. vermasselt. Der gute Mann hatte das Abflussrohr des WC verstopft, und ich hatte in meinem WC die Bescherung. Eine kleine Auseinandersetzung zwischen uns war die Folge und die Anzeige bei den Parteileitungen, ich und meine Frau seien Gegner der Partei. Im Grunde genommen war ich niemals bei einer Partei, und ich kümmerte mich nicht darum, was andere taten, wenn sie mich nur in Ruhe ließen.

Es war in ganz Österreich eine Wahl ausgeschrieben worden. Dass sie zu 100 % für Hitler gezeichnet wurde, ist nach den

gehandhabten Methoden ganz klar. Als ich mit meiner Frau
zur Wahl ins „Horstegg-Haus" schritt, war alles öffentlich,
nicht geheim. Toni R., ein prominenter Roter, zeigte mit dem
Zeigefinger auf den Wahlzettel. „Da, in den Kreis machst a
Kreiz eini bei JA!" Und so war es überall in allen Städten und
Dörfern. Die Regierung Schuschnigg hatte Geld und Gold
gehortet und die Arbeitslosigkeit und Verelendung der
Familien ins Uferlose gezogen. Dann kam der „Adi" und holte
sich das Volksvermögen und den Staatsschatz nach Berlin.
Dafür kam das bayrische Hilfswerk mit Gulaschkanonen an,
um zu zeigen, wie man mit unserem Rindfleisch die arme
Bevölkerung zufrieden stellen kann. Auch für Lustbarkeit
wurde gesorgt, und Herr Mansky hatte als Leiter der
Bewegung „Kraft durch Freude" dafür zu sorgen, dass Kino,
Theater und Konzerte florierten im Bezirk Voitsberg.
Was wurde da nicht alles geschaffen; der Ausdruck „Blut und
Boden" für die Landwirtschaft, Blockwarte und Zellenleiter für
die Partei; Luftschutzwarte, Luftschutzlehrer, die Hitlerjugend
und deren Führer; der „Bund deutscher Mädchen", BDM, mit
seinen Führerinnen, der Kriegsopferverband, die
Kriegervereine, die Jäger und die Jägermeister, die Orts-und
Kreisbauernführer, die SA und der Sicherheitsdienst, SD. Da
gab es Parteigenossen, die sich zur Kirche stellten und die
gläubigen Kirchenbesucher aufschrieben, Parteigenossen, die
die Volksgenossen zu beobachten hatten. Für mich waren es
gleich fünf Mann. Gut, dass ich wusste, wer mich alles
beschattet, denn es gab noch Genossen, die mir die Namen
der Personen preisgaben.
Einige Monate nach der Übernahme durch das Reich sah man
schon die glänzendsten Uniformen der Parteibonzen und

viele verschiedene Uniformen der Funktionäre.

Der vielgeliebte Führer in Graz, der Stadt der Volkserhebung!
Der Hauptplatz, die Herrengasse, alle Straßen waren in
schönster Dekoration. Überall wehten die Hakenkreuzfahnen
und viele Hitlerbilder waren in den Auslagen und Fenstern zu
sehen. Tausende Menschen aus Stadt und Land wollten den
Befreier aus Not und Elend sehen, die fanatische
Begeisterung war grenzenlos. Er, der Allgewaltige, der Herr
über Leben und Tod stand aufrecht im Auto, die Rechte zum
Gruß an sein Volk ausgestreckt, und während der langsamen
Fahrt jubelte ihm ebenfalls mit ausgestreckter Hand das Volk
„Heil Hitler!" schreiend zu. „Ave Caesar!"?

Märchen wurden über ihn erzählt, wie er auf sein Volk, sein
deutsches Volk schaut, wie er kinderliebend ist, kein Trinker,
ein Vegetarier, der sich zum Mittagessen im Hotel nur ein
Spinatmenü bestellte. Der reißende Wolf im Schafspelz?

Im Juli zogen die letzten Füssener Gebirgsjäger ab, auch
meine zwei, die bei mir einquartiert waren. Es waren junge,
sehr nette Bayern, die froh waren, dass sie unbeschadet nach
Österreich kommen konnten ohne einen Schuss abzugeben.
Ob sie noch leben? Hoffen wir es! Beide waren nicht gerne
beim Militär.

Hätten im Jahr 1933 Chamberlain und Daladier der deutschen
Aggressionspolitik Einhalt geboten, wäre dem Führer nicht
der Kamm gewachsen. 1938 konnte Hitler auch die
Tschechoslowakei einstecken und zum Protektorat erklären,
das Sudetenland wurde an das Reich angeschlossen. Nun, was
wird das nächste sein? Polen und Russland? Wird Hitler sich
außer mit Mussolini noch mit den Ländern England,
Frankreich und Amerika verbinden? Westblock gegen

Ostblock? Geht der Wunsch des Westens in Erfüllung, den Kommunismus mit dem Faschismus zu bekämpfen? Kapital gegen Sozialismus? Auch Spanien würde mitmachen. General Franco hat doch schon den Kommunismus mit der Hilfe Deutschlands und deutscher Truppen siegreich bekämpft und ist nun Herr über Spanien; und Deutschland wurde 1938 an den Westblock gegliedert.

Nun, das erste Jahr nach der Machtübernahme durch Hitler begann in der „Ostmark" zufriedenstellend. Es rührte sich etwas. Die Arbeitslosigkeit ging zurück, wir bekamen die Reichsmark als Währung mit der Entwertung des Schillings. Wir mussten für eine Mark einen Schilling und fünfzig Groschen bezahlen.

Die Massen verdienten wieder, der Bergbau florierte wieder, es wurden das Dampfkraftwerk Voitsberg und die Südtiroler-Häuser gebaut. Überall wurde angekurbelt in den Betrieben und in der Landwirtschaft. So stieg auch in meiner Gärtnerei der Absatz an Gemüsepflanzen, Blumen und Gebinden. Aus dem Reiche wurden wir mit den schönsten Kunstblumen, Blumenkörben, Glashauspflanzen, Sämlingen und anderem mehr zu billigen Preisen beliefert. Die Gärtnereibetriebe unterstanden dem „Reichsnährstand", der Landwirtschaftskammer und der Abteilung Gartenbau mit den Herren Ing. Klein und Ing. Albrecht. Es wurden Meisterbetriebe mit der Ausbildung von Lehrlingen geschaffen. Nachdem meine beiden Lehrlinge die Gehilfenprüfung bestanden hatten, durfte ich keinen Lehrling mehr aufnehmen, denn mein Betrieb sei zu klein. Ja, er war zu klein, das sah ich ein, konnte ich mich doch nicht ausbreiten, denn trotz meinem Vorkaufsrecht verkaufte Herr

H. den anschließenden Grund von 1000 qm ohne mich zu
fragen an Herrn R., und noch weitere 500 qm an R., und von
dieser Wiese wollte man mir nichts mehr verkaufen. Erst als
ich durch Dr. Pendl sen. Herrn H.auf den Rechtsbruch
aufmerksam machte, verkaufte er mir die anschließenden
freien Parzellen im Ausmaß von 2200 qm. Warum mich H.
wegen des Grundverkaufs nicht verständigte, ist mir
rätselhaft. Sein Sohn war verlobt mit der Nichte des
Gärtnermeisters und Kollegen XX. in Voitsberg, und sollte am
Ende das der Grund sein? Möglich ist es schon, denn ich tat
ihm nicht den Gefallen, Voitsberg zu verlassen, im Gegenteil.
Doch wozu der Neid und der Hass, hatten wir doch beide zu
leben.
(Die Nennung der Namen der Voitsberger Bürger und
Parteigenossen, die noch die benachbarten Gründe kaufen
konnten, wurde bei der Abschrift des Manuskripts
ausgelassen.)

In Nürnberg gab es ein Treffen vieler Parteimänner und
Bonzen, und unter anderen durfte auch mein Mieter St. nach
Nürnberg fahren. Als er wieder zurückkam, war er voll des
Lobes über alles was er gesehen und gehört hatte. Das viele
gute Essen, das er bekommen hatte! Deutschland hat alles
und leidet keinen Mangel! Alles arbeitet und verdient.
Logisch, dass Deutschland alles hat, und wenn der Führer
durch den Sender sagt, dass alle Speicher und Silos voll mit
Waren und Getreide sind, dann hat er diesmal nicht gelogen.
Weges des Abkommens mit Stalin und Molotow in Berlin
lieferte die russische Kornkammer viel. Viele Rohstoffe,

Benzin, Öl und Lebensmittel bezog Hitler-Deutschland aus
Russland. Dafür erhielt Russland große Gebiete in Polen, in
der Bukowina und in anderen Gebieten, die an Russland
grenzten, so dass sich seine Grenzen vom Norden bis zum
Süden westwärts verschoben.

Mein Schwiegersohn Franz, Helas Mann, war im Thalerhof als
Metereologe angestellt, als Inspektor in der Wetterstation,
natürlich auch uniformiert. Seine Aufgabe war unter
anderem, neue Wetterwarten einzurichten, auch Wetterflüge
zu starten und das Wetter zu beobachten. Wenn es weiter so
friedlich geblieben wäre, hätte ich nichts dagegen gehabt, ich
stückelte schon die Hakenkreuzfahne an. Doch ganz traute
ich dem Frieden nicht. Da ich auch als Invalide Mitglied des
Kriegsopferverbandes bin, musste ich mir auf Anraten
unseres Obmannes, Herrn Hauptschullehrer Illmaier einen
blauen Anzug mit Kappe kaufen. Bei einer riesigen
Versammlung in Graz wurde uns von einem hohen
Parteiführer in seiner Rede sehr Erfreuliches gesagt: „Der
oberste Heerführer Adolf Hitler rechnet auch mit uns
Invaliden im Fall, dass er uns bei einer Kriegserklärung
braucht, denn wir sind im Kampf erfahren und er wird sich auf
uns verlassen können." O, welche Ehre, für den Führer und
sein Reich sterben zu dürfen! Auch der Kriegerverein musste
nach Graz, und Tausende kamen mit der Bahn, Autobussen
und zu Fuß an. Stundenlang, genauso wie der NSKOV
(Nationalsozialistische Kriegsopferversorgung) mussten die
armen alten Menschen in der Sonne stehen, um dann bei
einigen Generälen vorbei zu defilieren. Lieb Vaterland, magst
ruhig sein, noch steht die Wacht an der Donau und am Rhein,
wir werden dir, dem durch die göttliche Vorsehung in

München verschont gebliebenen Halbgott, der nur durch Zufall dem Anschlag entkommen ist, bestimmt aus der Scheiße helfen, besonders wir ostmärkischen Schlappschwänze. Kann man sich vorstellen, wie viele Mililonen Menschen möglicherweise am Leben geblieben wären, wenn Hitler in München an dem für ihn vorbereiteten Attentat gestorben wäre; außer es hätte sich wieder so ein verrückter Strohmann für das deutsche Kapital gefunden, der genauso an Größenwahn und Göttlichkeit leiden würde. Viele waren aus der katholischen oder evangelischen Glaubensgemeinschaft ausgetreten und „gottgläubig" geworden, die Hitlerbibel wäre das Heiligtum der Deutschen geworden. Hitler wäre als Einiger Europas, Herr über Europa und halb Afrika unsterblich, ja sogar der Nahe Osten mit Ländern wie Persien und Afghanistan wäre ihm untertan, ganz zu schweigen von den russischen Untermenschen. Im Besitz der modernen Bomben würde seine Macht vom Nordpol bis zum Südpol reichen. Nach Göring hatten wir nun so viele Flugzeuge, dass wir jeden Anschlag einer fremden Macht im Keime ersticken könnten. Für „Kraft durch Freude" wurden einige Personenschiffe gebaut, die durch das nördliche Meer und das Mittelmeer kreuzten, bis an die Küste Nordafrikas, mit der Besichtigung von vielen Ländern und Städten. Es fuhren viele junge Leute mit, diese Fahrten waren für das Reich von großer strategischer Wichtigkeit. Wenn man die Landkarte von Mittel-und Südeuropa betrachtet, sieht man den Ursprung und den Verlauf der das Reich durchziehenden Flüsse und Ströme; wohin sie fließen und in welchen Ländern sie das Meer erreichen; und genau dorthin, zu den Quellen und Mündungen der Flüsse soll sich die

Expansion, die Erweiterung des Reiches für das deutsche Volk erstrecken und alles unter dem Motto „ ein Volk, ein Reich, ein Führer" vereinen.

Ein großes Ereignis waren die wolkenbruchartigen Regengüsse im Frühjahr 1938, als die Kainach Hochwasser führte und in Voitsberg verheerende Überschwemmungen und Einstürze am Ufer entstanden. Das Dialahaus in der Alleegasse stürzte durch die Hochflut ein, und die Kainach stieg bis zum unteren Brückenrand. Ich selbst watete in der Bahnhofstrasse bis zu den Knien im Wasser.

Beim Einsturz des Dialahauses errettete die Schlossbesitzein in Greissenegg, Frau Rittler, mutig Kinder und Erwachsene, die die Fluten gestürzt waren.

Viele Keller und Gärten und große Teile der Grazer Vorstadt waren überschwemmt, und die Personalhäuser der Glasfabrik waren in Gefahr, vom Wasser mitgerissen zu werden. Der Schaden war ziemlich groß, besonders Uferböschungen wurden ruiniert. Im vorigen Sommer hatte die Stadtverwaltung alle Uferweiden in der Arnsteingasse niederreißen lassen. Der zuständige Beamte, sonst ein ganz sympathischer Mensch, konnte keinen Baum und keinen Strauch im Stadtgebiet leiden. Mit Mühe und einem Streit konnte ich die zwei Kastanienbäume bei der evangelischen Kirche retten, als er alle direkt an der Straße stehenden Kastanienbäume der Bahnhofstraße bis zur Kainachbrücke umschneiden ließ. Ebenso wollte er die Ahornbäume in der Alleegasse kassieren. Durch mein Eingreifen wurde nur jeder zweite umgeschnitten und die stehen gebliebenen Ahornbäume unter Naturschutz gestellt, da es fast keinen platanenblättrigen Ahorn mehr gibt.

Der Regen war so ausgiebig, dass das Grundwasser hoch
stand und das Wasser von den umliegenden Anhöhen über
meine Mistbeete und die Gärtnerei rann, so dass ich viele
Pflanzen einbüßte. Hunderte Pflanzen mit Wurzelfäule
musste ich auf den Komposthaufen werfen.
Der Bedarf an Kränzen war zu Allerheiligen gestiegen. Außer
Kränzen wurden noch sehr viele Bouquets gebunden, und als
Neuigkeit wurden diesmal schöne, aus Franken bezogene
Körbchen und selbst gemachte Körbe aus Haselnussruten
gesteckt, die gerne gekauft wurden. Die Kränze kosteten von
5 Mark aufwärts und die Körbe von 2 Mark fünfzig aufwärts.
Mein Glashaus mit Zentralheizung bewährte sich und war voll
von Blumen, Palmen, Araukarien, Ficus, Zwiebel-und
Knollengewächsen, und da die Leute verdienten, hob sich
auch der Umsatz. Auch der Muttertag war über alle
Erwartung sehr gut verlaufen, denn ich hatte mich mit
Topfpflanzen ausreichend versorgt. Erstmalig hatte uns der
Gärtner Ing. Klein von der Kammer in Graz Höchstpreise für
Blumen und Pflanzen gesandt, und so mussten oder sollten
wir die Preise der Liste nach gestalten. Im Herbst hatte ich aus
dem Reich 200 Stück Hortensien bezogen, die zum Muttertag
in schönster Blüte standen und reißenden Absatz fanden. Von
Robert Mayer in Bamberg hatte ich viele Topfpflanzen,
Sämlinge und Stecklinge besorgt und war mit jeder Sendung
sehr zufrieden. Die Firma Mayer hatte mir schon in den
Jahren 1912 bis 1914 Primelsämlinge und Jungpflanzen
geliefert, als ich noch in Budapest war.

1939. Reise nach Jugoslawien

Mein Einkommen hob sich durch den gesteigerten Absatz, so beschloss ich im August 1939, meine Schwester in Beli Manastir bei Osijek in Jugoslawien zu besuchen.
In kurzer Lederhose und einem Bauernjanker, mit einem Hut mit Gamsbart, einem kleinen Koffer in der Hand ging es zum Bahnhof. Den Fünfzigmarkschein, denn mehr durfte man nicht über die Grenze nehmen, mit der Fahrkarte nach Beli Manastir in der Tasche bestieg ich den Zug nach Graz, um von dort nach kurzem Aufenthalt weiter zu fahren. Schon die Fahrt bis Marburg Thesen *(Tezno, Vorort von Maribor)* war interessant, und flott ging die Fahrt weiter nach Agram *(Zagreb)*, wo ich die Fahrt unterbrach, um einen Verwandten meines Schwagers zu besuchen. Dieser Verwandte, ein höherer Eisenbahnbeamter, hatte in Agram ein schönes Eigenheim. Er und seine Familie zeigten sich über meinen Besuch sehr erfreut und nahmen mich mit einer Gastfreundschaft auf, die mich beschämte, da ich den guten Leuten nichts dafür bieten konnte. Er begleitete mich durch die ganze Stadt und zeigte mir alles Sehenswerte. Die Stadt mit den vielen schönen Gartenanlagen in der Nähe des Bahnhofes, den Jelacic-Platz, die Burg und viele andere kunstvolle historische Bauten und Denkmäler konnte ich bewundern. Als wir einen schönen Schanigarten eines Kaffehauses betraten und Kaffee bestellten, setzten sich ein paar Herren an unseren Tisch, die mich sofort in ein Gespräch

über das jetzige Regime in der Ostmark zogen. Aus ihren Äußerungen entnahm ich, dass sie von Hitler sehr begeistert waren und sich nichts anderes wünschten als eine deutsche Besetzung. Was sollte ich darauf sagen? Am Nebentisch hörte ich kroatische Bemerkungen fallen, die das Gegenteil beinhalteten. Ich konnte daher nur abschließend sagen: „Meine Herren, wenn Adolf Hitler ein guter Kaufmann ist, dann wird seine Ware keine Reklame brauchen. Hält er sein Wort in dem was er verspricht, dann ist es gut. Obwohl er ein furchtbarer Judenhasser ist und sich auch gegen andere Religionen abfällig äußert, kann er, wenn er und die Partei menschlich handeln, dem deutschen Volk viel Gutes schaffen; wenn andere Länder sehen, dass das nationale Regime Erfolg in der Wirtschaft und Landwirtschaft hat, der Wohlstand des Volkes sich hebt, jeder arbeitet und niemand mehr betteln braucht und hungern muss, ja dann werden auch andere gerne das deutsche System als Vorbild annehmen. Wenn es so weiter friedlich bleibt, sind wir zufrieden, doch wissen wir nicht, was die Zukunft bringt. Meine Herren, ich kann Ihnen nur eines sagen: Ich saß bei der Herfahrt in einem Waggon zusammen mit einigen Lehrern, die Deutsch sprachen und in deutschsprachigen Orten hier in Jugoslawien ansässig sind. Wir unterhielten uns ganz nett. Sie waren in Deutschland und hatten in den Koffern eine Menge deutscher Bücher über den Nationalsozialismus im Deutschen Reich und viel Propagandamaterial, und somit glaube ich, dass auch hier die Nazis die Fühler ausstrecken, um zu sondieren." Die Herren warteten mir Schwarzbrot und Speck auf und meinten, ein Deutscher würde nie Weißbrot essen, wenn er nicht muss. „Wir haben hier sehr viele Deutsche im Banat, der Bacska und

der Baranya, mit deutschen Schulen und Gottesdienst in
eigenen Kirchen. Unsere Eltern betreiben Landwirtschaft und
sind tüchtige Bauern und Handwerker. Wir sind Deutsche und
wollen Deutsche bleiben, obwohl fast alle auch die
Landessprache beherrschen. "

Ich sah, dass die beiden Deutsch sprechenden Herren an
unserem Tisch von meinen Worten begeistert waren, jedoch
am Nebentisch sah ich einige Herren, die meinen Worten
lauschten und wahrscheinlich auch Deutsch verstanden, zu
tuscheln begannen, zahlten und sich eiligst entfernten. Auch
ich und mein lieber Gastgeber zahlten und entfernten uns in
die Gegenrichtung. Beim Kastner u Öhler in Agram kaufte ich
noch preiswert einen schönen Bauernjanker und sandte
Ansichtskarten an alle Familienangehörigen. Abends saß ich
im Kreis der Familie bei einem reichlich gedeckten Tisch und
einem guten Tropfen, doch traute ich mich nicht, von den
sehr fetten und guten Brötchen zu essen, da ich schon
wochenlang Schmerzen in der Galle verspürte und mir meine
Tochter Mia streng befohlen hatte, nichts Fettes zu essen.
Um halb sieben Uhr früh ging es nach einem herzlichen
Abschied zum nahe gelegenen Bahnhof. Die Fahrt von Agram
über Virovitica, Slatina nach Esseg (Osijek) war vom
schönsten, warmen und sonnigen Wetter begleitet. Überall
sah man Zwetschkenbäume in voller Reife. Weithin blaue
Farbe, ein fruchtbares Land! Viele Weinberge sah ich vom
Fenster und Strohtristen haushoch, lang und breit,
überragten die Hausdächer der Gemeinden. Überall sah man
Rinder, auch ganze Herden, Schafe, Schweine auf der Halt
und unglaublich viele Gänse und Hühner. In Esseg
angekommen hatte ich gleich Anschluss, und flott ging die

Fahrt weiter nach Beli Manastir. Im Coupé von Agram bis zur Endstation hatte ich keine Langeweile. Gesprochen wurde in allen Sprachen der Monarchie. Was da alles während der Fahrt zu-und ausstieg, war mehr als international. Csikos aus der Puszta mit langen Haaren, Zigeuner, Pferdehändler, reiche und arme Bauern, Damen und Bäuerinnen, Arbeiter, alle laut redend und gestikulierend, ein Aroma von Pfeifentabak, Schwarzbrot und Käse, Schnaps. Ja, auch mir wartete ein Bauer Rakia auf, einen sehr starken Schnaps so wie der Wodka, oder wie wir sagten „Brennowi". Junges Volk im Sonntagsstaat fuhr zu einer Wallfahrt, in Nationaltracht, sehr schöne Mädchen und alles mutete mich „balkanmäßig" an. Es ging ein eigenartiger Reiz von den Menschen aus, die in ihrer Vielfalt oft so widerspruchsvoll waren; und doch verstanden sich alle sehr gut, ob Zigeuner, Kroate, Rumäne, Ungar, Deutscher oder Serbe; auch zwei Juden fuhren nach Esseg (*Osijek*) und mischten sich in manches Gespräch ein. Fast alle fragten mich, ob wir Österreicher mit Hitler zufrieden sind. Was sollte ich sagen? Bis jetzt gut.

In Beli Manastir kam ich vor 12 h mittags an, und zwar stieg ich im Frachtenbahnhof der schmalspurigen Industriebahn aus anstatt eine sehr kurze Strecke zum richtigen Bahnhof zu fahren. In der Nähe vom Bahnhofplatz sah ich drei Herren zusammenstehen und ich erkundigte mich höflich nach dem Tierarzt. *(Passage etwas gekürzt)* „ Der bin ich, sind Sie als Jagdgast gekommen?" ....*(gekürzt)*

Er, mein lieber Schwager Dragutin sah mich erstaunt an, und dann riss er mich an sich vor den beiden Herren. „Franz, du bist immer noch der alte! Leider habe ich dich nicht sofort erkannt. Schau, Franz, siehst du das Haus dort?"

...........*(gekürzt)*........ Ich machte mich, vor den Herren den Hut ziehend, auf den Weg zu meiner Schwester und ihren Kindern. Da ich unangemeldet im Haus erschien, waren alle von meinem Besuch ganz überrascht, und das Abbusseln nahm kein Ende. Aber auch ich staunte über die schönen jungen Gesichter; Arsen und Gjokica, zwei Buben, dann Vera, Vida, Bozena, Ruzica. Vida, die älteste ist Professor am Gymnasium, Bozena ist in Belgrad mit einem Garde-Oberleutnant verheiratet. Alle, auch meine Schwester Anna, waren über meinen Besuch sehr erfreut, und so dachte ich, 2-3 Wochen hier zu bleiben. Platz war genug, das Haus geräumig. Gleich darauf kam auch mein Schwager und wir setzten uns zum Mittagstisch. Auch Dragos Halbbruder, der ebenfalls zu Besuch war, wurde mir vorgestellt und schon wurde durch das Dienstmädchen die Suppe aufgetragen. Hm, war das eine fette Suppe! Na, greif zu, Franzl, warum willst du die Suppe nicht essen? Was, zu fett? Iss nur, die schadet nicht! Willst du auch einen roten Pfefferoni hinein? Danke, ich aß die Suppe, die war ohnehin scharf genug. Dann kam eine Speise, die ich nicht kannte: Kohl wird in Scheiben geschnitten, in eine Kasserolle gelegt, dann Speck in Scheiben, Paradeiser in Scheiben und Paprikaschoten in Schichten gelegt; dann wieder Kohl und wie vorher zweimal in Schichten geschlichtet und gedünstet. Nein das kann ich unmöglich essen, denn ich bekomme sonst wieder Seitenstechen, schon beim Verlassen des Waggons hatte ich Schmerzen verspürt. Lieber Franz, iss nur ruhig, das wird dir nicht schaden........... Ich bekam einen Teller voll, und da sah ich, dass auch eine Menge von faschiertem Fleisch dabei war. Es schmeckte ausgezeichnet. Darauf eine kleine Schale

Mokka, ein Viertelliter Wein, eine Mehlspeise und der Helfer
in der Not, ein Stamperl Rakia. Merkwürdig, ich spürte
tatsächlich auch später und auch in Voitsberg kein
Seitenstechen mehr, und so viel Wein und Rakia, Slivovitz und
Ähnliches hatte ich schon lange nicht getrunken wie in der
Provinz Baranya. Im Hof sah ich nach dem Essen noch einige
junge Männer, Studenten und Karls Chauffeur. Nachmittags
gab es viel zu erzählen. Nach dem üppigen Nachtmahl aus der
Sommerküche-denn es waren zwei Küchen vorhanden und
ein schöner Garten beim Haus- bummelten ich und Anna ein
Stückchen in die Ortschaft und kehrten auf ein Glas Belgrader
Bier im Gasthof ein.
Der nächste Tag war strahlend schön, und wir, Drago, ich und
Arsen, gingen in die Stadt, und nun wusste ich erst, warum so
viele nach Esseg und Beli Manastir fuhren. Wir kamen auf
einen großen freien Platz und da wurde ich in den tiefsten
Orient versetzt. Was ich sah, war wie ein Märchen, ein
Jahrmarkt, wie ich ihn noch nie sah und nie sehen werde; die
schönsten Pferde, Halbblut –und Vollblutpferde, Lipizzaner
und Trakehner, schwere Holsteiner und ungarische
Reitpferde, Eseln, Schafe und viel Geflügel wo man
hinschaute, Rosshändler, Zigeuner, Csikos aus der
ungarischen Puszta, viele hunderte Menschen, Frauen und
Mädchen in gestickten Blusen und Röcken, der Kopfputz und
die Bluse reich mit goldähnlichen oder doch goldenen und
silbernen Münzen behangen, reich mit Armbändern
Ohrringen und Fingerringen geschmückt.
Es wurden Pferde geführt, andere sausten vor Kutschen
gespannt dahin. Überall wurde laut gesprochen und
gefeilscht, gelobt und geflucht; jeder pries seine Ware an.

Und was sehe ich da: einen Invaliden, der, beide Beine im Krieg verloren, laut singend auf allen Vieren daher kroch. Ich fragte Drago, wie so etwas möglich sei. „Weißt, Franz, seine Rente ist nicht groß, so bettelt er sich einiges dazu. Solche gibt es viele. Das Essen bekommen sie überall gratis und so verdienen sie mitunter bis zu 40 Dinar am Tag durch das Betteln."

Arsen hatte einen Fotoapparat mit, so wollte ich ein paar Aufnahmen machen. Ich knipste gerade zwei hübsche Mädchen in Nationaltracht, da nahm mir eine großer Gendarm oder Ortspolizist-die Uniform kannte ich nicht- den Apparat aus der Hand und sagte auf Kroatisch: „Hier ist nicht erlaubt zu fotografieren. Ich konfisziere den Fotoapparat." Ich rief Drago herbei, der abseits stand. Da lachte mein Schwager und sagte: „Gospodin Lukic´, das ist mein Schwager aus Wien, er wusste nicht, dass wir nahe der ungarischen Grenze sind, nur eine Viertelstunde von hier entfernt. Geben Sie ihm das zurück!" Na, da hört sich alles auf! Herr Zugsführer Lukic´ vom 23. k und k –Infanterieregiment in Budapest, wir sind doch alte Bekannte! Können Sie sich an den Gärtner erinnern, als das Regiment in P.. und B… auf Manöver war, kam ich zu Ihnen zur neunten Kompanie! Hauptmann Pflanzer brauchte nur zweimal Nachtdienst machen, und dann kam die Mobilisierung im 14er Jahr. Da staunten beide, er und mein Schwager, dass sich Menschen nach so langer Zeit ausgerechnet auf diese Weise treffen. Lukic´ konnte sich erinnern, und vor Freude gab er mir sofort den Apparat zurück. Er entschuldigte sich, er hatte in mir und meinem Aufzug einen-weiß man es? – Spion gesehen. Auf das hin tranken wir einen Liter Wein, ich war froh, mit ihm

Erinnerungen austauschen zu können, denn er sprach gut Deutsch. Während wir im Gasthaus waren, hat Arsen inzwischen Aufnahmen gemacht, doch konnte ich leider keine bekommen. Wie ich später von Anna hörte, verunglückte Lukic´ auf tragische Art. Er wollte auf einen schon fahrenden Waggon aufspringen, geriet aber unter die Räder und beide Füße wurden ihm abgetrennt. Er starb bald darauf.

Da es Sonntag war, besuchte ich die orthodoxe Kirche, das Mittagessen und das Abendessen bestanden aus Braten, Salaten, Mehlspeisen und Wein.

Am Montag musste ich zeitig aufstehen, denn wir fuhren, das waren ich, Drago, vier Studenten und der Lenker, mit einer Draisine fast eine Stunde lang zu einer Schafpuszta. Drago hatte eine Überraschung für mich, ich war neugierig.

In der Puszta angelangt, sah ich eine Szalas, das heißt einen Schafstall mit 1200 Schafen. Der Körper der Schafe war weiß und das Maul und die Beine waren schwarz. Drago und die Studenten mussten jedes Tier impfen, und während dieser Zeit sah ich mich um. Die Schafe standen in hoher, niedergestampfter Streu, und haushohe Strohtristen standen in der Nähe; hunderte Hühner in allen Größen nahe den Tristen und auf der Wiese! Da war noch ein kleines, nettes Haus für den Gazda oder Hüter der Schafe mit seiner Frau und zwei Kindern, die schon mithalfen. Mutter und Tochter brachten einen großen Korb voll mit Eiern und ich fragte sie, wie viele Hühner sie habe. Ja, das kann sie nie sagen, so 700 bis 800, denn viele Hennen kommen immer mit jungen Pieperln, die sie, im Stroh versteckt, ausbrüten. Dann fragte ich, ob ich eine Eierspeise haben kann. Aber natürlich. Ich bekam eine

Eierspeise aus 10 Eiern. Ohne das vorher zu wissen, aß ich alles auf. Als ich zahlen wollte, lachte sie nur. Nichts, wir haben täglich einige hundert Eier! Ich sah auch einige Esel, und bald kam ich selbst drauf, wofür die Esel da waren. Die Stallungen waren ohne Wände, nur die Dächer standen auf Holzsäulen oder auch Mauerpfeilern, die das Gebäude in mehrere Abteilungen trennten. Wenn in einer Abteilung einige hundert Schafe geimpft waren, ging der Esel, der zu dieser Abteilung gehörte, mit ihnen weiter. Alle Schafe hielten sich dann in seiner Nähe auf. Es gab hier nur zwei Hunde.

Um 12 h wurde das Impfen unterbrochen, und wir fuhren mit der Draisine weiter bis zu einem schlossartigen Gebäude, zu „Aleksandrov Dour", einem Sommersitz des Königs Aleksander. Vom Hausverwalter, einem Salzburger, deutsch begrüßt und herzlich empfangen, mussten wir sofort zu Tisch gehen. Er entschuldigte sich, dass es wegen der zu späten Verständigung zu wenig zu essen gebe.

Doch gab es Hühner im Freien, nur musste er noch schnell welche erschießen. Es gab eine feine Hühnersuppe, Paprikahendeln, mir zu Ehren Zwetschkenknödel, Mozarttorte, Wein, Obst, Schnaps und Melonen. Es wurde von halb eins bis halb vier nur gegessen und getrunken, und als auch der Chauffeur gesättigt war, wollten wir Wasser zum Waschen haben. Wasser wäre schon da, aber wenig, es muss von weit hergebracht werden. Der Brunnen ist hier versiegt. Da sagte ich: „Bitte, wartet hier, ich komme gleich, ich schneide mir nur eine Haselrute, eine Gabel ab und werde Wasser suchen." Gesagt, getan. Auf der anderen Seite des Brunnens, in der Nähe des Hauses schlug die Rute sehr stark aus. Drei Tage darauf bekam ich schon Nachricht, dass sie genügend Wasser fanden.

Dr. Dragutin Grujic war Tierarzt in den Staatsdomänen Belje und Veldes. Die Domänen im Ausmaß von 86000 Hektar gehörten dem Erzherzog Friedrich, dem Dörrgemüselieferanten und Kriegsverlängerer, aber auch Kriegsverdiener, und wurden nach dem Krieg vom serbischen Staat käuflich erworben, ungarisches Gebiet, von Ungarn getrennt und Serbien einverleibt. In Belje war die Domänendirektion, in Beli Manastir die Molkerei mit dem Milchhof, eine Salamifabrik, eine Zuckerfabrik und anderes mehr. Ich sah während der Fahrt nach Alexander-Hof auf einer Domäne mit 50 Paar Pferden und 50 Wagen Mist auf die Äcker fahren. Wie mir der Schwager mitteilte, gab es Meierhöfe mit einigen hundert Kühen, in die Hunderte zählende Schweine und Jungtiere. Ich sah auch Äcker mit breiten Wassergräben durchzogen, schöne Eichenwälder, und in Aleksander Dour einen Urwald mit Hunderte Jahre alten Eichen, ich sah Rehe, Hirsche und Wildschweine.

Um 6h wurde die Impfung der 120 Schafe beendet, und wir alle fuhren nach Sokolovac, ebenfalls zu einem großen Meierhof mit Wohnungen für den Verwalter und die landwirtschaftlichen Arbeiter. Dort zeigte Drago, wie man eine alte Zuchtsau unfruchtbar macht. Wir saßen dann –vom Verwalter gut mit Essen und gutem Wein bewirtet- unter einem großen Lindenbaum und plauderten Verschiedenes mit unseren Gastgebern, so auch über Hitler. Den Radioberichten nach scheint sich die Situation wegen des ostpreußischen Korridors und der Lage in Polen verschlechtert zu haben denn Hitler droht mit einem Einmarsch. Angeblich hätten polnische

Soldaten einen Sender in Schlesien angegriffen??
(in Wahrheit waren 100 deutsche Sträflinge in eigens dafür
genähte polnische Monturen gekleidet und es war ihnen
befohlen, den Sender zu vernichten. Nach getaner Arbeit war
ihnen die Freiheit versprochen, sie wurden aber nach der Tat
hingerichtet.)
Da sich alle abfällig und geringschätzend über Hitler äußerten,
gab ich ihnen zu verstehen, dass wahrscheinlich auch hier in
Jugoslawien Hitler einmarschieren wird. Die lachende
Antwort: „Er soll nur kommen, er bekommt Cevabcice."
Als wir uns gegenseitig mit erhobenen Gläsern zu prosteten,
fiel in das Glas von Drago ein Laubfrosch, dass der Wein nur
so spritzte.
Armer Laubfrosch, der vom Baume fiel. Alle lachten herzhaft,
doch mir war es wie ein böses Omen und ich sagte zu Drago:
„Hör einmal, lieber Schwager, so wirklich Hitler jemals in
Jugoslawien mit seinen Raubhorden einbricht, pack deine
Familie zusammen und komme zu uns nach Voitsberg."
„Niemals, was soll mir geschehen, ich mische mich in keine
Politik."
Um 9 h abends fuhren wir von Sokolovac ab, und im
Scheinwerferlicht der Draisine sah ich Hasen und Rehe, und
bevor es ganz finster wurde, einige Hirsche und ein Rudel
Wildschweine. Auch einen Fuchs, der rasch die Gleise
übrerquerte.
Wir kamen um halb elf Uhr nachts nach Hause, und mein
lieber Schwager, der während der Fahrt geschlafen hatte, war
wieder hungrig und tischte uns eine sehr gut schmeckende
Dalmatinerwurst auf mit einem sehr guten Wein aus den
Weingärten der Staatsdomäne „Knezevi vinogradi" der

früheren „Herzöglichen Weinberge". Wir blieben bis 12 h auf.
Am nächsten Tag fuhren wir mit dem Auto nach Popovac zu
einem verwandten Priester und seiner Frau. Wir wurden
herzlich, wie dort überall üblich, mit einem Kuss, empfangen.
Ich war über das Ehepaar derart erstaunt, dass ich beide
immer betrachten musste. Er, der Pfarrer oder Pope, ein
Christusgesicht, mit großen, schönen Augen, langen dunklen
Haaren und einem Christusbart. Seine Frau war eine
Schönheit, auch sie mit großen, mandelförmigen Augen und
schöner Gestalt. Auch hier wurden wir bewirtet und beim
Abschied wieder umarmt und geküsst.

Auch eine Freundin meiner Schwester besuchte ich mit Anna.
Ich wusste nicht, warum sie mich gerade dorthin führte, aber
als ich die Frau sah, gab es mir einen Ruck und Tränen
standen mit in den Augen. Ich sah meine liebe, gute
verstorbene Schwester Berta vor mir. So etwas an Ähnlichkeit
und noch dazu war sie eine Wienerin, das war kaum zu
glauben. Darum auch die enge Freundschaft.

Am 29. August bestiegen wir, meine Schwester, ihre Tochter
Ruzica und der Chauffeur, ein Esseger, das Auto und fuhren in
Richtung Belgrad. Es war ein schöner, sonniger und heißer
Tag, der Wagen offen, und so nahm der Wagen eine Ortschaft
nach der anderen über Apatin, Vukovar nach Ruma, wo wir
um ein Uhr mittags ankamen. Wir besuchten hier in dieser
schönen Stadt eine Restauration um zu Mittag zu essen. Mit
einer guten Suppe, Kalbsbraten mit Beilage und gutem Wein
gestärkt setzten wir die Reise auf guten Straßen fort. Die
Gegend war während der ganzen Fahrt so abwechslungsreich
und fruchtbar, dass ich staunte. Auch hier sah ich öfters einen
Esel mit einer Herde Schafe ohne Hirten und Hunde. Das

Merkwürdigste aber, was ich sah, waren so viele
Zigeunergruppen mit ihren Wagen, die südwärts zogen.
Ahnten die Zigeuner, was ihnen vom Hitler bevorsteht? Es
waren auch Zigeuner aus Deutschland und aus Österreich
dabei.

Der Chauffeur machte Umwege, damit ich mehr von der Fahrt
habe, und so sah ich auch die Bala Schuhfabrik und ein
Gelände, auf dem zwei Flugzeuge standen.

Bald erreichten wir Semlin mit der Asphaltstraße und den
schönen Villen und Häusern, die Vororte von Belgrad, und
machten in der Barjaktara halt. In einem dreistöckigen Haus
besuchte Anna eine Verwandte mit uns. Auch hier wurden wir
herzlich empfangen. Ich wollte mir aber noch Belgrad
anschauen, und so ging ich gegen den Willen meiner
Schwester um 6 Uhr los. Sie schimpfte nicht wenig. „Was
willst du allein in der Stadt? Dass dir in deinem Aufzug was
passiert!" Sie meinte die kurze Hose, den Bauernjanker,
Gamsbarthut und Stutzen. Keine Angst und Bange, liebe
Schwester, ich gehe nicht verloren.

Ich sah in der Stadt, die so erst richtig im Aufbau begriffen
war, sehr schöne moderne Häuser neben den alten und
kleinen. In Neubauten trugen die Männer die Mauerziegel in
einem Holzgestell auf dem Rücken einige Stockwerke hoch,
und die Frauen trugen den Mörtel in einem Schaff auf dem
Kopf.

Die Stadt ist ausgedehnt und sehr hübsch gelegen. Ich besah
mir die Festung Kalimegdan und den Tiergarten, und als ich
hungrig wurde, -und merkwürdig, das war ich jetzt immer-,
sah ich durch das Fenster eines alten Hauses sehr viele
Menschen Nachtmahl essen. Wo viele essen, kann es nicht

schlecht sein, also rein in die Bude. Ich bestellte ein Gulasch, drei Dezi guten Wein und Semmeln. Ich staunte nicht wenig über diese Riesenportion, das weiße, hohe Brot und den guten Wein. 12 Dinar, ja ist das möglich? Ein „Alpendollar" oder ein Schilling.

Alle Geschäfte hielten unbegrenzt offen, so ließ ich mich in aller Früh rasieren und mir die Haare schneiden und zahlte 6 Dinar.

Nachmittags nach der Stadtbesichtigung besuchten wir meine Nichte Bozena und ihren Mann, den Gardeoffizier Velko. Ich übernachtete bei ihnen. Am frühen Morgen heulten die Sirenen, als sich am Himmel ein Flugzeug zeigte, und alle mussten in den Keller gehen. Also auch hier schon Luftschutz, ich werde darüber noch berichten. Wir hielten uns noch einige Stunden in Belgrad auf, und gegen 11 Uhr sah ich in einer Straße serbische Soldaten müde und in total verschwitzter Sommermontur vorbeimarschieren.

Wir speisten noch in einem Hotel, und auf dem Rückweg hielten wir eine Rast in einem Kaffeehaus. Dort war nur Damenbedienung. Lauter saubere Mädchen, die auch einige schöne kroatische Lieder sangen. Wir fuhren durch viele Orte, und überall sahen wir sehr nette, rein weiß getünchte Häuser und vor den Häusern oft Gruppen von Frauen, die die Schafwolle zum Spinnen unter dem Arm hielten, mit einer Hand die Spindel drehten und mit der anderen Hand die Wolle zum Faden formten. Unterwegs, es waren weit und breit kein Mensch und kein Fuhrwerk sichtbar, fanden wir einen Sack mit Saatweizen auf der Straße, den sicher ein Bauer verloren hatte. Wir verkauften den Weizen in einem größeren Ort bei einem Kaufmann, der auch ein Gasthaus hatte und zahlten unser Nachtmahl mit dem Geld. Um 7 h abends kamen wir in Beli Manastir an. Auch Dragotin, der mit einigen Herren auf den Staatsdomänen von Feldes zu tun gehabt hatte und drei Tage aus war, kam abends zurück. Um 10 h abends meldeten der serbische Rundfunk und auch der Berliner Sender, dass Hitler eine Strafaktion gegen Polen vornehmen wird und das deutsche Heer in Polen einmarschieren wird. Das am 1.September 1939.

Am 2. September fuhren Anna und ich nochmals nach Belgrad für verschiedene Besorgungen und besuchten auch eine muslimische Familie namens Radovanovic´. Wir wurden auch hier sehr herzlich empfangen, und alle gerade beim Mittagstisch saßen, eingeladen mitzuhalten. Herr Radanovic, groß, mit einem stattlichen Schnauzbart, war Verwalter. Er hatte eine entzückende Tochter, die in junger Ehe mit einem Rechtsanwalt verheiratet war. Aber auch die Mama konnte sich sehen lassen, und in Gedanken stellte ich mir die beiden als Haremsdamen vor. Echt orientalische Gestalten und Gesichter, wie man sie in Österreich- pardon, in der Ostmark- selten findet. Vor und nach dem Essen wurden die Hände gewaschen und die Zähne gesäubert. Immer Fleisch zu jeder Mahlzeit, Wein und auch Schnaps, und alle strotzen vor Gesundheit und werden alt dabei. Machen das die naturbelassenen Produkte noch ohne chemische Beimischung? Hier trinken die Leute starken Mokkakaffee, essen scharf und sehr fett und haben keine Leberleiden, keine Gallen- und keine Nierenkrankheiten, keine Herzleiden und keine Magenschmerzen.

Meine Schwester kaufte auf dem Markt in Beli Manastir 3 volle Säcke grüne Paprikaschoten, die in Gläser eingemacht und rote Pfefferoni, die zu vielen Speisen verwendet wurden. Als ich nachmittags nach Hause kam, lag ein Telegramm von meiner Frau auf dem Tisch, ich möge sofort heimfahren. Jetzt, als es mir so gut gefiel, musste ich das gastfreundliche Land am 3.September 1939 verlassen. Um 8 h vormittags saßen wir, Dragotin und meine lieber Schwester Annerl im Auto und der junge Autolenker fuhr mit uns los über Darda, wo wir bei einem Bekannten von Drago, einem Fleischhauer und Gastwirt bewirtet wurden. Es war noch genügend Zeit und wir fuhren zu einem Meierhof. Unterwegs erzählte mir Drago, dass die Frau des Verwalters den linken Arm nicht bewegen kann und ohne Erfolg ungefähr eine halbe Million Dinar für Ärzte und Medikamente ausgegeben hatte. „Na, ich werde mir die Frau ansehen." „Ansehen willst du sie? Du, das ist eine sehr schöne Frau, nur schade, dass ihr niemand helfen kann."

Als wir dort ankamen, begrüßte uns zuerst ein russischer General in Kosakenuniform und noch ein Kosake hielt zwei Pferde. Es war ein russischer Fürst, der Name klang wie Obolewsky (?). Drago blieb bei dem General, und ich und Anna betraten die Stube des Verwalters. Tatsächlich sah ich eine sehr hübsche junge Frau, die ich bei der Begrüßung scharf ansah und ich bedachte dabei die Wirkung meines Blickes.
(Es folgt die Beschreibung einer hypnotischen Einwirkung mit der sachten Aufforderung, verschiedene Bewegungen mit dem Arm zu machen, auch ein Kleidungsstück anzuziehen, alles so weit das nach der Erzählung des Autors nicht perfekte Kroatisch dazu reichte Es ist mir peinlich, die Episode von diesen Ambitionen meines Opas abzuschreiben und auch,

davon zu berichten, mache es aber der Vollständigkeit halber.
Herr Souček war, seit er in jungen Jahren in Wien eine Heilung
durch einen Hypnotiseur gesehen hatte, davon fasziniert und
freute sich immer wieder, dass auch er damit Erfolg haben
konnte.)

Wieder in den normalen Zustand zurückversetzt, und
nachdem sie erst die Veränderung gewahr wurde, fiel sie mir
freudestrahlend und zugleich vor Freude weinend um den
Hals und küsste mich einige Male ohne zu sehen, dass ihr
Mann, Drago und der Fürst schon in die Stube gekommen
waren.

Die Herren diskutierten noch darüber und konnten es kaum
für möglich halten, dass man mit Wachsuggestion und
Hypnose einen Menschen derart beeinflussen kann.

Weiter ging die Fahrt nach Esseg, und in einem großen
Restaurant verspeisten wir zu Mittag Hühnersuppe, Brathuhn
und Salat, und auch in diesem Restaurant sah ich einige
russische Emigranten in der Offiziersuniform der Kosaken des
1. Weltkrieges.

Um 1 h nachmittags musste ich von meinen Lieben am
Bahnhof Abschied nehmen, und mir war, als sehe ich Drago
zum letzten Mal. Mit Tränen in den Augen umarmten und
küssten wir uns und mit gegenseitigen Glück-und
Segenswünschen bestieg ich den Zug, der mich direkt nach
Graz bringen musste. Mit der letzten Eisenbahn traf ich in
Voitsberg ein und wurde von meiner Frau freudig begrüßt.

Drago, mit dem jüngsten Sohn Georg

(Anmerkung H.St.: Dr. Dragotin Grujic´, Veterinär, Professor, geb.6.10.1891, lebte und arbeitete in Beli Manastir. Am 1.Mai 1942 wurde er nachts von einem ungarischen Grenzposten aufgefordert mitzugehen. Eine Tochter warf sich dazwischen, sie wurde mit dem Gewehrkolben niedergeschlagen. Fünf Tage später wurde er in einem nahen Wald mit Laub zugedeckt, ermordet aufgefunden. Es wird erzählt, dass ihm noch zur Wahl gestellt war, entweder seinen noch ganz kleinen jüngsten Sohn zu opfern oder selbst zu sterben.)

Weiter im Manuskript:

Beli Manastir liegt nur eine Viertelstunde von der ungarischen Grenze entfernt und die Gebiete der Baranya, Backa und des Banat gehörten früher zu Ungarn. Der Hass war gegenseitig groß und die Pfeilkreuzler brachen oft in das Nachbarland ein

und ermordeten besonders höher gestellte Beamte der
Staatsdomänen, die einst Erzherzog Friedrich gehörten,
jedoch um ein entsprechendes Ablösegeld der jugoslawische
Staat erworben hatte. Trotz einer Beschwerde an die
ungarische Regierung musste meine Schwester alles Hab und
Gut, das sie hatte, alles, im Hause lassen. Am Bahnhof
wurden ihr noch dazu die Koffer gestohlen, sodass sie ohne
alles mit den Kindern nach Belgrad reiste. Drago war ein sehr
hilfsbereiter, guter Mensch, wie vielen half er mit Geld aus,
ohne Zinsen zu verlangen, und vielen schenkte er den Rest
der Abzahlung. Er sprach perfekt Deutsch. In Beli Manastir
waren viele Deutsche, Ungarn, Kroaten, Serben und leider
auch viele Pfeilkreuzler und Hitleranhänger, Verräter und
asoziales Gesindel.

1939:

Wie ich zum Luftschutz kam:

Ich hatte schon geschrieben, dass ich mit meinem Mieter
Herrn St. eine Auseinandersetzung wegen eines verstopften
Abflussrohrs hatte. Jetzt hörte ich, dass er sich über mich
darüber beim Kreisleiter beschwert hatte. Zu diesem wurde
ich auch gleich nach meiner Vorsprache beim
Ortsgruppenleiter verwiesen. Der nahm ein Heft mit einer
Vignette vom Regal und sah in meinem Sündenregister nach.
„Ja, Sie haben einen Mann meiner Partei beleidigt und noch

dazu einen tüchtigen Vertrauensmann." „Stimmt nicht, Herr Kreisleiter",(*und es wird die Geschichte mit dem Abflussrohr angeführt.*) „Ja, auch sollen Sie Auslandsender hören und sich abfällig über die Partei äußern." „Das ist eine Unwahrheit, da fühle ich mich nicht schuldig." „Ja, warum wollen Sie dann nicht unserer Partei beitreten?" Muss ich der Partei beitreten, wo ich bis jetzt noch nie bei einer Partei war? Ich kannte bis jetzt nur meinen Garten und meine Familie, auch hatte ich keine Zeit dazu. „Dann werden Sie von nun an mitarbeiten und die NSV, das heißt die nationalsozialistische Volkswohlfahrt übernehmen. „Bedaure sehr, unmöglich, aber wenn Sie wollen, Herr Kreisleiter, übernehme ich den Luftschutz als Luftschutzlehrer, den ich schon einmal vertreten musste, um das Fiasko nicht zu vergrößern, als die Lehrerin Frl. G. bei einer Versammlung damit nicht zurecht kam." „Also gut, Herr Souček, gehen Sie zu Herrn Sch. und Herrn G. senior in die Luftschutzkanzlei und melden Sie sich dort." „Und Sie, Herr Kreisleiter, wenn wieder jemand kommt und will mich verleumden, dann nehmen Sie ihn beim Arsch und Frack und schmeißen Sie ihn hinaus." „Ja, das tue ich." Mit Händedrücken wurde ich gnädig entlassen. In der Kanzlei wollte ich einiges Material über den Luftschutz holen, doch sie hatten selbst nichts, und ich musste mir die Vorträge vorerst selbst aus meinen Erfahrungen aus dem 1.Weltkrieg zusammenstellen. Ein bis zweimal wöchentlich kamen wir mit den Luftschutzwarten zusammen, und wöchentlich ein bis zweimal hatte ich abends in der Schule oder in einem Gasthaus eine Versammlung. Als wir später aus Deutschlandsberg vom Schuldirektor L. Schulungsmaterial erhielten, wurde ich zum „Luftschutz-Hauptlehrer" ernannt, und ich hatte dann überhaupt keinen Sonntag mehr frei. Ich musste an allen Orten des Bezirkes Schulungen und Vorträge abhalten. Oft musste ich sogar über Nacht bleiben. Der Vortrag in Kainach, Geistthal oder auch in Graz-Mariatrost wurde am Sonntag nach der Messe in einem Gasthaus abgehalten. So hielt ich einmal einen Vortrag von zweieinhalb Stunden vor über140 Personen, meistens Lehrern und Lehrerinnen im Festsaal der Sophie Kuttroff über alle in Frage kommenden englischen amerikanischen Bomben, Brandbomen, verschiedene Abwurfmittel und Ballone, mit Zeichnungen auf der Tafel illustriert.

Nach den vielen Vorträgen in Graz und im überfüllten Voitsberger Festsaal hatte ich im Vortrag schon Routine. In Graz musste ich einmal vor Offizieren, Lehrern und Studienräten, Professoren und Beamten der Stadtgemeinde sprechen und machte zum ersten Mal die Gefahr des Kartoffelkäfers zum Thema. Ein überaus starker Applaus war der Dank für meine fast dreistündigen Ausführungen.

Unser „Gottsoberster" vom Luftschutz war Obersturmführer Major W. in Graz Kaiserfeldgasse 5, der durchaus wollte, dass ich mir bei der Firma Krafft, am Jakominiplatz eine Luftschutzuniform anmessen lassen. Den Bezugsschein gab ich auch dort ab, aber mit dem Bemerken, dass ich auf die Uniform herzlich gerne verzichte. Sollte eine Anfrage kommen, sagen Sie bitte, die Uniform für Souček wird genäht, doch fehlt noch einiges Material dazu. Auch wollte ich keinen Mantel. Obwohl die Monturstücke samt der Kappe offiziersmäßigen Schnitt hatten, war es mir nicht darum zu tun. Ich verwendete mich freiwillig für den Luftschutz um Menschen zu helfen und sie durch Aufklärung und Schulung vor Schaden zu bewahren, Feuergefahr im Entstehen zu bekämpfen und vor Bombenexplosionen zu schützen. Ich gab mein Bestes her und wurde oft beim Kreisleiter angezeigt, wenn mir das Malheur passierte, dass ich vergaß, beim Anfang oder Ende der Versammlung, mit dem Gruß „Heil Hitler" die Hand zu heben oder überhaupt nur sagte „Meine Damen und Herren" anstatt „Liebe Partei-und Volksgenossen, ihr seid heute hier versammelt, um über den Luftschutz usw....". In Schulen, im Krankenhaus, im E-Werk Teigitschgraben und in Betrieben wie z.B. der Glasfabrik musste ich auch wirklich Brandgranaten werfen und die Feuerbekämpfung zeigen; Sirenenalarm und dessen Auswirkungen praktisch vor Augen führen, damit Kranke oder Kinder diszipliniert in die Luftschutzräume geführt, Brandherde auf den Dachböden aufgesucht werden könnten; auch zeigen, wie das Entrümpeln der Dachböden anzuordnen und zu beaufsichtigen sei.

Bei Versammlungen wurden mir oft solche Fragen gestellt, die ich wegen der Anwesenheit der Gendarmen nicht recht zu beantworten wusste, da mir sonst das Konzentrationslager hätte blühen können. Einmal fragte mich eine Frau im Teigitschgraben im Gasthaus Hanus, was sie im Fall eines Brandes tun soll, denn ihr Mann sei eingerückt und bei ihr sei nur ein junger Ukrainer als Landarbeiter beschäftigt, der ihr vom Arbeitsamt zugewiesen wurde. „Ja, es kommt jetzt darauf an", war meine Antwort, „wie Sie den jungen Menschen behandeln. Sind Sie gut zu ihm, das heißt menschlich, dann wird er Ihnen sicher löschen helfen, da Sie sozusagen bei ihm die Mutterstelle vertreten. Behandeln Sie ihn schlecht und lassen ihm manchmal durch Gendarmen 25

Stock-oder Gummiwursthiebe verabreichen, wie das schon so oft der Fall war, na ja, dann wird er sich freuen, dass es bei Ihnen brennt und Ihnen sicher nicht helfen." Von den acht bis zehn Gendarmen samt Gendarmeriekommandanten reagierte keiner auf meine Worte. Bloß ein Beamter des E-Werkes sprang auf und sagte: „Na, so einen Hund würde ich mit der Hundspeitsche erschlagen". Na gut, dass Sie kein Bauer sind und keinen Ostarbeiter haben. Auch fragte mich in der Schulklasse eines Abends die Frau H.: „Was glauben Sie, Herr Souček, werden die Engländer und Amerikaner auch bei uns in der Ostmark Bomben abwerfen?" „Vorläufig haben sie im Reiche noch vieles zu vernichten, und wenn das geschehen ist, werden sie wahrscheinlich auch zu uns kommen Mitgefangen, mitgehangen."
Auf dem Heimweg sagte dann der Direktor Adolf I. zu mir: „ Hör a mal, Souček, zu mir kannst sagen, was du willst, aber gib acht, was d´redst, i kann dir nur ans sogn, du bist in der Partei net gut angschriebn. Du bist zu aufrichtig, du sagst immer die Wahrheit."

Reise nach Deutschland 1943

Anfang 1943 war ich mit meiner Tochter Mia und einer Kollegin von ihr mit 20 Mädeln auf der Reise ins „Reich", um diese Schulmädchen nach Wörth am Main in ein Kloster für schwer erziehbare Mädchen zu bringen. Wir fuhren bis Mainz einen Tag und die ganze Nacht und morgens gingen wir mit den Mädchen in ein Heim, um uns zu waschen und zu frühstücken. Nach der Fahrt waren wir alle müde und nach

einer Suppe in einem Gasthaus stiegen wir in den Zug nach
Wörth. Obwohl es Dezember war, war es sonnig und
schneefrei und nicht besonders kalt. Schon von Graz bis Linz
war die Fahrt schön, und als wir durch Bayern und Franken
fuhren, sah ich erst wieder wie schön die Welt ist, und ich
dachte mir, wie schlecht die Menschen sind. Überall nette
Dörfer und schöne Städte, wunderschöne Landschaften,
Wälder und Berge. Menschen, die den Frieden herbei
sehnten; denn draußen an der russischen, norwegischen und
finnischen Eismeerfront, in Griechenland, Holland, Belgien
und Frankreich, in Serbien und Albanien, in Afrika von
Ägypten bis Tunis standen die Väter, Männer und Söhne, aber
auch Frauen in der Montur, entweder an der Kampffront oder
zu anderen Kriegsdienstleistungen einberufen. Was wir
während der Fahrt hörten und sahen griff uns ans Herz.
Tag und Nacht flogen die amerikanischen und englischen
Bombengeschwader zu hunderten ja bis zu tausenden
Flugzeugen ins „Reich" und warfen Brand-und Sprengbomben
auf Dörfer und Städte, alles in Schutt und Asche zu
verwandeln. Unzählige Menschen wurden nicht nur ihr
Obdach los sondern auch alles, was sie sich durch Hände
Arbeit geschaffen hatten; ja Hunderttausende verloren ihr
Leben und ganze Familien wurden ausgerottet, verbrannten
bei lebendigem Leib, wurden durch Sprengbomben getötet
oder zu Krüppeln gemacht. Wieviel Leid musste ich mit
ansehen in all den Kriegsjahren! Sinnlos geopferte Menschen
und Sachwerte, Milliardenschäden am Volksvermögen in
allen Ländern.
Nachdem die Mädchen im Wörther Kloster übernommen
waren, durften wir dort übernachten und bekamen von den

Schulschwestern auch zu essen. Wir besichtigten die Stadt, die Häuser und die Kirche aus rotem Sandstein, hinterließen auf uns einen besonderen Eindruck. Der Main ist dort schon ziemlich breit, und vor Anker lagen ein Motorschiff und ein Schlepper, schwer mit Eisen beladen. Wir sprachen mit dem Besitzer, der mit seiner Fracht auch schon oft bis zum schwarzen Meer gefahren war.

Am 4. Dezember verließen wir die lieben Schwestern und das Kloster und fuhren mit der Bahn zurück nach Mainz. Wir unterbrachen die Fahrt in Aschaffenburg und sahen uns die Stadt und das Schloss an. Auch hier fast alle Häuser aus rotem Sandstein! Diesmal hatten wir in Mainz mehr Zeit, die Stadt genauer zu besehen. Ich sah ganze Häuserreihen links und rechts der Straße, die alle noch standen und trotzdem bis zum Keller durch Brandbomben ausgebrannt waren. Fenster-und türenlos, ohne Dach standen die Häuser da; wertvolle Gebäude wie Theater, Museen, kulturhistorische Stätten und Denkmäler durch Brand-und Sprengbomben vernichtet. Auch die schönste Kirche in Mainz hatte einige Treffer in den Türmen abbekommen. Ich beobachtete einen Straßensammler mit der N.S.V.-Büchse in der N.S.-Montur. Ja, wie denn, da gingen ja schon eine Menge Menschen bei ihm vorbei, und niemand opferte? Auch den Gruß „Heil Hitler" hörte ich fast gar nie. Hatten denn alle schon die Schnauze voll? Da kommt zu uns nach Voitsberg oder Graz, da wird jedem die N.S.V.-Büchse so lange unter die Nase gehalten, bis der letzte Pfennig gegeben wurde. Hier sind alle hundertprozentig. Als ein französischer Kriegsgefagener, der bei mir im Garten aushalf, einen Herrn, der sehr gut französisch reden konnte, auf Französisch um die Zeit fragte, gab der keine Antwort. Auf meine Frage antwortete er: „ Ein deutscher Mann wird niemals mit uns feindlich gesinnten Menschen sprechen." Ja zum Donnerwetter, kann der arme Teufel dafür, dass Krieg ist? Er wäre lieber zu Hause als hier Rüben mit Wasser zu essen. Er hat zu Hause eine Bauernwirtschaft und ist hier Gefangener, der mit Rüben und Wasser gefüttert wird, trotz der schweren Arbeit im Bergbau. Von Mainz fuhren wir nach Frankfurt am Main. Wir besahen uns die Stadt und das Goethehaus, die schönen Kirchen, Gebäude und Gartenanlagen, und müde geworden, setzten wir uns wieder in den Zug und fuhren nach einem Umsteigen in Würzburg nach Rothenburg ob der Tauber. Hier war in der Stadt noch keine Bombe gefallen. Beim Durchwandern dieser Märchenstadt fühlte ich mich in das Mittelalter versetzt. Bis auf ein Geschäft aus unseren Tagen, das auf die alte und schöne Umgebung störend wirkte, ist alles so wie aus dieser Zeit geblieben: die Häuser, die Kirchen, das Rathaus, der Wehrgang und die Tore. Alles steht unter Denkmalschutz. Ja sogar genauso die Höfe der Häuser, die Innenräume der Geschäfte und Gasthäuser mit den getäfelten Zimmern, den geschnitzten Stühlen! Der Bürgermeister steht seit dem dreißigjährigen Krieg noch im Fenster und leert vor den Schweden den Humpen Wein in einem Zug, damit die Stadt erhalten bleibt. All das und das schöne Wetter dazu wird uns unvergesslich bleiben.

Beim Turmblasen waren wir auf dem Turm dabei, und es bot sich uns eine herrliche Aussicht in die schöne Umgebung.

Die Stadt wurde vom Feind auch weiter von Bomben verschont.

Wir blieben in der Märchenstadt über Nacht, nahmen ein

ausgiebiges Wannenbad und nahmen nach einem Kauf mit den wenigen restlichen Abschnitten auf den Lebensmittelkarten unser karges Nachtmahl ein. Ich schlief in einem guten Bett und träumte von der alten Zeit. Ich kaufte mir viele Karten mit den schönsten Ansichten von Rothenburg, und zu Hause malte ich nach den Karten mit Pastellfarben zwei schöne Bilder. Beide Bilder hängen heute noch, den 29.1.1961, in meiner Stube als Zierde meiner Wohnung in Graz.

Am 6. Dezember kamen wir in dem unterirdischen Bahnhof von Nürnberg an und übernachteten unweit vom Bahnhof im Hotel „Sadt Nürnberg". Bis jetzt waren wir von Alarmen und feindlichen Bombengeschwadern verschont geblieben. Nach einer „kalten Platte" im Hotel zum Abendessen schliefen wir, müde vom Herumlaufen in Rothenburg und der Bahnfahrt bald fest ein, bis uns die Alarmsirene weckte. Da niemand die Schlafräume verließ und auch vom Personal niemand den Keller aufsuchte, legten wir uns wieder hin und schliefen ruhig weiter. Schon als wir spät abends in Nürnberg im Finstern beim Bahnhof gestanden waren, hatten wir uns über den regen Betrieb auf den Straßen gewundert. Auch in allen anderen Städten sah man abends und nachts kein Licht, und die Verdunkelung war vollkommen. Und doch fanden sie jedes Dorf und jede Stadt, warfen ihre „Christbäume" und dann die Bomenladungen ab. Tausende Trümmer, Tod und Verderben. „Gott strafe England" schreien sie hier und schicken ebenfalls Tod und Verderben nach London und viele andere Orte.

Zurück in Voitsberg dachte ich noch lange über die Deutschlandfahrt nach und darüber, wie willig und gehorsam

sich die Menschen allen Anordnungen fügen. Ich sprach mit
vielen ausgebombten, völlig verarmten Menschen, Bauern,
die fuhrenweise Kartoffeln und Getreide zur Bahn brachten,
um ihre Ablieferungspflicht zu erfüllen. Vor mir sehe ich noch
die schönen Bauerngehöfte, die Bilder der Landschaft, den
Spessart, Frankfurt mit den schönen Fachwerkbauten. Ich
denke an den Römerberg, „Beim Heiland", eine historische
Restauration, wo wir zu Mittag aßen und aus den
Römergläsern Rheinwein tranken; an den Bahnhof von
Anzbach, die Fahrt ins Märchenland Rothenburg und seine
Sehenswürdigkeiten, die herrlichen Brunnen, das
Kobolzellertor, den Spitalshof, das Sülzergässchen, das
Zollhäuschen, den Siebersturm; das Spitalstor, das alte Portal
im Rathaushof, den weißen Turm, den Feuerleinserker und
die Jakobskirche, den malerischen alten Hof im
Baumeisterhaus, den Strafturm, den St.Georgs-Brunnen, das
Burgtor, das Plönlein; an den Wehrgang, den auch wir entlang
gingen,mit dem schönen Anblick auf die alte Mühle an der
Tauber, wie so so viele tausend Menschen vor uns.
Leider hatten wir keinen Fotoapparat mit uns, um all das
Schöne, das sich uns darbot, festzuhalten. Überall hatten wir
die Kirchen besucht, auch den Mainzer Dom mit seinen
schönen geschnitzten Altären und Sitzbänken, den Statuen
von alten Meistern geschaffen. Und all das Schöne soll durch
Menschenhand wieder vernichtet werden, nur weil die
Menschheit im 20. Jahrhundert den Verstand verlor;
ausgelöst durch einen Wahnsinnigen, der sich einbildete, von
Gott dazu auserkoren zu sein, die Welt zu beherrschen und
wie ein Riesentrampeltier alles um sich zu vernichten, mit
Militärstiefeln, Panzern, Granaten, unmenschlichen Morden,

Raub und Verbrechen, mit Lügen und Rechtsbruch, mit Konzentrationslagern, in denen man Millionen Juden und verhungerte Häftlinge vergaste und verbrannte.

Voitsberg in Hitler-Deutschland; im Krieg 1944; Arbeit als Luftschutzwart

Am folgenden Sonntag hielt ich in Voitsberg im Vadlau-Haus am Hauptplatz einen ausführlichen Luftschutzvortrag und erzählte, was ich auf meiner Reise gesehen hatte. Die Anwesenden folgten meinen Schilderungen zu Tränen gerührt. Nach zwei Tagen bekam ich vom Kreisleiter E. einen Verweis, ich hätte durch meinen Vortrag die Bevölkerung beunruhigt. Nicht lange darauf hatten wir in Voitsberg eine Luftschutzausstellung, wo man in großen Bildern die Bombenverheerungen in Mainz und anderen Städten sehen konnte. Eine achttägige Luftschutzschulung in Wien brachte mir nicht viel Neues und Wissenswertes. Unter den 40 Mann, meistens Parteigenossen, war ich Vorzugsschüler. Das Essen war so halbwegs, der Zeit entsprechend, und obwohl wir in Grinzing waren, habe ich fast keinen Wein getrunken.Die Gaststätten waren leer und von einer „Dulijö-Stimmung" keine Spur. Die Begeisterung vom Anfang war einer Panikstimmung gewichen, denn die Verluste an den Fronten sind riesengroß, und niemand glaubt mehr so recht an den Sieg.

Bei den abendlichen Besprechungen in der Kanzlei erzählte unser Luftschutzwart, ein Bergmann und Sprengmeister in Zangtal seine Erlebnisse als Sprengmeister im Ausseerland. Er hatte in Höhlen Sprengungen vorzunehmen, und bei dieser Arbeit, beim Betonieren, wurden viele Jugoslawen aus einem angrenzenden KZ mit der Schaufel erschlagen, täglich 6-10 Mann. Oder es wurde jeder erschossen, der sich dem Drahtverhau näherte.

So lange er dort war, einige Wochen, hatte er sich mit niemandem zu reden getraut und litt unter einer seelischen Depression.

Um nur dem Luftschutz diese Zeilen zu widmen, schreibe ich darüber weiter, und ich werde andernorts noch über die Zeit von 1939 bis 1945, dem Ende des fürchterlichen Krieges berichten.

1944: Ich hatte am Ligisterberg und in Krottendorf Luftschutzübungen und Schulungen durchzuführen. Um 9 h musste ich in Krottendorf sein und nach Beendigung der Übung ging ich mit dem Obsthändler G. auf den Ligistberg zum Bürgermeister, einen reichen Bauern. Er stand sich gut, man sah es an seinen modernen Maschinen, und für Hygiene war in einem getäfelten Badezimmer gesorgt. Ich kam gerade zum Mittagessen hin und musste zusehen, wie Hühnersuppe, Hühner, Salat und Mehlspeise aufgetragen wurden und mit Appetit von der Familie und von allen zum Hof gehörigen Leuten verspeist wurden. Ich hätte mich wirklich gefreut, hätte man mir ein paar Bissen davon angetragen oder einen Schluck Most. Ich musste bis drei Uhr mit dem Vortrag

warten, da vor mir der Herr L. von der SA einen Vortrag hielt.
Und der sagte in seiner Rede mehrmals, dass auch bei den
Bauern die Köpfe rollen werden, und wehe dem, der sich
nicht zur NSDAP bekennt, denn nicht umsonst hieße es im
Wappen „Blut und Boden". Die gegen die NSDAP sind, und er
kenne schon viele, die würden um den Kopf kürzer gemacht.
Und ich meinte in meinem Vortrag auch, dass sich die
Anwesenden über die Worte meines Vorredners keine grauen
Haare wachsen lassen sollen, sie werden bestimmt die Köpfe
behalten, denn es wackelt noch keiner.
Gegen Ende des Juli 1944 musste ich vormittags um 10 h
einen Vortrag in Wieselsdorf und um 4 h nachmittags in
Preding halten. An diesem überaus heißen Tag musste ich mit
dem ersten Zug von Voitsberg fahren, um den Anschluß in
Lieboch zu bekommen. Auch hier bekam ich im Gasthaus für
das Geld nichts zu essen als einen sauren Most. So erging es
mir auch in Preding. Der Saal war voll und der Vortrag
dauerte eineinhalb Stunden. Noch bevor ich enden wollte,
kam ein junger „Goldammer", ein Parteibonze in seiner
Uniform herein. Ich machte deshalb bald Schluss. Der
Goldammer erzählte von dem am 20. Juli am Führer
begangenen Attentat. Um 12 h 31 war die Bombe los
gegangen, die Oberst Graf Stauffenberg in das Kartenzimmer
des Führer-Hauptquartiers in Ostpreußen geschmuggelt
hatte. Die Baracke wurde zerfetzt, aber der vielgeliebte
Führer überlebte: ein breites Tischbein hatte ihn vor dem
Intonationsdruck geschützt. Göring und Mussolini, die kurz
nach dem Attentat eintrafen, hielten den Fehlschlag für eine
„Fügung der Vorsehung". Graf Stauffenberg und einige
Mitverschwörer wurden in Berlin erschossen, einige endeten

durch den Strang und deren Sippen wurden bis in das jüngste Glied, also vom Uropa bis zum Säugling ausgerottet.

Während des Vortrages wurde eine Bäuerin von ihrer Magd mit den Worten angerufen: „Schnell, Mali und Frau kimmts, die Kua will kalba!"(..kommt, die Kuh ist im Kalben!) Beide springen auf und wollen zur Tür hinaus. Na, da hättet ihr hören sollen, wie der junge Mann zu schimpfen anfing, dass die Versammlung gestört wurde. „Hier bleiben" schrie er, und ich sagte: „Lauft nur schnell, dass ihr noch zurecht kommt". Na, das Gesicht das er machte, als auch ich mich erhob um fortzugehen. „Das werde ich melden." „Melden Sie es ruhig. Haben Sie schon zu Mittag gegessen?" „Was hat das damit zu tun?" „Sehr viel. Ich bin seit halb sechs unterwegs, habe zwei Vorträge gehalten und eine Übung ohne einen Bissen im Magen, und jetzt geht mein Zug. Was Sie da vorbringen, weiß ich genauso gut wie Sie." und grüßte ironisch mit „Heil Hitler, es lebe der Gründer des tausendjährigen Reiches!". Er schickte mir zwei Mann nach und der eine wollte wissen, wo ich hinfahre und wie ich heiße. „Lg. Holler, Deutschlandsberg". Ich hatte fast keinen Sonntag frei, und überall fanden sich Fanatiker, die wegen jedem unbedachten Wort zum Kreisleiter liefen. Zu meinem letzten Vortrag will ich noch etwas zum besten geben. Es war im Herbst 1944 in Mooskirchen. 48 Mann im Saale eines bekannten Gastwirtes namens Hochstraßer. Um halb zehn begann ich den Vortrag darüber, wie man Brände allgemein und und besonders bei Brandbomben nach der Erfahrung der Luftschutzorgane verhüten kann. Da steht ein alter Mann auf und sagt: „Herns´, wegn wos vazählns´ ins des? Mir san anschichtige Bauen, wan da Blitz kimmt, nutzt uns auch die Luftschutzspritzn nix,

iwahapt, za ins kimmt a ka Bombn, da hättn de vü ztan".
(*„Hören Sie, warum erzählen Sie uns das? Wir sind
einschichtige Bauern, wenn der Blitz kommt, nützt uns auch
die Luftschutzspritze nichts, überhaupt, zu uns kommt keine
Bombe, da hätten die viel zu tun."*)
„Aber mein Lieber, Sie haben ja recht, aber Voda, lesens´ ka
Zeitung? Bedenkens doch: Wissens´wo da Russ steht? An da
ungarischen Grenz. Wia lang bracht er durch Ungarn durch,
und er is do a. Wann S´im Kriag worn, do missen S´jo wissn,
dass a Bauernhäuser brennt hom, wo da Feind woa, ha?"
(*...aber Vater, lesen Sie keine Zeitung? Bedenken Sie doch:
Wissen Sie, wo der Russe steht? An der ungarischen Grenze.
Wie lange braucht er durch Ungarn, und er ist auch da. Wenn
Sie im Krieg waren, dann müssen Sie wissen, dass auch
Bauernhäuser gebrannt haben, wo der Feind war, nicht?"*)
Als ich das sagte, bemerkte ich, wie ein Fräulein und ein
Mann sich unruhig gebärdeten. Aha, das Fräulein war eine
Lehrerin und der Mann ein Friseur und Ortsgruppenleiter, wie
ich erfragen konnte.
Am nächsten Tag war ich schon beim Kreisleiter, der mich
fragte, wo ich den nächsten Vortrag halte. „in Ligist, am
Sonntag nach der Kirche." Am Freitag sagte mir Herr G.,
Sekretär vom Luftschutz, ein sehr anständiger, netter alter
Herr: „Herr Souček, halten Sie am Sonntag den Vortrag in
Ligist nicht. Der Ortsgruppenleiter und die Gendarmerie sind
verständigt, Sie dort zu verhaften. Bitte, sagen Sie nicht, von
wem Sie das wissen". Ich ging zum Vizebürgermeister und
Obmann vom Luftschutz und meldetet ihm, dass ich am
Sonntag den Vortrag nicht halten werde. „Ja, Sie müssen!"
„Ich muss nicht. Suchen Sie sich einen anderen, der sich

verhaften lässt." „Wer hat Ihnen gesagt, dass Sie verhaftet werden?" „Niemand, ich weiß es trotzdem." Ich ging auch nicht mehr auswärts, denn ich hatte in Voitsberg genug zu tun.

Im Josefsschacht, wo vorläufig nicht abgebaut wurde, hatte der Gastwirt Blümel mit Erlaubnis der GK-Bergbaugesellschaft mit einigen Kumpeln einen Luftschutzstollen gegraben, und zwar auf dem Gelände der ehemaligen Magdalenenkirche und des Friedhofes unweit des Dr. Stranzl-Hauses. Die Einflüge der feindlichen Flieger wurden immer stärker, und es verging kein Tag, an dem nicht einige hundert Flugzeuge mit Bomben beladen, die zum Abwurf auf Graz und Industriegebiete der Steiermark bestimmt waren, über Voitsberg flogen. Ich gab mir die größte Mühe, Ordnung im Luftschutzstollen und auch in den Luftschutzkellern im Stadtgebiet zu halten, da bei Alarm die Räume von den Bewohnern aufgesucht werden mussten.

Die erste Bombe fiel beim Haus Prosser in den Garten. Dabei wurden Frau Prosser und Frau Lehrerin Essich durch Bombensplitter getötet, die Häuser beschädigt und der Zaun in der Luthergasse verbrannt. Der Luftdruck war über das Bahngelände hinaus so stark, dass er mein Glashaus sehr stark beschädigte, so dass ich zu tun hatte, die 254 zerbrochenen Scheiben zu ersetzen. Meine Tochter Mia und ich hielten uns gerade im Glashaus auf, und wir hatten noch das Glück, trotz der großen Splitter, die bei uns vorbeisausten, ohne jeden Schaden davon zu kommen. Meine Frau befand sich seit Mittag im Stollen. Nach dem Treffer rannte ich sofort hinaus um zu sehen, wo die Bombe einschlug. Da sah ich die Staub-und Rauchsäule auf der anderen Seite der Bahn beim Haus Prosser. Ich rannte dort hin und da lag die arme Frau Prosser von Sprengstücken getroffen, tot auf dem Boden, einige Schritte von ihrem Luftschutzbunker im Garten entfernt. Auch Frau Essich starb bald darauf. (*die Schwester und die Frau des Voitsberger Arztes Dr. Essich)*

Im Februar 1944 fiel noch eine schwere Bombe auf das Bahngelände gegenüber dem Gasthaus Mayer, und ich hatte wieder eingedrückte Glaswände und enormen Schaden, denn um halb fünf Uhr nachmittags bei minus 10 Grad sind mir sämtliche Glashauspflanzen erfroren. Trotz der eilig herbeigeholten Hilfe durch Herrn Tischlermeister Mahr war es auch nicht möglich, den Schaden mit schnell angenagelten Bretterbalken zu verhindern. Ich heizte die ganze Nacht, damit mir nicht die Rohre und der Kessel einfroren.

Es gab in der näheren und weiteren Umgebung noch viele Bombentreffer, so beim Dr Rittler-Schloss, bei der Mühle des Herrn August Kaspar und im Park, dann in Kowald beim Rössl, vulgo Schrapfen. Dort wurde das Wohnhaus total zerstört, Rössl und seine Frau schwer verletzt und Tochter und Schwiegertochter getötet.

Im freien Gelände beim Kreuz am Weg zum vulgo Dammbauer, richtiger Name Grinschgl, sah ich einige Trichter. Ich glaube, so circa 50 Bomben werden hier gefallen sein.

Der Schaden wurde mir nicht vergütet, und ich gab das in das Haus gebaute Glashaus gänzlich auf. Im Sommer 1950 baute ich daraus zwei Räume mit Heraklith und vergab diese Räume Herrn und Frau Dr. S., beide Zahnärzte aus Graz. Ein Raum war Ordination, der zweite Warteraum. In der beheizbaren

Hütte war die Technik untergebracht.

Unsere Töchter Hela und Mia mussten in Graz sehr viel mitmachen, denn Graz wurde sehr oft bombardiert, so dass ich und meine Frau viele bange Stunden durchlebten. Wie oft fragte meine Frau: „Glaubst, Franz, leben sie noch?"

Jedesmal, nach einem schweren Angriff musse ich nach Graz fahren. Hela und Mia waren Fürsogerinnen, Hela machte in Gösting Dienst und Mia im Karlauerviertel,in der Triestersiedlung fast bis Puntigam. Der Bahnhof wurde oft schwer belegt, und wie oft musste ich ihn, wenn ich in Graz war, bei Alarm und Annäherung der Flieger vehement verlassen und dazu sehen, dass ich die Schlossberg-Schutzräume oder sonst einen Keller erreiche. In Gösting, unweit von der Zankl-Farbenfabrik warfen Engländer und Amerikaner Bomben herab, als ich Hela in der Dienststelle besuchen wollte. Nur ein Trichter, ein paar Tage alt, war meine Rettung. Mia sollte eines Mittags in einer Arztpraxis *(Dr. Rosanelli)* erscheinen. Sie hatte sich verspätet und als sie dorthin kam, stand das Haus nicht mehr, sie sah nur Ruinen. Zufällig war auch niemand im Haus.

Einmal fuhr ich nach einem Angriff mit dem letzten Zug nach Graz, da hieß es, die Bezirke Gries, Karlau und die Triestersiedlung wurden schwer getroffen. Ja, es stimmte. Nachts wurden in der Feuerbachgasse, als ich gerade vorbeikam, die Toten und Schwerverletzten geborgen. Ein Mann kam mir schreiend entgegen: „Heil Hitler, heut schlaf i in deinem Paradies, das du uns versprochen hast, am Baum, Hund elendiger, verfluchter, durch dich hab i mei Familie und die Wohnung verloren. Auch du sollst elendig krepieren, du Mörder, samt allen Gaunern." Ich bat ihn, er soll still sein.

„Wos, stad soll i sein, wo i mei Weib und drei Kinder und alles wos i ghabt hab, verlorn hab. Solln S´mi a umbringen!"
Ich ging schnell davon. Ein Wachmann hörte zu ohne etwas zu sagen, und auch er ging fort.

Zerbombtes Graz, auf der Rückseite des Fotos steht: „ Führer, wir danken dir!" privates Foto

Der im Jahr 1939 begonnene „Straffeldzug gegen Polen wurde mit der Hilfe österreichischen Militärs rasch beendet". „Samt Mann, Ross und Wagen wurden die Polen geschlagen." So ähnlich stand es in allen Zeitungen. Was nicht darin stand war, dass die in Polen eingebrochene Armee viehisch und unmenschlich gehaust hatte. Warschau und das Ghetto wurden von deutschen Flugzeugen pausenlos angegriffen und alles in Trümmer gelegt. Die Juden in Polen wurden zu Hunderten gefangen genommen, mussten mit dem Spaten das eigene Grab schaufeln. Wenn der Aushub beendet, das Schachtgrab genügend tief, breit und lang war, dann mussten

sich die Juden an den Rand des Schachtes stellen und ein
Genickschuss oder Feuergarben aus dem Maschinengewehr
löschten ihnen das Lebenslicht aus. Und waren sie nicht tot,
erstickten sie unter der Erdlast, die auf sie durch noch
Lebende geschaufelt wurde. Aber nicht nur männliche Juden
traf das Los, sondern dreiviertel aller in Polen lebenden
jüdischen Familien und „arische" Offiziere und Soldaten
wurden hingerichtet; ohne ein Gerichtsurteil nur weil es der
mordenden und sengenden deutschen Soldateska, der SS und
den SA-Männern so passte und es dem „göttlichen Führer",
Goebbels, Himmler und den anderen verrohten „Führern",
allen Sadisten und Räuberhorden so gefiel. Was war der
Mensch seit 1933 im Reich und in den angeschlossenen
Ländern wert? In den KZ in Auschwitz, Dachau, Ravensbrück
und in vielen Orten Deutschlands, im großen KZ Mauthausen
wurden Millionen Menschen gefoltert, geschlagen,
verhungern gelassen, unmenschlich behandelt, vergast, um
im Krematorium verbrannt zu werden. Wer waren diese
Menschen, die der „Führer" so erbarmungslos an die Wand
drückte, wie in seiner Rede: „Wer nicht für mich ist, wird an
die Wand gedrückt." Alle Abgeordneten und Anhänger der
verbotenen Parteien wie Kommunisten, Sozialdemokraten
aber auch Klerikale, Priester jeden Glaubens, Juden. Davon
allein wurden 6 Millionen vernichtet. Menschen, die gewissen
Parteibonzen im Wege standen, auch die, die angeblich
Auslandsender hörten, als asozial galten, Irrsinnige aus den
Irrenanstalten, alte Leute in den Krankenhäusern,
Missgestaltete, sie alle mussten sterben. Wer gab ihnen das
Recht, einem anderen das Leben zu nehmen? Wo bleibt die
Religion, die Moral, das Menschliche, der Glaube an die

Menschheit und an einen Gott?

Was sagte „Göring", am 3.März 1939 veröffentlicht?

„Volksgenossen! Meine Maßnahmen werden nicht angekränkelt sein durch irgendwelche juristische Bedenken. Hier habe ich keine Gerechtigkeit zu üben, hier habe ich nur zu vernichten und auszurotten, weiter nichts!"

Den Führern ist es gelungen, das Ansehen in der Welt, das Deutschland noch hatte, zum Sinken zu bringen, denn das Ungeheuerliche, das sich in den KZ abspielte, drang bald in die ganze Welt.

6.Juni 1941, 8 Uhr: Ich war um halb acht Uhr morgens in die Stadt gegangen, um einiges für den Haushalt zu besorgen. Als ich zurück kehrte, standen im Hof zwei Männer und fragten: „Hören Sie, wir sind zu Ihnen gekommen, weil wir hörten, Sie können gut Karten aufschlagen. Wir wollen wissen, was uns die Karten für die Zukunft zu sagen haben."

„Karten aufschlagen? Meine Herren, da sind Sie an der falschen Adresse, das kann ich nicht, ich bin Gärtner." Da zeigten mir die beiden Häscher die Gestapomarke. „Kennen Sie das?" „ Ja, die Herren sind von der geheimen Staatspolizei. Was.." „ Hausdurchsuchung." „Bitte, meine Herrn, was wollen Sie bei mir finden? Ich helfe Ihnen beim Suchen." „ Bei dem was wir suchen, dazu brauchen wir Sie nicht." Ich sperrte die Küche auf und auf dem Tisch stand der Radioapparat. Das sah der eine, Magere, der so verbissen dreinschaute, und wollte den Apparat mit schon ausgestreckter Hand berühren mit den Worten „ Der steht am Auslandsender!" Ich schrie ihn an: „Weg mit der Hand!" und stieß die Hand weg. „Der steht am Grazer Sender. Ich stelle jetzt das Radio an, es ist bis 10 h Pause." Bis 10 Uhr meldete sich kein Sender, um 10 Uhr meldete sich dann Graz sehr laut, als wir uns im großen Zimmer befanden. Die Küche war abgesperrt, da ich den beiden nicht traute. Im Zimmer, in der Küche, im Kabinett, im Glashaus und im Schuppen wurde alles gründlich durchsucht. Im Schreibtisch wurden sogar die einzelnen Karten und Briefe gelesen. Sie fanden auch ein Hitlerbild. „Warum ist das Bild nicht eingerahmt und an der Wand angebracht?" „Entschuldigt, ich werde es nachholen und unseren Führer dann aufhängen" „Wie meinen?" „Ja, doch, das Bild aufhängen."

Im Zimmer hing auch das Ölporträt der Mia, vom Maler Hacker in Graz gemalt. Gestapomann P. fragte leise: „Wer ist diese Frau? Ich kenne sie doch. Ist sie nicht Fürsorgerin?" „Ja, sie ist Fürsorgerin und meine Tochter." P. sah mich lange an, während der andere meine Bücher aus der Stellage durchsah und einige auf die Seite legte. Es waren Bücher von Tolstoi, Dostojewski, Turgenjew, Arzibacew, auch Quo vadis und Ben Hur. Harmlose Literatur. Da meinte P., immer noch leise redend: „Ich kenne auch Ihre zweite Tochter, ich wohne in der …. Straße, unweit von ihrer Wohnung. Von der Frau Mia kenne ich auch den Mann." Es ging schon bald auf 12 h, und die Untersuchung wurde beschleunigt. Endlich, nachdem sie nichts gefunden hatten, gingen sie zum Auto, und der Schreckliche nahm unter meinem Protest die Bücher mit. Um halb eins, kaum hatte ich den ersten Löffel Suppe in den Mund gesteckt, war der Unheimliche unter meinem Küchenfenster und schrie hinauf: „He, Sie da, kommen Sie herunter, Sie fahren mit." Ich hatte eine kurze Lederne an und nur Stutzen und Schuhe, zog noch meinen Rock an und fragte: „Könnte ich mich schnell umziehen und eine

Unterhose anziehen, auch etwas essen möchte ich noch und etwas Geld mitnehmen." „Nein, Sie müssen sofort, wie Sie sind, herauskommen." Na ja, dann ging ich, setzte mich ins Auto, und wir fuhren zur Gendarmerie, dort musste ich eine halbe Stunde im Auto warten. Vorübergehende sahen mich entweder schadenfroh und hämisch an oder aber auch mitleidig, je nach der Gesinnung. Endlich ging die Fahrt los, als beide Gestapomänner zustiegen. Während der Fahrt fragte ich, warum ich eigentlich nach Graz mitkommen muss. „Das werden Sie schon sehen." Auf meine höfliche Frage wurde mir das Rauchen erlaubt. Schweigend sah ich zum Autofenster hinaus, und meine Gedanken waren bei meiner Familie. Warum das Ganze? Ich tat doch niemandem was zu Leide, noch habe ich mich irgendwie über die Partei geäußert. Meine Frau war sofort in Tränen, und Helene, die nachmittags kam, sagte zu ihr: „Mutter, wer weiß, ob Vater überhaupt wiederkommt."
Bei der Burg, im Gestapo-Gebäude angekommen, sagte mir P.: „Herr Souček, wenn Sie wollen, können Sie bis drei Uhr in die Stadt gehen, aber seien Sie dann pünktlich, ich bin hier in diesem Zimmer. Alles weitere werden Sie dann hören. Haben Sie etwas Geld bei sich? Kaufen Sie sich was zu essen." Na schön. Ich verschwand und ging in der Sporgasse in ein Gasthaus. Ich bekam nur saure Bohnen, da ich keine Lebensmittelkarten bei mir hatte. Um drei Uhr stand ich vor der Tür und um viertel vier Uhr kam der Magere, rief mich in seine Kanzlei, legte seinen Revolver vor sich auf den Tisch und fragte mich, warum ich kein Parteimitglied bin. „Herr, Sie haben heute selbst gesehen, dass ich eine Gärtnerei habe, die Leute kommen um Sämereien und Pflanzen. Ich bin immer

angehängt und muss auch schwer arbeiten. Ich kenne keinen freien Sonntag und keinen Feiertag, denn ich halte als Luftschutzlehrer Vorträge und Übungen. Ich glaube, ich diene der Partei mehr, wenn ich die Leute mit Pflanzen und Gemüse versorge. Ich möchte Sie bitten, mir zu sagen, was gegen mich vorliegt. Auch bitte ich, Herrn Obersturmbannführer W. In der Kaiserfeldgasse 5 anzurufen und ihm zu sagen, dass ich hier bin. Er ging ins Nebenzimmer, nahm dabei den Revolver mit und rief den Major W. an. Was er mit ihm sprach, hörte ich nicht. Doch als er zurück kam, musste ich einen Akt unterschreiben, den ich vorher durchlesen musste. Darin stand unter anderem was alles verboten war. Das war auch mit Tinte geschrieben, auch dass Hypnose verboten ist und ich bei schwerer Strafe nicht sagen darf, dass ich bei der GESTAPO war. „Herr, ich sage bestimmt nichts, aber die Leute haben gesehen, dass Sie mich holten." „ Dann sagen Sie, Sie sind nur so mitgefahren."
Ich musste noch warten, und endlich kam P. und sagte mir, dass durch seine Fürsprache alles auf das Beste geregelt wurde. „Kommen Sie, Herr Souček, ich fahre Sie zurück nach Voitsberg." Ich stieg beim „unteren Kutroff" aus und ging schnell nach Hause. Als mich die Steffi Engelbrecht (Steffi arbeitete in der Gärtnerei) und ihre Mutter, die Frau Jandl sahen, weinten sie vor Freude, und Stefferl schwang sich aufs Fahrrad und eilte zu meiner Frau auf den Bahnhof, um ihr die freudige Mitteilung zu machen, ich sei schon zurück. Meine Frau hatte schon die Karte nach Graz, und einige Minuten später wäre sie nicht zu erreichen gewesen. Na, Ende gut, alles gut.
Ein paar Tage darauf hörte ich in der Stadt, dass Pg.

Zellenleiter St. einer Frau eine Wohnung angetragen hatte. Die Frau lehnte den Antrag ab mit den Worten : „I hob eh a Wohnung, suchn S´ihna selba ane." Da sagte der Pg.: „I hob bold s ganze Haus, denn der Souček und der Weißenhofer kommen ins KZ." Ja, der Weißenhofer, Jandl und noch einige, die für die KP einzahlten, wurden verhaftet. Jandl, Unger und noch einige wurden geköpft, da der Herr Kreisleiter E. Ein Exempel statuieren wollte, doch darüber später noch. Weißenhofer kam nach dem Kriege krank an Körper und Seele heim.

In memoriam Theobald Weißenhofer

Ein lieber Freund und guter Kamerad wurde uns nach kurzem Leiden im Alter von 77 Jahren genommen. Ein Mensch, schaffensfreudig, hilfsbereit, allen gefällig und freundlich grüßend, ist nicht mehr. Jahrzehnte war er bei der GKB angestellt, dienstbewusst und korrekt wie immer. Seine Frau Sophie war ihm ein guter Kamerad, besonders in der schweren Zeit des Zweiten Weltkrieges, als Theo am 21. August 1941 verhaftet wurde und im

Landesgericht in Graz zwei Jahre in Einzelhaft und dreiviertel Jahre in Marburg inhaftiert, nur weil er anderer Gesinnung war. Von Marburg kam er nach Bernau, Bayern, zum Moorstechen, wo viele, die durch die schwere Arbeit gänzlich erschöpft, nicht mehr weiter konnten, ganz einfach umgebracht wurden.

Da kam als Retterin seine Frau nach Bernau und bat knieend den KZ-Kommandanten, Theo zu versetzen. Tags darauf kam Theo nach Bruckmühl 211als Modelltischler in ein Werk. Am 2. Mai 1945 wurde er befreit und hatte Freunde gefunden, die den sehr geschwächten Theo so weit herstellten, dass er am 22.Juni 1945 nach Kowald in sein Heim und zur Frau kommen konnte. Da er am Leben blieb, machte Theo Weißenhofer eine für alle Industrie-Schornsteine rauch-und russverhindernde Erfindung, die in der Brüsseler Weltausstellung mit der goldenen Medaille ausgezeichnet wurde. Leider konnte Theo den Erfolg seines Patentes nicht erleben, dessen Erfindung in vielen Zeitungen des In-und Auslandes besprochen wurde. Theo Weißenhofer war als Naturfreund beliebt und auch bei der Bergwacht tätig und jahrelang im Kowalder Gemeinderat.

Alle, die Weißenhofer kannten, werden ihn in bester Erinnerung behalten. Souček

(Nachruf in Lokalzeitung, wörtlich abgeschrieben, H.ST.)

Krieg; 1941, 1944;
„Ostarbeiter" werden zugeteilt.

Am 21.Juni 1941 übrschritten die deutsche Armeen die Grenze zu Russland, die lange Grenze, vom Nordmeer bis zum Süden, der Pakt mit Russland gebrochen. Der überraschende Einmarsch an der ganzen Front gelang, weil Russland ganz unvorbereitet die Grenze mit wenig Militär besetzt hielt. Russland vertraute Hitler, der auf die Frage von Stalin und Molotow, warum so viele Divisionen an den Grenzen lägen, antwortete, sie bezögen nur Erholungsquartiere.

Die russischen Soldaten wehrten sich fast gar nicht, sie sahen

den Einmarsch deutscher Truppen als Erlösung von der roten
Diktatur an. Es wurden täglich Siege an der ganzen Front
gemeldet, und der Vormarsch der Truppen nahm solche
Formen an, dass man schon von der baldigen Einnahme von
Moskau und Leningrad sprach. Über die deutschen Siege
freuten sich England, Frankreich und Amerika anfangs sehr,
einerseits, weil diesen Ländern der Kommunismus ein Dorn
im Fleische war und seine Niederringung ein Bedürfnis und
andererseits, weil die deutschen Truppen auf Jahre an
Russland gebunden würden. Hörte ich doch im Radio, wie
Hitler nach dem Einmarsch im Radio sagte: „Und ich werde
bestimmen, wo in Russland die Grenzen gezogen werden, bis
zum Ural!" Mia hörte der Rede damals zu und sagte: „Hast
gehört, Vater, was Hitler sagte? Die Grenzen werden beim
Uray gezogen!"(Einem Kaufmann in Köflach!)
Dann hörte ich noch die großsprechenden Worte: „Bevor ein
Deutscher verhungert, werden alle anderen verhungern, wir
holen uns ganz einfach, was wir brauchen."
Ja, sie holten sich überall alles. Raub, Mord, Vergewaltigung
und Plünderung auf der Tagesordnung; ganze Dörfer und
Städte entvölkert, niedergemacht vom Säugling bis zum
Greise, unter dem Deckwort, es wären ja alle Einwohner
Partisanen, das Vieh aus den Ställen getrieben und alle
Häuser eingeäschert, die Toten in das Feuer geworfen.
Hunderttausende junge Menschen, Mädchen und Burschen
wurden in die Sklaverei getrieben, zur Zwangsarbeit
verurteilt. Menschen mit jüdischem oder auch asiatischem
Typus wurden erschossen. Transporte junger Menschen
kamen in Voitsberg und allen Bezirken der Ostmark und des
deutschen Reiches an, oft ganze Familien mit erwachsenen

Kindern wurden für die Landwirtschaft zugeteilt oder auch für die Industrie. Dafür mussten unsere Männer einrücken.

Eines Tages kam wieder ein Transport mit Ukrainern und Russen an, lauter jungen Leuten, auch ganzen Familien. Sie standen beim Arbeitsamt in Gruppen zusammen und wirkten besorgt über ihre Zukunft in der Fremde. Ich fragte sie, wieso sie hierher gekommen wären, warum mussten sie fort? Haben sie sich freiwillig gemeldet? „Ja, pane, das war so: Unsere Ortschaft wurde vom deutschen Militär besetzt, und eines Tages wurden wir, wie wir hier nun sind, auf den Hauptplatz zu einer Versammlung gerufen. Dort wurde uns mitgeteilt, wir sollten ab Sonntag abends einige Stationen weit zu einer gut bezahlten Arbeit fahren. Wir sollen das schlechteste Wochentagsgewand anziehen, und an jedem Samstag kommen wir wieder heim. Sonntag um vier Uhr bestiegen wir die bereit gestellten Lastautos und wurden zwei Fahrstunden weit zur Bahn gebracht und einwaggoniert. Die Deutschen hatten uns belogen. Wir durften während der Fahrt fast nirgends aussteigen, wir fuhren 3 Tage und 4 Nächte. An Verpflegung hatten wir nur, was wir mitgenommen hatten, und unterwegs bekamen wir nur etwas Brot und Tee." Ja, da ist des Rätsels Lösung, warum die Ostarbeiter mit den schäbigsten Gewändern ankamen! Diese russischen Untermenschen hatten ja nichts zum Anziehen, haben keine „Kultura", wie es in allen Zeiten groß geschrieben wurde. Nachdem ich noch eine Weile beim Arbeitsamt gestanden war, kam Bewegung in die Masse, denn es kamen und standen schon einige Bauern und Bäuerinnen aus allen Dörfern des Bezirkes und nahmen die zugewiesenen Arbeitskräfte mit. Da sah ich viele bittere Tränen beim

Abschiednehmen fließen, und das Gemeinste was ich sah,
dass Arbeitsamtsleiter R., ein junger Pg., , Familien
auseinander riss, obwohl es genug Bauern gab, die ganze
Familien zu sich genommen hätten. Ich sagte das einem
Beamten und meinte, sie sollen doch etwas Rücksicht auf die
Menschen nehmen und sich selbst in ihre Lage versetzen.
Denn es wurden vier bis fünf Personen auf vier bis fünf Orte
verteilt, die weit auseinander lagen, wie etwa eine Person
nach Söding, die andere nach Hirschegg, die dritte nach
Kainach, die vierte nach Steinberg, die fünfte nach
Lobmingberg, so wie ich es eben hörte. Da wurde mir gesagt,
das sei ein Befehl von oben.
Am selben Tag kam eine Frau mit einem Polen in der
Mittagszeit zu mir. Die Frau war eine Bäuerin aus Gaisfeld, die
ich gut kannte. Sie kaufte bei mir Pflanzen. Ich bediente sie,
und da sprach mich der Pole auf Deutsch an. „Herr, würden
sie so gut sein und mir einen Schluck Wasser geben, denn ich
soll, wie es heißt, das Brunnenwasser nicht trinken." „Sie
bekommen von mir einen guten Most." Meine Frau reichte
den Most vom Fenster aus. Der Pole hieß Stefan Mendocha,
geboren in Lemberg, und Lemberg gehörte nach dem Vertrag
mit Hitler zur Ukraine und wurde vom deutschen Militär
besetzt. Am 6. November 1941 hat über Moskau ein
ungeheurer Luftkampf stattgefunden. Flugzeuge sind
brennend abgestürzt, und die deutschen Panzerspitzen sind
in Moskau eingebrochen.
Ein Jubelgeschrei in allen deutschen Zeitungen, und doch
hörte ich, dass die Russen den Sieg bei Moskau im schweren
Kampf errungen hatten und Stalin die inhaltsschweren Worte
durch den Rundfunk sandte: „Hitler-Deutschland wird unter

der Last seiner Verbrechen unaufhaltsam
zusammenbrechen."
Noch diktiert Hitler mit seinen Anhängern weiter. Eine
Audienz nach der anderen wird im Fuchsbau am Königssee
oder in Berlin Königen, Bischöfen, Generälen gewährt.
Mussolini, Hlinka von der Slowakei und General Horthy,
Reichsverweser von Ungarn, die damaligen Spitzen aus
Kroatien, Slawonien und Slowenien werden zu ihm beordert.
Generäle, bewährte Strategen wie Brauchitsch werden
abgesetzt, und er, der allmächtigste Gefreite und oberste
Kriegsherr lässt jeden, der sich seinen Plänen und
Anordnungen nicht willig fügt, einsperren, umbringen. Und
wenn es sein muss, lässt er ihn – als Tarnung seiner bösen
Tat – mit einem Staatsbegräbnis beerdigen und spricht am
Grab Trostworte für die Hinterbliebenen. Wie schön war die
Leich! Alle hohen Würdenträger in Stiefeln, feiner Montur,
mit einem Ordenbehang, für den die Brust bald zu klein war,
Göring mit dem Marschallstab als Generalfeldmarschall,
Baldur von Schirach, General List, General Löhr, Goebbels,
Papen, Jodl, Himmler, Großadmiral Dönitz, Generaladmiral
Friedeburg und viele andere von ihnen- wenn sie wüßten,
was ihnen bevorsteht, würden sie wahrscheinlich auf all die
Herrlichkeit verzichten. So Göring auf seine gestohlenen 13
Schlösser mit allen alten Gemälden aus den Staatsmuseen.
Es blieb nicht nur bei Russland, sondern die
Eroberungsgelüste gingen weiter. Die Besetzung von
Frankreich, Belgien, Holland und Norwegen wurde mit großen
Opfern an Menschen und Kriegsmaterial vollzogen. Immer
weiter ging der Marsch der deutschen Stiefel. Man las vom
Einmarsch in die Krim, von der Einnahme von vielen Städten

wie Paris, von Cherbourg am Canal Calais gegenüber England, von ganz Belgien, von Norwegen bis an den Nordpol, von Griechenland, der Insel Kreta, mit enormen Verlusten an Menschenleben; von der „Rommeliade" in Nordafrika. Ja, „alle Räder rollten für den Sieg". Auch die Unterseeboote vernichteten fast die ganze englische Flotte, und viele Milliardenwerte versanken auf dem Meeresgrund. Viele Flugzeuge der deutschen Armee verrichteten in allen uns feindlichen Ländern ihr Vernichtungswerk, und doch hörte man später von immer größeren Verlusten an Flugzeugen und Unterseebooten, als auch Amerika gegen uns in den Kampf zog. Obwohl alle Rüstungsbetriebe auf Hochtouren liefen, konnten die deutschen Armeen nicht so mit Panzern, Geschossen, Flak und allem zum Krieg gehörenden Material versorgt werden, wie man es sich in der Reichskanzlei wünschte. Ein Misserfolg nach dem anderen stellte sich ein. Der Wechsel an Generälen machte es nicht besser, auch wenn der heißgeliebte Adi im Berghof oder in der Reichskanzlei noch so tobte.Noch hatten wir die V I und die V II –Waffen, die die Flugzeuglücken ausgleichen konnten. Ein harter Kampf wütete bei und um Staligrad, Leningrad und um andere russische Städte. Hunderttausende kämpften bei Stalingrad bei bitterster, strengster Kälte um ihr Leben. Tausende lagen erfroren im Gelände, zermürbt, verhungert. Stalin konnte sein ganzes Heer einsetzen, das er von Kamtschatka, der Mandschurei und der Gegend von Wladiwostok abziehen konnte, denn Japan hatte sich verpflichtet, Russland nicht anzugreifen. Am 31. 1. 1943 vollzog sich der letzte Akt: der Oberbefehlshaber bei Stalingrad, „Paulus", hatte mit dem

Rest von 100000 Mann kapituliert. Ein riesenlanger Zug von armen, von Hitler gänzlich im Stich gelassenen, verhungerten Menschen bewegte sich in das Innere von Russland, frierend einem ungewissen Schicksal entgegen, alle Hoffnung auf ein Wiedersehen mit den Lieben in der Heimat begraben. Viele starben noch unterwegs und viele in den Lagern bei wenig Brot und Kascha. Das war „ der Fluch der bösen Tat", denn die Deutschen hatten alles Essbare geraubt und hielten die fruchtbaren Länder besetzt, sodass den Russen selbst nicht viel übrig blieb. Im Buch „Mein Kampf" schrieb doch Hitler selbst: „Ein Schuft ist der Heerführer, der seine Truppen im Stich läßt". Mein göttlicher Führer, du warst doch in Stalingrad, warum bist du nicht geblieben, dann hätte die Rede „Meine Soldaten, ich wünsche, dass ihr ausharret und bis zu letzten Mann kämpft" einen Sinn gehabt und viele Millionen Menschen wären am Leben geblieben, wenn auch du mit Paulus das Los geteilt hättest. In Österreich wäre keine Bombe gefallen und der Krieg wäre wahrscheinlich zu Ende, denn schon Anfang des Jahres 1943 glaubte kein Mensch mit Anstand und menschlichem Fühlen an einen Sieg.

Kaum war der Polenfeldzug vorüber, und die deutschen Armeen überfielen Russland, kam eines Tages Herr Sparkassendirektor Dr. B.....sky zu mir mit einer, wie er meinte, für mich freudigen Mitteilung: „ Herr Souček, Sie sind, wie ich weiß, ein sehr tüchtiger Fachmann. Wir wollen Ihnen zu einer großen Gärtnerei verhelfen, da Ihre Gärtnerei hier zu klein ist." „So, wo wäre die Gärtnerei?" „In Polen, in einer großen, schönen Stadt." „Gehen auch Sie, Herr Doktor, nach Polen?" „Nein, warum ich?" „Na, wenn Sie nicht gehen, warum soll ich dann gehen? Weil ich Souček heiße? Sie heißen B.....sky. Hören Sie, Herr Doktor, ich bin in Wien geboren, ich habe für Österreich gekämpft und mich hier sesshaft gemacht, und jetzt soll ich ins Ungewisse? Eine Gärtnerei übernehmen, um die andere, vielleicht langjährige Besitzer darum weinen, die davongejagt, vielleicht umgebracht werden? Nein, wer gibt mit die Garantie, dass ich nicht auch davongejagt werde?" „Ja, wie reden Sie, Herr Souček? Wir sind doch auch in Russland in Vormarsch, unaufhaltsam marschieren unsere Truppen, und bald werden Moskau und Leningrad fallen. Und haben wir einmal den Ural, dann haben wir auch bald Asien." „Ja, Sie haben Recht, auch Napoleon war in Moskau und hat doch verloren. Mein letztes Wort, ich gehe nicht."

Warum ich von hier sollte, wusste ich tags darauf, als Herr Sepp X. zu mir ins Haus kam und sich breitspurig, SS-mäßig vor mich im Zimmer hinstellte und sprach: „Dass es wiss´n, Ihna Haus übernimm i, des wird mei Kanzlei, ob S´wollen oder net."

Sepp X., Angestellter der Bauernkammer,sonst ein „Schwarzer" durch und durch, war auf einmal Parteigenosse. Gegenüber von meinem Haus, an der Bahn, wurde für die Landwirtegenossenschaft ein Magazin errichtet, und nun sollte auf den „Kirchenäckern" unweit von meinem Haus eine Molkerei errichtet werden. Eines Tages sehe ich auf dem von mir von der Kirche gepachteten Acker eine Menge Herren stehen, darunter Sepp X.. Ich ging hin und hörte eine Weile zu. Es waren einige Herren aus Wien dabei, sie hielten Pläne in der Hand, erklärten die Bauweise, sprachen vom tiefen Keller usw.. Ich ging zu den Herren hin und fragte sie, ob der Keller tief und trocken sein muss. Ja, natürlich, das sei

Voraussetzung. „Dann bitte, meine Herren, kommt mit zu mir hinüber, ich zeige Ihnen meinen Keller." Die Herren gingen mit und sahen, dass in meinem Keller 60 cm hoch das Wasser stand. „Bitte, sehen Sie sich den Keller bei G. an, da steht das Wasser das ganze Jahr, und auch bei Ihnen, Herr X., ist der Keller ständig unter Wasser." „Herr", sprach ein Herr Oberbaurat, „ich danke Ihnen, dass Sie uns aufmerksam machten. Meine Herren, Sie haben alle gehört und gesehen, dass das Grundwasser hier sehr hoch ist und folgedessen sich der Grund für das Bauvorhaben nicht eignet. Es ist schade, wenn wir darüber noch Worte verlieren. Gehen wir."
Na, Sepp X., warum schaust mich so blöd an? Passt dir was nicht? „Heil Hitler, meine Herren."
Wer da glaubt, ich hatte meine Ruhe! Die Ruhe war nur vor dem Sturm. Ohne viel Gerede wurden die Kirchengründe von der Partei enteignet und auf Parteigenossen aufgeteilt, und zwar zahlte jeder, der einen Anteil erhielt, eine Reichsmark pro Quadratmeter.
Der Menschenverschleiß war derart groß, dass immer mehr Menschen einrücken mussten. Es sollte schon in Dörfern und Städten für diesen Zweck ausgebildet werden. So musste auch ich als Ausbilder oder Instruktor zur Dienststelle der SA., die sich in zwei Baracken zwischen Pfarrhof und Krankenhaus befand. Wohl gemerkt, ich m u s s t e, da ich sonst hart bestraft worden wäre. Eine Zeitlang machte ich oben, was mir befohlen, dann musste ich in die Glasfabrik als militärischer Instruktor. Das ging so über ein Jahr durch, zwei bis dreimal wöchentlich. Nicht nur Erwachsene wurden ausgebildet. Als ich einmal Kranzruten beim alten Brauhaus ober der Gaststätte Schlosshiasl suchte, sah ich noch Schulkinder im

Alter von acht bis vierzehn Jahren, die auf Kommando eines
vierzehnjährigen Knaben militärisch ausgebildet wurden und
„Auf und nieder" machten. Ich sah eine Weile zu bis mich der
Zorn packte. Der Lausbub trat den Kleinen, die nicht
nachkonnten, in den Hintern. Einige Knaben weinten, und
einer konnte oder wollte nicht mehr mit. Da bekam er ein
paar Frausthiebe ins Gesicht und auf den Kopf, bis ihm das
Blut aus der Nase rann. Nun konnte ich mich nicht mehr
zurückhalten, ging hin und schmierte ihm eine. „Du
Rotzpippn, du elendige, warum schlagst du jeden? Wenn ich
das noch einmal sehe, dann bekommst noch einmal ein paar
Watschen!" Da stellt sich der Knirps vor mich hin und sagt:
„Das werden Sie büßen, ich bin ein „Führer". Ich werde Sie
anzeigen, und wenn ich so einen Hund totschlage, das geht
Sie nichts an!" So ein Frechdachs, das wird der beste
Verbrecher in der Montur, wenn der Krieg noch lange dauert!
Als ich abends in die Luftschutzdienststelle kam und den
Vorfall dem Parteigenossen Sch. bekannt gab, sagte er darauf:
„Der Hitlerjugendführer hat ganz richtig gehandelt. Er soll nur
die Buben schleifen und strafen, das werden dann die besten
Soldaten. Übrigens, der Junge hat sich wegen Ihres
Benehmens schon beschwert! Mischen Sie sich nicht in
Sachen ein die Sie nichts angehn, denn auch bei der
Gendarmerie hat sich Gendarm R. über Sie beschwert, da Sie
schon dreimal seine Amtshandlung störten." Donnerwetter,
auch der brutale Sadist R. beschwerte sich? Das erste Mal war
ich beim E. und da sah ich, wie ein Pole im Hemd ohne Rock
nahe der Straße ackerte. Ich sprach noch mit ihm und gab ihm
von meinem Eigentabak. Da kommt der Gendarm R. und fragt
wo das P sei, das jeder Pole sichtbar am Rock zu tragen hatte.

Als der Pole meinte, am Rock, und der hänge am Baum, wohin er zeigte, beschimpfte ihn der Gendarm: „ Du polnische Sau, waßt net, dass das P auch am Hemd sein muss? R. rieb ihm mit dem Gummiknüttel ein paar über den Rücken. „Und nun zahle 5 Mark Strafe, du verfluchter Hund!" Ich musste dolmetschen, denn der Arme brachte vor Schmerz und Aufregung keine deutschen Worte. „Herr, ich habe kein Geld." Ich zahlte die 5 Mark und hielt dem Gendarmen seine Rohheit vor. Was würde der sagen, wenn ihm das in der Fremde geschähe? Er soll doch menschlich handeln und gerecht. Er hatte ja das P am Rock. „Ja, wenn er auch kein Hemd anhat, dann muss er das P auf der Haut, am bloßen Körper tragen. Das zweite Mal geschah es an einem Sonntagmorgen im Sommer, als der Pole Stanislav, ein wirklich braver und arbeitsamer Mensch, der den Besitz von Dr. Rittler vom Schloss Greissenegg wie ein Verwalter betreute, mit der Milchfuhr zum Milchring ankam. Kaum stand der Wagen, als schon R. hinzusprang und den Stani, der ohne Rock war, fragte: „Wo hast du Schweinehund dein P?" „Zu Hause lassen." Da zog er Stanislav vom Kutschbock und hieb auf ihn ein, dass der arme Kerl auf der Straße nur so hin und her flog. Da konnte ich nicht anders als mich in die Amtshandlung einmischen. Er wollte auch mir ein paar runter hauen, da sagte ich, er soll es versuchen, das Weitere wird er dann sehen. Ich kenne höhere Herren, die ihm das einstellen werden. Ich brauche nur nach Wien zu schreiben, und er ist erledigt. Das dritte Mal in Gaisfeld: R. kaufte billig Äpfel beim Mayer, fast eine Fuhre und fuhr damit nach Voitsberg. Da komme ich gerade dazu, wie er den armen Teufeln an der Station Gaisfeld Rucksäcke mit Äpfeln abnehmen wollte, und auch da mischte ich mich ein, leider ohne Erfolg. Weinend und schimpfend fuhren sie ohne Obst heim.

Einmal kam ich bei einer Bäuerin in Arnstein vorbei und sah, wie eine Arbeiterfrau, die vier Kinder hatte und deren Mann eingerückt war, Klaub-oder Falläpfel von der Bäuerin kaufte und pro Kilo genauso viel zahlte wie für Pflückobst.

Die Bauern nützten den Mangel an Nahrungsmittel so aus wie auch im ersten Weltkrieg um sich zu bereichern. Der Schleichhandel blühte trotz schwerer Strafen. Besonders Schwarzschlachtungen wurden streng bestraft, oft sogar mit KZ.

Als ich einmal im Spätherbst, es hatte schon einige Grade unter Null, mit dem ersten Zug nach Graz fuhr, stiegen in Lieboch zwei Männer mit schwer bepackten Rucksäcken ein. Die Rucksäcke gaben sie auf die Gepäcksträger, zwei volle Taschen stellten sie unter die Bank. Während der Fahrt tropfte aus einem Rucksack Blut auf meine Hand. Ich sagte nichts sondern ging in den nächsten Waggon, da saßen zwei mir bekannte Gendarmen. Die besahen bald die Gepäcksstücke der Passagiere. „Herunter damit, da scheint frisches Fleisch drinnen zu sein." Sie hatten das Schwein von einem Bauernhof gestohlen, mit der Hacke betäubt und dann zerschnitten in Rucksäcke gepackt. Es waren zwei schon lange gesuchte Männer, die die Weststeiermark unsicher gemacht und Geflügel, Schafe, Schweine und auch Hunde gestohlen hatten. Das Fleisch wurde im Schleichhandel verkauft.

Am selben Tag besuchte ich einige Gärtnereien in Graz, wo ich Verschiedenes einkaufte. Trotz der Kälte in der Nacht war der Tag schön warm, und ich kehrte auf ein Glas Bier in das Gasthaus „Zum lustigen Bauern" ein, das am Weg zum Graz-

Köflacher Bahnhof lag. Wie staunte ich, als ich dort die Wirtin Frau Pullmann traf, die ich das erste Mal in der Mühle in Buchberg am Kamp sah, später in Klein Mariazell, und Ihr Mann half dann in unserem Gasthaus in Rainfeld als Kellner aus! Ihr Mann arbeitete dann in Kaprun und hat ein Auge bei der Arbeit eingebüßt.

Der furchtbare Krieg ging weiter, trotz des deutschen Rückzuges von allen Fronten, so auch im Juni 1944, als die Engländer und Amerikaner einen Großangriff auf den nordwestlichen Teil von Frankreich wagten. Mit tausenden Fahrzeugen und ungeheuren Vernichtungsmitteln, mit allen zur Verfügung stehenden Flugzeugen und Fallschirmspringern überfielen sie überraschend im Morgengrauen, fast noch nachts, die französische Küste an vielen Orten.(*Anmerkg.: eine Reihe von Orten angegeben, H.St.)*

Der Überfall kostete auf beiden Seiten unvorstellbare Verluste an Menschenleben und Waffen, doch es gelang der Durchbruch. Leider musste auch mein lieber Schwiegersohn Franz sein Leben lassen. Als Leiter einer Wetterwarte konnte er sich noch absetzen, kam bis Fouges, von dort mit einem Auto gegen LeMans, wo er mit einigen Kameraden von Heckenschützen schwer verwundet wurde und, ohne das Bewusstsein zu erlangen, starb.

Für einen deutschen Soldaten wurden fünfzig bis hundert andere, etwa Kommunisten, liquidiert. (*Hier erwähnt wird der Erlass vom 16.9.1941, Anmkg. St.)* Trotz dieser brutalen Maßnahme steigerte sich die Partisanentätigkeit von Jahr zu Jahr. Dieser Kampf gegen einen unsichtbaren Gegner gehörte mit zu den grausamsten Kapiteln des zweiten Weltkrieges. Erbarmungslose Kämpfer waren zum Schluss die sowjetischen

Partisanen, und erbarmungslos wurden sie von den deutschen Einheiten bekämpft.

Erbarmungslos waren auch die Faschisten in anderen Ländern, zum Beispiel in der Tschechei. Reichsstatthalter P.G. Heydrich wurde von Tschechen umgebracht, und dafür wurden im Ort Lidice bei Kladno von den deutschen faschistischen Banden, die das Land okkupierten, am 10. Juni 1942 192 Männer im Hof des Bauern Horak auf furchtbare Weise ermordet. Es waren alle Männer des Ortes und auch 7 Frauen. 196 Frauen wurden in ein deutsches KZ geschleppt, davon wurden 53 bestialisch umgebracht, sie wurden gemartert und zum Schluss vergast. Als der Krieg zu Ende ging, starben unterwegs noch drei Frauen, und von 104 Kindern, die ebenfalls im KZ waren, kamen nur 16 schwer krank an Leib und Seele nach Hause.

Jeder Widerstand war nutzlos, so war es ab 1940 noch in Holland, Belgien, Russland, Jugoslawien und allen von den Nazis und deren Formationen besetzten Ländern.

Der Umstand schließlich, dass die drei Großen, Churchill, Stalin und Rosevelt in Jalta zu einer Gipfelkonferenz zusammenkamen und Hitler mit aller Macht entgegen traten, und auch die Konferenz in Casablanca, die bewirkte, dass Nordafrika von den Deutschen befreit wurde, führten dazu, dass an allen Fronten der Rückzug einsetzte. Der „Wüstenfuchs" Rommel wurde überall gejagt, und als er Nordafrika verlassen musste, übernahm er die 7. Armee an der Nordfront von Frankreich. Auch Rommel musste auf den Befehl des heißgeliebten Führers sich eine Kugel in den Kopf schießen. Er hatte ihm gesagt, dass der Krieg nie gewonnen werden kann, und der Führer möge Frieden mit allen schließen. Nein, es wird bis zum letzten Mann gekämpft. Obwohl jeder Heerführer schon wusste, dass wir verlieren werden, gaben sie dem lieben Adi recht, bis auf einige. Ja, trotz dem unaufhaltsamen Vormarsch der Russen, Engländer und Amerikaner mussten auf Befehl der Generäle hunderttausende Soldaten nutzlos ihr Leben lassen, aber die Herren Heerführer und Schlachtenverlierer retteten durch rechtzeitiges Absetzen ihr so kostbares Leben. Sie stellten jeden Soldaten an die Mauer, der die Befehle als Menschenmord ansah und ebenfalls sein Leben retten wollte. Die hohen Herren sahen nur ihre Generalstabskarte, den Befehl des verrückten Führers vom grünen Tisch der Reichskanzlei, und leider hatten diese immer Recht. Die Masse, die vernünftig und praktisch dachte um das Morden einzuzschränken, war im Unrecht.

Deutschland hatte im zweiten Weltkrieg 5,5 Millionen Menschen verloren. 3,760.000 Offiziere und Soldaten fanden an der Front den Tod. Die Verluste der Zivilbevölkerung bei den Luftangriffen und Kämpfen werden auf eine halbe Million geschätzt. Außerdem zählt man noch 1,3 Millionen Tote als Folge der Massenflucht des Jahres 1945. Die Verluste der Volksdeutschen Mittel-und Osteuropas belaufen sich auf ungefähr eine Million Menschen; der Rückgang der Geburten auf zwei Millionen. Die Zahl der Deutschen, die noch in Gefangenschaft oder in Gebieten unter fremder Herrschaft leben sollen, wird nach einer amtlichen Statistik aus Bonn auf eine Million geschätzt. (*Anmerkung: zur Zeit dieser Aufzeichnungen des Autors Mitte der Fünfzigerjahre)* Die gegenwärtige Gesellschaft Deutschlands im Jahr 1956 betrug 71,2 Millionen gegenüber 69,3 Millionen im Jahr 1939,

die fünf Millionen Flüchtlinge und aus dem Ausland
Vertriebenen nicht eingerechnet.

Am 20. Juli 1944 trug Oberst von Stauffenberg, als er zu einer
Führerbesprechung in die Wolfschanze ging, in seiner
Aktentasche eine kleine Bombe, die er zur Explosion brachte.
Der Führer Adolf Hitler wurde durch einen Zufall nur
verwundet. Nach seiner Meinung war es die göttliche
Vorsehung, dass er am Leben blieb. Wäre das Attentat damals
geglückt, wären Millionen Menschen am Leben geblieben und
unzählige Sachwerte erhalten, und vieles hätte anders enden
können.

1944

Auf nach Jugoslawien zum Schanzengraben; abgeordnet als
Aufseher und „Hundertschaftsführer"

Es war Anfang November 1944, als ich einmal um halb sieben
Uhr abends den Befehl erhielt, am nächsten Tag um 5 Uhr
früh am Bahnhof zu erscheinen, um mit vielen anderen zur
Schanzarbeit nach Jugoslawien zu fahren und dort drei
Wochen zu verbleiben. Alle Läden waren schon geschlossen,
ich konnte auf die Reise fast nichts mitnehmen. Ich war mit
einem Rucksack ausgerüstet, mit Wäsche, einem Anzug zum
Wechseln und einem Paar Schuhe. Angezogen war ich gut,
mit Stiefeln und einem dicken, kurzen Überrock.
Am Bahnhof sammelten sich einige hundert Personen, dabei

130 Ostarbeiter. Als Tausendschaftsführer war Ing. L. von der Glasfabrik bestellt, und ich wurde von ihm zum Hundertschaftsführer bestimmt. Ich sammelte meine Mannen am Bahnhof und alle noch während der Fahrt Zugestiegenen am Graz-Köflacher Bahhof, und dann ging der Marsch los zum Puntigamer Bahnhof, wo wir auf den Zug warteten. Kaum warteten wir eine Zeitlang, war schon wieder Fliegeralarm und wir mussten uns gruppenweise verteilen, bis man die Bomber zurückfliegen sah. Gegen halb drei Uhr kamen wir in Maribor an und wir mussten sofort an die Arbeit nach Thesen *(Tezno)*. Die Flugzeuge, die wir sahen, drehten bei uns um und verbanden sich noch über Thesen mit dazu geflogenen Staffeln und bewarfen den Bahnhof so stark mit Bomben, dass die Waggons der dort stehenden Güterzüge aus den Schienen geworfen wurden und umgeworfen lagen oder auf dem Kopf standen. Alle Schienenstränge waren zerstört und es sah furchtbar aus. Um weiter zu kommen, mussten wir erst wieder wenigstens zwei Schienenstränge notdürftig in einen befahrbaren Zustand bringen. Es fehlte an Werkzeug, und so konnten wir bis zum Abend nur so gut es ging die Ordnung wieder herstellen. Die Explosionsgefahr war sehr groß, denn es brannten einige Benzintanks, und wir konnten die mit Munition beladene Waggons nicht aus der Gefahrenzone bringen. Abends marschierten wir nach Maribor, der einst von vielen Österreichern bewohnten Stadt Marburg,wo wir in der Musikschule übernachten konnten. In den einzelnen Räumen mussten Hunderte untergebracht werden, und so mussten wir wie die Heringe zusammengepfercht schlafen. Unangenehm waren die unzureichenden Klosettanlagen, denn bald ergoss sich der Urin aus den oberen Stockwerken

bis ins Parterre, die Ursache waren die überall mit Zigarettenstummeln und Papier verstopften Abflussrohre der Pissoirs und Klosette.

Mir gefiel die Stadt sehr gut, doch auch hier hörte ich von Gemeinheiten, Grausamkeiten und Gaunereien, die mitunter auch von eigenen Leuten aus Habgier, Hass oder Überheblichkeit begangen wurden.

Endlich fuhren wir am nächsten Tag weiter, und als wir in einen dichten Wald kamen blieb auf einmal der Zug stehen. Angeblich hätte jemand die Notbremse gezogen, was natürlich erlogen war, da nach einer kurzen Fahrt der Zug wieder stehen blieb und der Lokführer langmächtig Pfeifsignale gab. Wollte er uns nur erschrecken oder den Partisanen übergeben, wir wussten es nicht. Als er das Manöver wiederholte und zwar schon zu fünften Mal, sagte ich dem mitfahrenden jungen Gendarmen, er möge sich zur Lokomotive begeben, zusteigen und dem Lokführer zu verstehen geben, dass er erschossen wird, wenn er Dummheiten macht. Nun ging es glatt ohne Aufenthalt weiter. Während der Fahrt begegneten wir einem Zug mit den Schanzern, die wir abzulösen hatten. Unterwegs hörten wir oft Detonationen, nur wussten wir nicht ob es Abschüsse waren oder Sprengungen. Es waren Sprengungen, denn überall wurden Schützengräben ausgehoben und auch Panzergräben, die den Feind trotzdem nicht aufhalten konnten.

Es war stockdunkel, als wir in der Station Reichenburg ankamen. Einige SA-Männer führten die Abteilungen in die Quartiere. Meine 130 Mann gingen ohne mich, denn ich musste beim Ing. L. bleiben, um dann vom Ortsgruppenleiter empfangen zu werden. Im Finstern ist es für jeden Ankömmling in einem fremdsprachigen Land unheimlich, und noch dazu wurde von den begleitenden SA-Männern jedes laute Reden verboten, da sich überall Partisanen befänden. Die „Hiesigen", das heißt die Österreicher wurden in den großen Stallungen des Schlosses Reichenburg untergebracht, meine 130 Mannen in Reichenburg in Baracken, die oberhalb eines Sumpfgeländes errichtet waren, einquartiert.

70 Mädchen waren in der Schule des Ortes untergebracht. Ich schlief die erste Nacht beim Ortsgruppenleiter, einem Gasthausbesitzer, auf Stroh in einem Zimmer.

Am nächsten Vormittag musste ich hinauf zur Burg, wo die übgrige Mannschaft eingeteilt wurde. Mir wurden 10 Hundertschaftsführer zugeteilt, die die Aufgabe hatten, mit dem Gewehr bewaffnet eine Gruppe von 10 bis 20 Leuten zu bewachen und zu beaufsichtigen. Ich suchte mir die Mannen aus, unter anderem Martinelli und noch einige Voitsberger. Herr Panzenberger, ehemaliger Oberleutnant, übernahm die Sanität. Ich kam zu meinen Leuten und ging mit ein paar Männern, die sich krank oder nicht wohl fühlten, zum Arzt. Ein aus Deutschland gebürtiger Arzt war hier tätig. Auch ein paar Mädchen aus Russland, darunter eine Medizinstudentin, wurden von Herrn Panzenberger zum Arzt geführt. Der machte mit meinen „Mannen" kurzen Prozess. Er schrie jeden an. „Was, ihr wollte krank sein? Nein, ihr seid nicht krank. Ihr werdet arbeiten, dass ihr noch gesünder und kräftiger werdet und kommt mir ja nicht mehr!" Ich hatte einen Fussinvaliden aus Polen dabei, den er derart in den kranken Fuß stieß, dass der Mann vor Schmerzen aufheulte und ohnmächtig zusammenbrach. Ein Schlächter, ein ganz gemeiner, alter, versoffener Mensch, der nur trachtete, sich auf Kosten der Übrigen anzufressen, anzusaufen und die Mannschafts- zigaretten zu rauchen. Dem Mädchen, das wie es sagte, Medizinstudentin war und über Beschwerden mit der Bauchspeicheldrüse klagte und ein Medikament verlangte, sagte er: „Ziehen Sie sich aus, ganz nackt, ich werde Ihnen den Blinddarm und alles andere herausschneiden. Na los!" Natürlich ließ sie es nicht so weit kommen. Sie sprach genügend Deutsch und antwortete ihm: „Sie sind ein böser Mensch und ein schlechter Arzt, sonst würden Sie nicht so sprechen und nicht so gemein handeln." Er gab niemandem ein Medikament sondern nur Grobheiten. Seine Assistentin, eine dralle slowenische Dirn, die auch Deutsch sprach, hatte noch gemeinere Ausdrücke, und wenn jemand sich bei der Arbeit verletzte und zu ihr kam, den behandelte sie auf sehr rohe, sadistische Art. Als ich wegen einer Risswunde am linken Zeigefinger zu ihr kam um mich verbinden zu lassen, wollte sie mich mit Schimpfworten empfangen. Da kam sie mir recht. Ich ließ mir nichts gefallen und drohte ihr, dass ich trachten werde, an ihrer Stelle eine andere Sanitätsmaid zu bekommen. Da schmolz sie wie Butter an der Sonne.

So oft ich dann zu ihr kam, war sie sehr freundlich zu mir, aber die Wunde behandelte ich schließlich selbst, denn sie hatte immer den Verband so grob herunter gerissen, dass die Wunde mit aufriss. Bald war der Finger wieder in Ordnung. Wenn jemand nicht so schwer krank war, dass er das Spital aufsuchen musste, beließ ich ihn ein oder zwei Tage in der Baracke, ohne dass der Arzt konsultiert wurde. Der Fußinvalide verblieb als Aufsichtsperson über die Baracken, um täglich das Eigentum der Zwangsarbeiter zu schützen. Ich und zehn Mann, die „Zehnerschaftsführer", wohnten in der Nähe der Baracken in einem Haus an der Straße und lagen ebenso wie die Ostarbeiter auf Stroh.

Frühmorgens um halb sechs Uhr war Tagwache. Um sechs bis halb sieben kam der Wagen mit dem Frühstück, das aus einem Wecken Brot für zwei Tage und schwarzem Kaffee bestand. Anschließend war Vergatterung auf der Straße und Abmarsch zur Arbeit. Da ich die Polen, die Ukrainer und auch die Russen nach ihrer Nation geordnet in den Baracken aufgeteilt hatte, so marschierten etwa heute die Polen als erste, am zweiten Tag die Ukrainer, am dritten Tag die Russen vorne. Ich sollte immer alle zweihundert zur Arbeit führen, ich meldete auch dem Pionierhauptmann, einem Linzer, täglich zweihundert. Es fehlten aber vier bis fünf Marode und vier Schuhmacher, die ich mir beim Oberzahlmeister ausgebeten hatte, denn viele Bauern hatte ihren Knecht mit total zerrissenen Schuhen zur Arbeit geschickt. Kälte, Schnee und Regen wechselten täglich, und mit defekten Schuhen kann niemand arbeiten. Ich bekam für die Menschen 30 Paar neue Schuhe, wofür jedem „Beschenkten" 10 Mark von der kargen Löhnung abgezogen wurden.

Am ersten Tag mussten wir noch Werkzeug wie Schaufeln, Krampen und zwei Äxte fassen, und dann ging der Marsch schön schweigend zur Arbeit, in vier Reihen, ein SA-Mann voraus, der uns den Weg wies. Ich fragte ihn, warum wir keinen Lärm machen dürfen, da uns doch jeder sehen kann. „Ja, wissen S´, es san hier lauter Partisanen."

Auf dem Berg angekommen, wurden die Leute unter die Pioniere eingeteilt, und nun ging das Ausheben der Schützengräben an. Ich fragte den Offizier, ja müsse es denn

sein, da ich sah, dass die Gräben durch die schönsten
Weinberge gezogen wurden. Hat es überhaupt einen Sinn?
Nein, aber von höherem Befehl angeschafft!
Ich hörte von den Soldaten, die oft laut schimpfend und
fluchend die ihnen zugewiesene Arbeit verrichtete, kein gutes
Wort über den Krieg und die NSDAP. „Alls für d´ Katz, wos ma
da mochn, des überrennt der Russ, wir hobn scho in der
Ukraine und in Pommern solche Gräben gmocht, des kost
eam nur an Locha."(*Alles für die Katz, was wir hier machen,
das überrennt der Russe, wir haben schon in der Ukraine und
in Pommern solche Gräben gemacht, das kostet ihn nur ein
Lachen."*) Ja, Befehl ist Befehl. Mittags bekamen wir einen
Eintopf und nach dem Einmarsch wieder Kaffee.
Die in der Schule einquartierten Mädchen waren schon drei
Wochen hier und mussten noch einmal so lange hier bleiben.
Nachdem wir schon einige Tage zur Arbeit und von der Arbeit
im geschlossenen Zug marschiert waren, erschien vor uns
beim Aufstieg auf den Hügel ein Tiefflieger. Ich ließ halten
und die Gruppe ruhig stehen bleiben. Er flog sehr tief und
machte noch ein paar Schleifen. Nach der ersten Schleife
sagte ich: „Habt keine Angst, sondern, wenn er wieder
kommt, winkt ihm mit den Tüchern und Hüten", und das
taten wir. Der Flieger flog sehr tief und grüßte ebenfalls. Als
wir oben angekommen waren, lachten der Hauptmann und
die Soldaten über uns, die uns von oben gesehen hatten.
Der Tiefflieger kam noch öfters, flog über uns bei der Arbeit
ohne uns zu belästigen oder gar zu beschießen, und doch
schoss er oft einen Gurt voll Patronen auf eine Lokomotive,
die durchlöchert nicht mehr benutzt werden konnte.
Ich begleitete schon den dritten Tag den Zug und ließ

abwechselnd die Russen, die Polen und die Ukrainer immer singen, auch wenn wir durch die Stadt marschierten, trotz der Mahnung der SA und der Parteibonzen. Die ansäßigen Ortsbewohner kannten uns bald, und da ich mich mit ihnen verständigen konnte,wurde ich oft abends zu einem kleinen Plausch eingeladen. Was ich da oft hören musste, wessen sich der Herr Gauleiter Überreiter, der Liebling des Führers, der Schwiegersohn des Nordpolforschers Wegener, ein noch junger Mann, mit seinen Parteigenossen, der SS und der SA zuschulden kommen ließ, schlug den Boden aus dem Fass. Bauernhöfe wurden enteignet und mit der Gestapo die Bauern vertrieben oder ins KZ gebracht. Die Höfe wurden von Deutschen oder „Ostmärkern" aber auch von slowenischen Hitlerianern besetzt. Im Gutshof von Reichenburg standen die großen Ställe ohne Vieh, das die SS entführt hatte. Die Ackergeräte waren teils gestohlen oder standen verrostet herum.

Ich besuchte täglich einen in der Nähe unserer Arbeitsstätte hausenden Bauern, der mir immer etwas Wein verkaufte. Auch er war über die Zerstörung seiner Weingärten nicht entzückt, denn was hier hunderte Menschen an Erde und Steinen heraushoben, soll dann der Besitzer in monatelanger Arbeit wieder zuschütten. Es wurden zum Beispiel ganze Unterkünfte in den Felsen nahe des Schützengrabens gesprengt und mit Maronibaumstämmen ausgebaut. Auch Waldbäume und sogar Obstbäume mussten für diesen Zweck umgeschnitten werden; ein enormer Rückschlag für den Besitzer.

Es kam die dritte Woche, und alle freuten sich schon, dass das Schanzen bald ein Ende nimmt und alle nach Hause fahren können. Da traf die Nachricht ein, dass wir alle nochmals drei Wochen hier bleiben müssen. Da trat ich in Aktion. Seit ein paar Tagen „verkrümmelten" sich einige Ostarbeiter, und als ich in Reichenstein mit einigen Herren des Kohlebergbaus zusammen traf, machten mir die Herren den Vorschlag, mit allen Mannen und Mädchen geschlossen zu den Partisanen zu gehen. Ich konnte das Angebot auf keinen Fall annehmen. Es fehlten mir schon 18 Mann und drei Mädchen, und ich machte darüber die Meldung beim Ortsgruppenleiter und Oberzahlmeister und erklärte, dass es für uns alle besser wäre, baldvon hier abgezogen zu werden. Sonst würde ich eines nachts trotz der Überwachung alle Leute verlieren, denn sie würden zu den Partisanen flüchten. Als die Mädchen hörten, dass sie noch drei Wochen hier bleiben müssen, verweigerten sie jede weitere Arbeit. Nur auf mein gutes Zureden ging die Arbeit weiter.

70 Mädchen waren in einem kleinen Schulgebäude 6 Wochen lang einquartiert, ohne sich richtig reinigen zu können. Die nassen Kleider wurden über Nacht nicht trocken, die Mädchen mussten auf wenig Stroh liegen und hatten nur eine dünne Decke zum Zudecken. Das war alles freilich kein Vergnügen, und so ging es uns allen. Wegen der Sicherheit, dass wir nicht überfallen werden und uns von den Partisanen die Gewehre samt der Munition gestohlen werden, musste ich nachts Posten aufstellen. Doch was nützten die Posten? Als ich nachts die Posten visitierte, schliefen alle beide, auch der alte Gastwirt aus St. Johann ob Hohenburg schnarchte, dass man ihn weit hören konnte. Du lieber Himmel, ich konnte ihnen doch nicht die ganze Wahrheit sagen, warum ich so handelte. Nehmen wir an, dass uns die Partisanen

überfallen würden und wir alle zu den Partisanen müssten, so wäre das nicht ohne Kampf abgegangen. Auch war unweit von uns eine Abteilung mit Soldaten in einem Gebäude an der Straße einquartiert, auch sie hatten Wachen aufgestellt.

Die Tiefflieger kamen in den letzten Tagen schon täglich und schossen jede Lokomotive kaputt. Überall hörten wir Sprengungen von Schienen, und wenn wirklich ein Zug daher kam, hatte er vor der Lokomotive zwei bis drei Lori-Wagen. Sollte sich auf den Schienen Sprengstoff befinden, dann kamen zuerst die Lori dran. Die Bombenflugzeuge bewarfen auch täglich Ortschaften und Städte und man hörte die Detonationen von fern und nah.

Endlich war es so weit, und eines nachts kam die Verständigung, das wir einen Zug zur Heimfahrt bekommen werden. Es war höchste Zeit, denn ab 10 Uhr begann eine Schießerei von beiden Seiten. Die Partisanen schossen herüber, und die Militärabteilung schoss mit Leuchspurmunition und Maschinengewehren zurück. Nur mit Mühe konnte ich alle zusammenhalten und die Abteilung verständigen, dass wir vorbei wollen und sie aufhören mögen zu schießen.Die Unruhe dauerte fast die ganze Nacht. Ein paar von meinen Leuten wechselten zu den Partisanen. Wir holten uns noch etwas Wurst und Brot aus der Küche und marschierten zum Bahnhof, wo die anderen schon versammelt waren. Bei Morgengrauen bestiegen wir den Zug. Ich kam in ein Abteil, in dem sich einige Russinnen und Wlassow-Soldaten befanden, die zur Offiziersausbildung ins Reich reisten. (*Es folgt die kurze Erzählung einer Diskussion mit einem Kosakenoffizier namens Poljakow über die mögliche Verwandtschaft mit einem Kosakenoffizier im ersten*

Weltkrieg und Agraringenieur mit dem selben Namen, der
durch Heirat mit dem Autor verwandt war.)
Auf der Fahrt sangen die Mädchen russische Lieder bis Krems,
wo die meisten im Holzwerk arbeiteten.
Vor der Abfahrt hatte sich noch der Oberzahlmeister bei mir
für die organisatorische Leistung und die gute Arbeit bedankt,
er würde mich gerne als Tausendschaftsführer einsetzen. Ich
musste höflich ablehnen, da meine Frau doch nicht die
Gärtnerei auf die Dauer allein führen kann. Ich muss
bestätigen, dass sich die Leute meinen Anordnungen willig
fügten, denn ich konnte mich mit ihnen verständigen.Auch
war ich in jeder Weise gerecht zu ihnen. Sie bekamen, was sie
zu bekommen hatten; jeder sein Brot, seine gefassten
Zigaretten, auch das ihnen zukommende Quantum Wein.
Obwohl mancher Zehnerschaftsführer den Wein und die
Zigaretten am liebsten für sich behalten hätte, stand ich bei
der Ausgabe des Weins so lange dabei, bis jeder seinen
halben Liter Wein bekam. Wir bekamen fast täglich mittags
Eintopf, Fleischstückchen mit Nudeln, Fleischstückchen mit
eingebrannten Kartoffeln, mit Mehlnockerln, mit Bohnen
oder Erbsen, gut gekocht und genügend; abends Kaffee mit
Sterz oder Wurstbrote.
Leider ging mir die Namensliste der Ostarbeiter verloren,
sonst könnte ich hier einige Ostarbeiter hier namentlich
anführen. Ein Ostarbeiter, der bei der Familie Hanus,
Kleinbauer im Teigitschgraben war, sprach schon fließend
steirisch. Auf die Frage, wie es dem oder jenem bei seinem
Bauern gefiel, waren die Antworten sehr verschieden. Hatte
jemand das Pech, zu einem fanatischen Nazi zu kommen, der
hatte nichts Gutes. Er durfte beim Essen nicht mit bei Tisch

sitzen und wurde auch sonst als „Untermensch" behandelt ;
oft, wenn er etwas nicht gleich verstanden hatte, mit
Ohrfeigen traktiert wie ein gewisser Drozda beim Bauern XX.,
vulgo XX. in X. Einige wieder waren darunter, die Butter und
andere Lebensmittel bekamen und sehr liebe Briefe, die ich
lesen durfte. Von Mensch zu Mensch. Und als einmal unser
Tausendschaftsführer dabei war, wie einer sein Paket öffnete
und den Inhalt gesehen und den Brief, der mit Liebe an den
jungen Ukrainer geschrieben war, gelesen hatte, sagte er
empört: „Ja, ist denn so etwas möglich, die gehören ja
eingesperrt ! Wie können die dem Burschen solche Sachen
schicken und noch dazu so einen Brief schreiben!" („ Mein
lieber Bub,wir senden dir hier etwas Gutes und freuen uns
schon sehr, dass es dir gut geht und du bald nach Hause
kommst" , usw.)
Ja, es gibt noch gute Menschen, wenn es auch viele nicht
wahrhaben wollen. Gott sei Dank, denn wären alle so wie
eine Parteigenossen-Bauernfamilie, die zwei Ostarbeiter bei
strengster Kälte im Stadel schlafen ließ, bis beiden die Füße
abfroren, wäre es um die Menschheit sehr schlecht bestellt.
Eines Tages sah ich den Polen Stefan Mendocha, der in der
Werkstatt des Herrn XX. Arbeit gefunden hatte. Ich lud ihn
abends zu mir ein, und da erzählte er mir, dass er vor kurzem
eine eitrige Halsentzündung hatte und drei Tage zu Bett lag.
Deshalb wurde er vom Gendarmen XX. zur Gendarmerie in
den Keller geführt, und der verabreichte ihm 25 Hiebe mit
dem Gummiknüppel, dass er tagelang vor Schmerzen nicht
sitzen konnte und trotzdem arbeiten musste. So wie Stefan
Mendocha erging es vielen Ostarbeitern. Mendocha brachte
auch seinen Freund abends zu uns. Iwan Nesterenko war

Knecht beim XX. Und stammte aus einem Ort im
Donezbecken. Er lobte die Familie XX, die in Voitsberg eine
Fleischhauerei betrieb und genug zu essen hatte. Wie
erstaunten wir, als wir eines Tages von beiden die Wahrheit
erfuhren. Als Mendocha und Nesterenko mehr Vertrauen zu
uns hatten und sie uns besser kannten, schilderten sie(*Iwan
Nesterenko früher, Stefan Mendocha später, Anmkg. H. St.)*
ihr Schicksal . Mendocha hieß in Wirklichkeit Benedikt
Friedman, war Jude aus Lemberg, Maschinenbauingenieur,
war in Auschwitz in Haft und hatte Autos zu reparieren. Ein
SS-Mann hatte ihm mit falschen Personalpapieren zur Flucht
verholfen, und so kam er als Stefan Mendocha, katholisch,
als Ostarbeiter nach Voitsberg.
Iwan Nesterenko war aus Kotschugarka, Kalinin, war
orthodoxen Glaubens, Oberingenieur bei Ugol Trest-
Kohlenkombinat am Donez. Beide konnten sich mit
Dokumenten ausweisen und ich konnte mich von ihren
Angaben überzeugen . Ich sagte damals zu Iwan : „Ja, warum
sagen Sie nicht überall die Wahrheit?" Da meinten beide: „Da
wären wir schon längst nicht mehr am Leben".
Iwan erzählte, dass er mit knapper Not dem Tod entronnen
war. Er sei eine ganze Nacht lang aus einem Ort geflüchtet
und habe sich dann als Arbeiter beim Bahnbau gemeldet. Die
Einwohner von Kalinin wurden in die Kohlenstollen getrieben
und umgebracht. Nur wenige konnten ihr Leben retten.
Wir hatten in Voitsberg nicht nur Ostarbeiter sondern, seit
Frankreich besetzt wurde, auch sehr viele französische
Soldaten als Gefangene, die in sogar zwei Baracken an der
Hauptstraße der Grazer Vorstadt untergebracht waren. Im
Frühjahr bekam ich fast täglich zwei oder drei Franzosen als

Arbeitshilfe, vormittags oder nachmittags, je nach dem Ende der Schicht im Zangtaler Tagbau. Francois Lourdeaux aus der Gegend von Lille in Nordfrankreich, Benedict Chambart aus der Gegend von Lion, Kleinbauer und Totengräber; dann ein älterer Bauer aus der Juragegend, der erzählte, dass er 20 Stück Vieh im Stall stehen hatte und noch ein großer, starker Mischling namens Roger, der bei mir sehr gerne arbeitete. Besonders Benedict Chambart war mir sehr behilflich, und ich konnte ihn auch besonders entschädigen. Er sandte das Geld regelmäßig nach Hause an seine Schwester. Alle Franzosen bekamen von uns ein nach den gegebenen Verhältnissen ausgiebiges Essen und Tabak, den ich selbst gezogen hatte. Ich war mit den Gefangenen sehr zufrieden, und eines Tages tat es mir leid, als ich hörte, dass Francois verhaftet worden war. An einer Bretterwand in Zangtal, hang neben dem Bild des „Schwarzen Mannes", der angeblich überall Spionage betreibt, und mit der Aufschrift „ Wer fürchtet sich vorm schwarzen Mann" versehen war, das Bild des „Schöpfers des blühenden Garten Österreich" Adolf Hitler, und Chambart hatte dem Bild mit dem Taschenmesser die Augen ausgestochen. Leider wurde er von einem Parteigenossen beobachtet und zur Anzeige gebracht, bekam zwei Jahre Zwangsarbeit und musste bei einer Bahnstrecke am Oberbau arbeiten.

Es war im Herbst 1943, als um halb neun Uhr abends jemand mit einer Rute an das Küchenfenster klopfte. Ich erschrak und sah nach, als ich unten Francois stehen sah. Ich rief ihn schnell zu mir, und da erzählte er mir, er sei bei der Fahrt von der Arbeit ins Lager vom fahrenden Zug gesprungen und in den Wald verschwunden. Er war in der Nacht in Richtung

Voitsberg gegangen, bei Tag einen Unterschlupf gesucht oder
im Wald geschlafen. Ich gab ihm zu essen was ich vorfand-
meine Frau war gerade in Graz -, dann 50 Mark und brachte
ihn zu seinen Kollegen in die Baracke der Glasfabrik, wo er
fast eine Woche verbrachte. Er bekam einen Schlosseranzug,
denn mit seiner Montur und der Nummer des Gefangenen
auf der Bluse konnte er sich nicht sehehn lassen; einen
Rucksack, eine Mistgabel und eine Haue und eine gute
Landkarte als Wegweiser und etwas zu essen, damit sollte er
nach Jugoslawien kommen, was ihm auch glückte. Ich hörte
jedoch, dass er in Jugoslawien im Winter 1944 wieder von der
SS gefangen genommen wurde, als er bei einem Deutsch
sprechenden Bauern in Arbeit stand. Deutsch hatte ich ihn
gelehrt, und er konnte sich gut verständigen.Einige
Kameraden meinten, er wäre umgebracht worden, als er
nochmals aus einem fahrenden Zug entweichen wollte.
Im Winter 1943 wurden alle Franzosen von hier in die
Obersteiermark abgezogen und mussten in einem 1000 m
tiefen Schacht in Fohnsdorf arbeiten. Da ich unter der
Aufsicht der GESTAPO stand, konnte ich die Fotos und
Adressen meiner lieben Franzosen nicht aufbewahren, und so
sind mir die Adressen nicht im Gedächtnis geblieben. Schade.
Nur ein mir von dieser Zeit bekannter französischer
Gefangener ist mir treu geblieben: André Vermeulen Périn,
65 Rue Volta, Lambersart, Nord France, schreibt alle Jahre zu
Weihnachten, sendet Karten von Urlaubsorten und besuchte
mich mit seiner lieben Gattin schon einige Male in Voitsberg
und in Graz.
Statt der Franzosen bekamen wir italienische Kriegsgefangene. Einige Regimenter operierten im Süden, in

Albanien, Griechenland, mit dem deutschen Heere zugleich. Sie waren aber keine Draufgänger, obwohl ich, als Mussolini als Verbündeter seine Armeen in den Kampf schickte, ihn im Radio hörte, wie er großmächtig sagte: „Meine Soldaten sind die besten der Welt". Hatten die Franzosen nicht viel zu essen, so doch das was ihnen „Petain" monatlich, und zwar jedem Einzelnen als Liebespaket an Esswaren sandte, darunter viel Schokolade. Da waren die Italiener in dieser Hinsicht sehr schlecht dran, außer es steckte ihnen bei der Arbeit hie und da ein Bergmann etwas zu.

Ich bekam vom Hauptmann unter der Bedingung italienische Arbeiter, dass ich sie verköstigte, wenn sie bei mir in Arbeit standen. Es war Ferro Salvatore, Via Humberto 18 c, Caronia, Messina. Der zweite, der auch ständig zu mir kam, hieß Fernando Bonaluni, aus Via E. Villoresi, Milano-Vittuone. Auch die beiden hatten wir lieb gewonnen, denn sie waren gefällig und arbeiteten brav. Sie sagten zu uns, dass wenn wir nicht wären, sie viel Hunger leiden müssten, denn sie bekämen nur Rüben und gefrorene Kartoffeln, die wie die Nüsse schepperten. Sie litten im Winter stark an der Kälte auch deshalb, weil ihnen die zweite Decke und Wäsche wie z. B. Unterhosen abgenommen waren. Sie gingen fast nackt daher, und meine Frau gab den jungen Menschen, so lange ich hatte, Hemden und Unterhosen und zu essen, auch dann, wenn sie nicht arbeiten konnten. Sie fragten: Bitte, Herr, morgen werden wir nicht arbeiten, denn es liegt schon Schnee. Aber ja, kommt nur alle Tage, ihr bekommt auch so euer Essen. Salvatore Ferro war im Zivil Schüler in einer Gendarmarieschule in Calamia und musste einrücken. Fernando Bonaluni war Vermessungsingenieur, „Geometer".

Salvatore schrieb nur ein paarmal, nachdem der Krieg
beendet war und er nach Hause konnte. Er sah noch die
Russen, die bei mir einquartiert waren und freute sich über
die Befreiung, als ich die rot-weiß-rote Fahne flattern ließ.
Besondere Freude hatten alle Italiener, als Mussolini mit
seiner Freundin Petacci bei der Flucht aus Italien in die
Schweiz, noch auf italienischem Boden, ermordet wurde.
Bonaluni hatte ich die letzten Monate als Hilfskraft im
Krankenhaus bei Herrn Primarius Dr. Ternigg untergebracht,
auf meine Bitte wurde er dort beschäftigt.
Ich kam im Winter fast jeden Tag ins Krankenhaus, um dort
wegen meiner starken Verkühlung den „Schwitzkasten" zu
benützen und zwar zu der Zeit, von der ich wusste, dass auch
die Kriegsgefangenen und Ostarbeiter aber auch russische
Soldaten zur Visite kamen. Ich dolmetschte dem jungen Arzt,
der von der Nordküste Deutschlands stammte, und konnte
dadurch vielen Leidenden helfen, bis er eines Tages zu mir
sagte: „Hörnse mal, wie komme ich dazu, diesen Menschen
zu helfen, wo unsere Landser draußen krepieren? Es ist doch
schade um jedes Medikament." Na, da kam er mir gerade
recht . „Ich dachte, Sie sind Arzt!" „Ja, schon, aber.." „Da
gibt's kein Aber, sobald Sie Arzt sind, haben Sie auch die
Verpflichtung übernommen, so gut Sie können, den Kranken
zu helfen. Was würden Sie sagen, wenn Sie an ihrer Stelle
wären? Glauben Sie, dass diese armen Teufeln hier freiwillig
zum Militär gingen? Sie mussten auf Befehl einrücken und
wurden nicht gefragt, ob sie wollten oder nicht und
Gefangene gibt es überall. Auch viele Deutsche befinden sich
in der Gefangenschaft."
Die Bombenangriffe der Engländer und Amerikaner häuften

sich täglich immer mehr, und gegen elf Uhr vormittags hörten
wir schon die schweren Maschinen in der Luft herankommen.
Es war ein Donnern und Brausen, und der Kuckuck im Radio
meldete aufgeregt die Richtung der Einflüge an. Die Sirenen
gaben überall Warnung, und gleich darauf sah man die Tod
und Verderben bringenden Vögel herannahen. Alles rennt,
rettet sich und flüchtet in die Stollen der Luftschutzräume.
Einige Schüler eilten am Hauptplatz vorbei nach Hause und
flüchteten, als sie ober sich die Flugzeuge sahen, in das Haus
des Herrn Bürgermeisters XX, Kaufmann neben der Kirche,
der sie wieder ins Freie jagte. Er selbst schoss aus seinem
Kugelstutzen auf die Flugzeuge. Für den Luftschutz hatte er
nicht viel übrig. Eines Tages, als wieder Flieger über uns
donnerten, kam er in den Stollen, der von Groß und Klein voll
besetzt und wirklich bombensicher war und wollte alle
Anwesenden aus dem Stollen jagen mit den Worten: „Geht´s
sofort ham und hockt´s net da herum, raus mit euch!" Da kam
er bei mir gerade gut an, was ich ihm sagte, genügte
vollkommen; denn er als Bürgermeister hätte in erster Linie
dafür zu sorgen, dass die Menschen sich vor Bomben
schützen können und sollen; und übrigens geht ihn der
Stollen gar nichts an, denn der befindet sich in Tregist und
nicht in Voitsberg. Es gaben mir alle Anwesenden Recht, und
sogar der Gendarmeriehauptmann W. und der Obeleutnant
der Gendarmerie W., beide Herren große Gegner der NSDAP,
mit denen ich offen sprechen konnte, missbilligten das
Vorgehen von XX, Mitglied der NSKK *(nationalsozialistisches
Kraftfahrkorps)*l, und als der Krieg zu Ende war, war XX bei der
Bezirkshauptmannschaft ein unbeschriebenes Blatt und kein
Nazi. Ja, nach dem Krieg war niemand ein Nazi sondern sie

waren lauter fromme Betbrüder, die niemanden verfolgten, ins KZ brachten, einrücken ließen und verprügelten.

Zur Sicherheit für die Gendarmerie musste auch ich zweimal in der Nacht mit dem Gewehr und Patronen ausgerüstet mit dem Hilfsgendarmen Sch., einem sehr netten Mann, der mir sehr sympathisch war, Dienst machen. Wir hielten uns hauptsächlich am Hauptplatz auf. Wir sahen so manchen Gefangenen oder auch Ostarbeiter, der sich aus dem Haus seines Liebchens schlich, aber wir machten keine Anzeige, nachdem ich mit dem Burschen gesprochen hatte. Viele Frauen und Mädchen wurden wegen eines solchen Liebesverhältnisses mit einem Franzosen oder Ostarbeiter zur Anzeige gebracht und gerichtlich zu Arrest oder auch schweren Kerkerstrafen verurteilt. Die Liebhaber wurden mit dem Gummiknüppel bekannt gemacht. Fanatiker schnitten diesen Mädchen und Frauen die Zöpfe ab.

Parteigenosse St.(*der Mieter des Autors*) musste 1940 einrücken, und an seine Stelle kam der Eisenbahner P. als Zellenleiter, der es besonders scharf auf mich und meine Frau hatte. Es ging so jahrelang. Entweder schlich er ums Haus und horchte bei den Fenstern, ob er einen fremden Sender zu hören bekam, oder von der Wohnung der Frau St. aus, die er fleißig besuchte, nach einem verfänglichen Gespräch mit den Gefangenen. Er trachtete, mich auf irgendeine Weise zur Strecke zu bringen, bis ich ihn mir eines Tages „ausborgte" und ihm sein schändliches Verhalten vorhielt und ihm drohte, seine Übergriffe zur Anzeige zu bringen, wenn ich noch einmal das Geringste von ihm sehe. Ob er glaube, dass es für ihn gut ausgehen wird, da der Russe schon Budapest besetzt habe und immer weiter kommt? Da meinte er zu mir: „Wenn es so weit ist,dass er hierher kommt, dann werde ich mich erschießen." Als der erste russische Panzer in Voitsberg anrollte, jagte er sich eine Kugel in den Kopf und starb auf der Stelle.

P. war unvernünftig genug, dass er so viele zur Anzeige brachte, aber deswegen hätte er sich nicht erschießen müssen, denn nach dem Krieg sah man die „Naziloppeln"*(Dialektausdruck, nicht übersetzbar, nach meiner Meinug am ehesten mit der Bedeutung von unreifen, dummen Menschen; H.St.)* immer in der Höhe schwimmen. Sogar tausendfache Mörder bekleiden hohe öffentliche Posten und viele konnten durch Raub schwer reich werden und auch bleiben.

Dass sich der Russe auch unseren Landesgrenzen näherte, konnte man an den vielen ungarischen Flüchtlingstrecks sehen. Wagen um Wagen, voll beladen mit Getreide, Hausrat und Menschen zogen unter ungarischer Gendarmerie-bewachung auf der Packerstraße gegen Kärnten; meist ungarische Faschisten, Horthy-Anhänger, die Butter auf dem Kopf hatten, sonst wären sie nicht geflüchtet. Auch aus Jugoslawien rückten lawinengleich ganze Trecks mit hunderten Wagen und ganzen Eisenbahnzügen voll Flüchtlingen aus vielen Dörfern der Bacska, der Baranya und dem Banat bei uns an. Teils gezwungen, teils aus Furcht vor Rache oder auch freiwillig verließen viele Deutsche das Land das sie durch Generationen zweihundert Jahre lang kultiviert hatten und folgten der Aufforderung der SA, „heim ins Reich" zu gehen. Der Bezirk Voitsberg nahm viele flüchtende Familien auf. Eines muss man anerkennen: Die Volksdeutschen sind brave und fleißige Menschen, die zusammen halten, und arbeitsam und sparsam wie sie sind, trachtet jede Familie zu einem Eigenheim zu kommen.Die bis 1946 leer stehenden Wiesen und Äcker im Voitsberger Bezirk Grazer Vorstadt sind fast zur Gänze mit Ein-und Zweifamlienhäusern verbaut, fast 50 % davon macht der Anteil der Volksdeutschen aus.

Schwere Kämpfe meldeten die Zeitung und das Radio. Goebbels und Hitler reißen noch mehr das Maul auf, obwohl ihnen das Wasser schon hineinrinnt und sie bald ersaufen, aber überall „gehen wir siegreich zurück", in Italien, in Frankreich, im Osten, an der ganzen Front. In Breslau spielen sich unter Gauleiter Koch haarsträubende Gräueltaten ab. Ganz Breslau ist unterwegs, Tausende erfrieren, kommen vor Hunger um oder werden von den eigenen Leuten umgebracht. So geht es überall auf sämtlichen Rückzugsstraßen, von der Nordsee bis zum Süden. Hunderttausende müssen noch sterben , bevor sich die Machthaber des Dritten Reiches ergeben. Die Armeen verwüsten beim Rückzug das was noch geblieben ist. Ganze Dörfer und Höfe werden verbrannt, die Bewohner umgebracht, das Vieh geschlachtet, die Ackergeräte vernichtet. Alle Bahnstrecken werden mit einem Schwellenaufreißer unbrauchbar gemacht, die Brücken über den Flüssen gesprengt, und alles nutzlos, der Russe heftet sich den rückflutenden Truppen an die Ferse, und kein Panzergraben kann die russischen Panzer aufhalten, und im Mai stehen sie vor Wien. Und noch haben die deutschen Machthaber die Frechheit zu sagen : „ Und wenn auch Berlin und Wien den Feinden in die Hände fallen, wir siegen doch, und sollten wir und das deutsche Volk zugrunde gehen müssen, dann wollen wir in Ehre sterben." Ja, die Russen standen vor Wien, sie wollten, dass sich die SS und die Militärformationen ergeben und Wien dadurch vor Kampfhandlungen bewahren. Sie erklärten Wien zur befestigten Stadt, und die SS und das Militär sprengten die Sofienbrücke, die Marienbrücke, einige Bahnviadukte. Sie zerstörten den Wurstelprater gänzlich, der in Flammen aufging und beschossen auch die Stefanskirche, die schwer beschädigt und der große Dachstuhl durch Brand vernichtet wurde. Es waren schon vorher ungeheure Schäden durch Bomben in Wien entstanden, doch diese Krieghandlungen verschlimmerten die Verwüstung noch mehr.

Alle die zur SA kommandiert wurden, bekamen im Winter 1945 von der SA Monturen, so auch ich. Eines Tages musste ich die Montur anziehen und meine Medaillen vom Ersten Weltkrieg an die Bluse heften. Ich schlich mich entlang der Bahn, um nicht gesehen zu werden zur SA-Baracke. Da wurde uns zuerst von XX mitgeteilt, dass wir freiwillig zur SA gekommen sind.

Na schön, ich m u s s t e gehen und kam nicht freiwillig, wie die Herren es am Sonntagvormittag jedem gesagt hatten. Tags darauf, am Montag, packte ich die Montur samt Kappe und Überschwung in meinen Rucksack und ging um 8 Uhr früh zur SA-Baracke und übergab dort ordnungsgemäß dem gerade anwesenden Fräulein D. aus Krems die Montur mit allem was dazu gehörte. Kaum war ich damit fertig, kam Herr L. dazu,sah meine Montur auf dem Tisch liegen und fragte mich, was ich hier mache. „Herr L., ich habe ordnungsgemäß meine Montur hier abgegeben, weil ich nicht freiwillig zur SA kam." Da schnauzt er mich an : „Und da werfen Sie das

Ehrenkleid des Führers so mir nix, dir nix, da her?" Er sprang auf mich zu, nahm mich mit beiden Händen an den Schläfen und schrie: „Wissen Sie, dass Ihr Kopf schon gehörig wackelt?" und wackelte mit meinem Kopf hin und her. „Der Kopf wird bald rollen, bald unten sein. Übrigens, dass Sie es wissen: Sie gehen mit dem ersten Volkssturmbataillon hinaus ins Feld als Kommandant vom schweren Maschinengewehr." Ich gab zur Anwort: „ Es würde mich nur freuen, mein Leben nochmals für Österreich einsetzen zu können und hoffe, dass auch Sie, Herr L., mitgehen. Ich war vom Anfang bis zum Ende im Ersten Weltkrieg und wenn Sie kein Feigling sind, dann sehen wir uns draußen." Am selben Tag begegnete ich XX, der mir mitteilte, dass das Volksbataillon schon in ein paar Tagen abgeht. Er sagte mir aber im Vertrauen: „Hör einmal, Souček,was ich dir sagen muss: Geh nicht mit, denn der L. hat im Sinne, dich draußen erschießen zu lassen. Du bekommst dann einen Schuss in den Kopf und in den Rücken, du verstehst mich, hinterrücks."
Am nächsten Tag ging ich zu Dr. Essich, der mit dem Volkssturm mitgehen musste. „ Ja, Sie haben Ischias, was machen wir nun? Ich muss fort, und das Schöne bei Ihnen, auch Sie sind auf der Liste, wie ich weiß. Na, wissen Sie was, gehen Sie zum Dr Pichler, er soll Ihnen V.-Injektionen geben."
(Anmerkung: Herr Dr. Essich kam wieder und arbeitete noch lange als praktischer Arzt in Voitsberg.)
Ich befolgte den Rat und ging zur Apotheke und dann mit den 20 Ampullen zu Dr. Pichler, einem würdigen, sympathischen Herrn aus Marburg. Ich sagte ihm vertraulich alles, was mir am Herzen lag, da ich sofort erkannte: Der Mann ist nicht falsch. Ich bekam die Injektionen täglich und bald spürte ich

Erleichterung.

Einmal sah mich Dr. Pichler in der Bahnhofstraße, winkte mich heran und sagte: „Herr Souček, Sie müssen weiter hinken, vergessen Sie nicht darauf. Ich fing zu hinken an. Ja, sehen Sie, so ist es richtig." Ich gab Dr. Pichler, der gerne rauchte, den besten feingeschnittenen Eigenbau, den er mit Freude von mir annahm, sonst konnte ich nichts geben.

Eines Abends hörte ich in der Luftschutzdienststelle, wie über den Schuldirektor Graf Strachwitz sehr Übles gesprochen wurde.

„Der schwarze Bruder könnte auch einmal etwas für die Allgemeinheit tun, sonst fahren wir mit ihm ins KZ!"

Ich ging sofort zu ihm und sagte ihm, was ich gehört hatte und bat ihn, er möge sich zum Luftschutz melden und auswärts Vorträge halten. Er kam tatsächlich in die Kanzlei und bekam Schulungshefte, doch es dauerte nur ein paar Wochen, da hörte ich schon wieder, dass Strachwitz einrücken muss. „Der Volkssturm braucht Leute, und wer soll in erster Linie gehen? Volksgenossen, denen gebührt es, ihren Kopf für die Partei herzuhalten, um die ist es nicht schade. Damit können die Parteigenossen länger leben oder sich schleunigst absetzen, wenn Gefahr droht." Ich sagte auch diesmal Strachwitz, er soll sich krankmelden und auch hinken. Auch er hatte Ischias, nur musste ich darüber lachen, wie er mit dem rechten steifen Fuß daher ging.

Ende April gab es schon in manchen Orten junge Deserteure, die sich bei den Bauern in St. Martin am Wöllmißberg, Unterwald und so weiter, sehen ließen, um Brot bettelten oder über Nacht bleiben wollten. Manche Bauern unterstützten die armen Teufel, manche jedoch zeigten die

Burschen bei der Gendarmerie an, die wieder die SA zum
Einsatz und zur Menschenjagd herbeiholten. Bei Ligist wurden
einige junge Menschen bei der Jagd auf sie durch
Hilfsgendarmen erschossen. Knapp vor Torschluss mussten
sie ins Gras beißen, wegen einiger Fanatiker, darunter XX aus
Voitsberg. Besonders die Hilfsgendarmen waren ärger im
Dienst als die Berufsgendarmen.

Ein Geschäftsmann aus Voitsberg, der neben seiner Frau das
Liebesleben mit jungen Mädchen und Frauen sehr liebte, war
nicht knauserig. Er schenkte als Gegenleistung Geld aber auch
Schmuck von der Frau. Als die Frau den Schmuck vermisste,
wurde ein 21-jähriger Pole, der bei dem Geschäftsmann in
Arbeit stand, von Hilfsgendarmen verhaftet und im
Gemeindearrest zu Tode geschlagen und getreten. Einige
Jahre später ertrank ein Sohn des Geschäftsmannes im selben
Alter wie der junge Pole. *(Anmerkung H.St.: Nur widerwillig
schreibe ich den nächsten Satz ab und billige den Aberglauben
nicht:)* Der Sohn musste die Schuld des Vaters sühnen. Der
Vater hat bis zum Jahr 1960 sein ganzes Vermögen im
Kartenspiel oder sonst leichtfertig verloren. In seinem Alter
lebte er nun mit seiner Frau in kargen Verhältnissen unweit
von Graz.

Ende April 1945 und Anfang Mai 1945 wurden auf den
Verkehrsstraßen und auch in Voitsberg Panzersperren
errichtet. Eine unnütze Arbeit, die sich noch die
Parteigenossen machen, denn unaufhaltsam dringt der Russe
vorwärts.

Die „Kleine Zeitung" schreibt am 5. Mai 1945:
Gauleiter und Reichsstatthalter Drt. Siegfried Uiberreither
sprach zur Bevölkerung der Steiermark:

„Reißt nochmals alle Kräfte zusammen! Wir müssen alles in die Waagschale werfen, um unseren wertvollsten Besitz zu retten: Deutsche Männer und Frauen der Steiermark!" Es folgte dann ein langer Artikel, dass unsere Fronten eisern stehen, das danken wir unseren Soldaten, und zwar angefangen von den Oberbefehlshabern bis zum jüngsten „Grenadier oder Jäger, Volkssturmmann oder Hitlerjungen". Der Abwehrkampf verlief nord-ostwärts, schloss Radkersburg ein, Straden, Mönichwald uind das Gebiet des Semmerings, und das am 4.Mai. Im Reiche verlaufe die Widerstandslinie vor Dresden, im Protektorat bei Mährisch Ostrau, Olmütz, Brünn. „Tito ist mit den Banden in Triest einmarschiert." Im Blatt stand auch mit der Überschrift „Sven Hedin´s Bekenntnis zum Führer, einem der größten Männer der Weltgeschichte. Stockholm 4.Mai." „Wenn auch die feindlichen Rundfunksender selbst in der Stunde, in der Führer sein Leben für Deutschland durch den Heldentod gekrönt hat, sich nicht scheuten, diesen Mann noch im Tode mit ihrem Hass zu verfolgen, so stand doch das neutrale Ausland im Bann des Ereignisses, das das deutsche Volk als härtesten Schlag dieses Krieges getroffen hat. Sven Hedin betrachtet Hitler als einen der größten Männer der Weltgeschichte. Er machte Deutschland zu einer Weltmacht. Nun steht dieses Deutschland am Rande seines Abgrundes, weil seine Widersacher seine besondere Stärke und Macht nicht ertragen konnten....." usw.

Adolf Hitler ist tot, ebenso die Familie Göbbels durch Selbstmord. Eva Braun hatte noch Hitler geheiratet und ist mit ihm gestorben. Bormann unauffindbar.

Hier wird, obwohl man sieht, dass es keinen Sieg mehr geben

kann, noch bis zur letzten Minute gemordet. Im Grazer Filiferhof wurden noch bis zum letzten Tag Männer und Frauen erschossen, auf Geheiß des Herrn Gauleiter. Der ergriff, als sich der Russe Graz näherte, mit den als übelst bekannten kleinen Führern und Parteigenossen die Flucht, um dem sicheren Mordprozess zu entkommen.

Dass die Nazi viele eigene Verbrechen den herannahenden Verbündeten anlasteten, ist z. B in der Zeitung vom 5. Mai zu lesen: „Schauerliches Verbrechen der Verbündeten des „zivilisierten" Westens! 300 Volkssturmmänner ermordet! 195 Deutsche in einer Scheune in den Tod getrieben!" Kriegsberichterstatter Oberleutlant Ecker, Reichenberg, 4.Mai: „Seit Tagen lebt die feindliche Agitation von der skrulpellosen und hasserfüllten Ausschlachtung der sogenannten Nazi-Verbrechen in den KZ-Lagern. In den Feindsendern, die sich in deutscher Sprache an unser Volk wenden, werden immer die Namen Buchenwald, Belsen und Auschwitz und andere mehr genannt, und immer wieder wird in endlosen Wiederholungen behauptet, dass sich in diesen Lagern die „unmenschliche Barbarei des Hitler-Faschismus" ausgetobt habe.

„Die Juden haben in dieser Agitation alle Hemmungen verloren und erfinden täglich neue grausame Mordmethoden, deren Anwendung sie der Lagerpolizei und Lagerverwaltung andichten."

„Die Juden wollen in diesen Tagen, da das deutsche Volk seinen Führer verloren und sich das Kriegsglück von ihm ganz gewandt hat, in einer maßlosen antideutschen Hetze und Aufpeitschung aller niedringen Instinkte den Hass gegen uns zum Weißglühen bringen."

Die armen Deutschen tun mir sehr leid. PG.Eichmann hat nur 6,000000 Juden umbringen lassen.

Da hört sich alles auf. Da wollen die Deutschen, die armen Waserln, niemanden umgebracht haben und wissen wirklich nicht, dass es KZs gibt, dass die Capos lauter Schwerverbrecher waren, die SS-Wache unbarmherzig; dass die Ärzte Euthanasie betrieben, dass Millionen vergast und kremiert wurden.

Was hat der zweite Weltkrieg die Menschheit gekostet:

Gefallene und verstorbene Soldaten:	16,500.000.
Verluste der Zivilbevölkerung:	5,600.000.
KZ-Opfer und Hingerichtete:	12,000000.
Verhungert und erfroren:	14,000000.
An Seuchen und Krankheiten gestorben:	8,000000.
Insgesamt an Toten:	**56,100.000**

Auf dem Voitsberger Mahnmal stehen allein aus dem Bezirk Voitsberg 35 Namen von im KZ Umgebrachten und Hingerichteten. Sie hatten niemandem etwas zu leide getan, sie waren angeblich Kommunisten.

Invalide und Verstümmelte:	29,000000.
Aus ihrer Heimat wurden vertrieben:	7,0000000.

In Kriegsgefangenschaft gerieten: 2,0000000.

Obdachlos wurden infolge des Krieges: 41,500.000.

Davon in der Sowjetunion: 25,000000.

In Frankreich: 6,500.000.

In England: 10,000000.
Zerstört wurden 225 Großstädte ab 100.000 Einwohner und
2500 Städte ab 10.000 Einwohner, davon allein in der
Sowjetunion 1710. Der Gesamtschaden wird auf 3000
Milliarden Goldschilling geschätzt.
Von 1945 bis 1960 verließen 3,000000 Flüchtlinge die
Deutsche demokratische Republik und wanderten in die
Deutsche Bundesrepublik mit dem Sitz in Bonn unter
Adenauer.

Schlagzeilen und Zitate:

Die Kleine Zeitung vom 6. Mai 1945 schreibt: „Der
Oberbefehlshaber einer im untersteirischen Raum
eingesetzten Panzerarmee an seine Soldaten: „Wir kämpfen
für unsere Heimat!.... Für Leben und Zukunft unserer Kinder
und Frauen werden die Stellungen im Osten gehalten."
General der Artillerie de Angelis, Eichenlaubträger, führte u.a.
an: „Vor nicht allzu langer Zeit standen wir auf ungarischen
Boden, zwischen Plattensee und Drau, noch in Angriff gegen
den Todfeind unseres Volkes und Europas. Dann haben wir
die in den ersten Märzwochen errungenen Erfolge, einer
gewaltigen Übermacht weichend, wieder aufgeben müssen."
Prag, 5. Mai, Reichsminister Speer: „Verbissen arbeiten und

kämpfen! Wir müssen alles einsetzen für die Rettung deutscher Menschen."

„Großadmiral Dönitz sieht sich genötigt, die Waffen nicht nieder zu legen." „Nur durch verbissene Arbeit lässt sich unser Los leichter und weiter ertragen."

„Die Verwüstungen, die dieser Krieg brachte, sind nur mit denen des dreißigjährigen Krieges vergleichbar."

Dresden, 5. Mai: „Ostarmee vor neuen Kämpfen!"

„Vor neuer Großschlacht in Mitteldeutschland, Waffenruhe in Holland."

Appell des Großadmirals Dönitz an die Soldaten der gegen den Bolschiwismus kämpfenden Armeen: „Im Norden, Westen und Süden haben einzelne Armeen ihre Waffen nach heldenhaftem Kampf niedergelegt, weil der Kampf gegen die Westmächte sinnlos geworden ist."

Graz, 5, Mai: „Planmäßige Absetzung im Küstenland, Fiume geräumt, -Salzburg, Braunau und Wels besetzt.

Nordamerikaner im Raum von Innsbruck, der Feind vor Linz. Die Anglo-Amerikaner sind nunmehr überall bis an die Südhänge der Alpen vorgedrungen. Hamburg zur offenen Stadt erklärt. Im niederländischen Kampfgebiet nun Waffenruhe….. –Rotterdam, Amsterdam, Den Haag; … Der Feind im Anmarsch nach Schleswig-Holstein, Kiel zur offenen Stadt erklärt… An der Linie Wismar-Wittenberg gelang den Sowjets und Anglo-Amerikanern auf breiter Front die Vereinigung……. Kämpfe der Armee Schörner zwischen Brünn und Mährisch-Ostrau,…. Troppau-Sternberg, Kremsier. Kämpfe bei Berlin,… Niemegk-Beelitz- Werder-Hawel;… Ostseeküste:.. Raum von Dessau."

Die Kämpfe, obwohl aussichtslos, kosten jeden Tag nutzlose

Menschenopfer. Auch die Japaner sind entschlossen, den
Kampf gegen die Anglo-Amerikaner weiter zu führen.
Bern, 5.Mai: „Wenn Europa befreit ist, wird es nicht mehr
bestehen"
„Zwei neue Generäle sind auf der Weltbühne erschienen:
Hunger und Chaos."
-Mahnung an die Westmächte des neuen Reichsaußen-
ministers Graf Schwerin von Krosigk. – Japanischer Angriff auf
Okinawa!- Japanische Kräfte zum Gegenangriff angetreten!-
Waren früher die Parten von gefallenen Soldaten mit „stolzer
Trauer" der Hinterbliebenen, so jetzt nur noch in „tiefer
Trauer" in den Zeitungen geführt, aber viele starben noch den
„Heldentod" und waren keine Opfer des Krieges und der
Machthaber.

Mai 1945, Ende des Krieges

Am 6.Mai 1945 war ich in Graz und holte verschiedene
Sachen von der Hela und der Mia, denn die Front war schon
sehr nahe von Radkersburg und der Russe täglich zu
erwarten. Ich konnte die Sachen noch auf ein Lastauto
bringen, das nach Köflach fuhr. Es fuhren noch einige Frauen
und Männer mit. Ich hörte mir die Gespräche der
Mitfahrenden an und staunte über das dumme Gerede. Was
sie alles dem Russen antun werden, wenn er nach Voitsberg
und nach Köflach kommt, besonders eine Frau war am

tapfersten mit dem Maule, namens S....ovic´. Merkwürdig, dass gerade Menschen mit slawischen Namen Urgermanen waren oder wurden.

Am 8. Mai 1945 kapitulierte die deutsche Armee und die Front kam bei Radkersburg zum Stillstand. Österreich wurde wieder frei und eine freie, demokratische Republik und Dr. Karl Renner hat in Österreichs Geschichte zweimal, 1918 und 1945 begonnen, das österreichische Volk in die Zukunft zu führen.

Am 7. Mai erwartete ich am Kremserberg unsere Hela, die mit dem voll bepackten Rad bei uns ankommen sollte. Es war schon finster, und auf der Straße fuhren endlose Wagenkolonnen mit flüchtenden Zivilisten, Autokolonnen mit Militär und am Kremserberg rastenden SS. Ich hörte mir ihre Gespräche an, darüber, was sie alles auf dem Rückzug durch Ungarn vernichtet hatten. Für diese Verbrecher mussten die Hitlerjungen und die Volkssturmmänner noch den Kopf herhalten. Ich sah die Volkssturmmänner ins Feld ziehen. Fast jeder hatte einen andersfärbigen Mantel, sehr viele hatten die Uniformen der Feuerwehren an. Und was ich noch sah: dass fast keine Parteigenossen dabei waren, denn die hatten jetzt schon alle Fluchtgedanken.

Endlich kam der erste russische Panzer am 10. Mai in der Grazer Tiefebene an und alle Parteilokale wurden alarmiert. Auch in Voitsberg wurden anrollende Panzer avisiert, und da nahmen die SS-Männer, die in der Grazer Vorstadt lagerten, Reißaus. Viele setzten sich ab und warfen laufend Munition, Gewehre etc. in die Straßengräben und die Hausgärten. Bei unserem Haus rannten einige vorbei und warfen sogar Handgranaten und Panzerfäuste weg und baten um

Zivilkleider.

Als wir am 8.Mai hörten, dass der Krieg beendet ist, holten wir die Hakenkreuzfahne hervor und entfernten das Hakenkreuz. Hela nähte aus Leinwand die weißen Streifen an die rote Fahne an, und wir gaben sie beim Fenster hinaus. Kaum war die Fahne ausgesteckt, kam eine Frau zu mir gerannt und rief: Herr Souček, bitte geben Sie sofort die Fahne hinein! Die SS nimmt überall in der Stadt die Fahnen herunter und sie verbrennen sie!" Da sah ich, dass bei der Landwirtegenossenschaft die Fahne herabgerissen und angezündet wurde. Ein Offizier der SS kam auch zu mir geritten. Ich sollte die Fahne herausgeben. Ich sagte zu ihm: „ich habe keine." Er: „Ich lasse bei Ihnen eine Panzerfaust zur Tür reinwerfen, wenn Sie eine Fahne herausstecken."

In der Stadt wurden einige Hausbesitzer, die die rot-weiß-rote Fahne flattern ließen, verprügelt, so auch die Frau Waldhaus vom Hauptverlag. *(?)*

Eine große Freude hatten wir, dass Otti, der *(17-jährige)* Bruder vom Schwiegersohn Fritz, bei uns erschienen ist, der sich von Graz abgesetzt hatte.

Die Russen sind da!

Ich stehe gerade beim Straßentürl, da sehe ich den X. Sepp ohne Atem nach Hause laufen. Ich frage ihn, was er hat, da sagt er, die Russen sind in der Stadt, und viele werden verhaftet, die nicht fliehen. Ja, er floh, und viele andere, die Butter auf dem Kopf hatten, in die noch unbesetzte Zone, die dem englischen Militär vorbehalten war. Die Grenze war vor

Köflach, also doch beim Uray!
*(Ein Gasthaus. Man erinnere sich an den Scherz über die Grenze, die beim **Ural** sein werde!)*

Die russische Invasion in Voitsberg und Umgebung begann. Auch wir erhielten Einquartierung. Ein Leutnant, Iwan Gerasimowitsch Porchun und ein armenischer Arzt im Haus und im Heustadel 48 Mann; beim Goldberger *(Nachbarhaus)* ein Capitan und die Küche. Nun hatte ich alle Hände voll zu tun.

Da sowohl ich als auch meine Frau mit den Russen sprechen konnten, hatten wir es mit ihnen sehr leicht, und ich muss sagen, dass mir die Russen weder etwas weg nahmen noch sonst etwas zuleide taten.

Es war der Krieg aus, stimmt; doch als ich viele persönlich kennen lernte, bekam ich von den Russen über die Deutschen nichts Gutes zu hören. Fast 40 % von diesen Russen hatten alles verloren, nicht nur Hab und Gut sondern auch die Eltern, die Geschwistern, die eigene Frau und die Kinder. Auch Iwan Porchun sagte mir, dass seine Frau Maria und der kleine Alexander nicht mehr am Leben sind.

Gleich an den ersten Tagen nahmen die Russen viele Verhaftungen vor, darunter L. und R. und noch einige Prominente, die nach Russland kamen. L. und R. sind wahrscheinlich nicht mehr am Leben. K., R. Fritz, P. und noch einige erkrankten an Flecktyphus im russischen Lager und kamen ausgeheilt wieder zurück.

Viele, die am Hauptplatz herumstanden und auf die Russen neugierig waren, wurden in der Mädchenschule zusammengetrieben, dann auf Lastautos in Richtung Graz abgeschoben, angeblich zu Räumungsarbeiten. Unterwegs zur Stadt traf ich einige weinende Frauen, und auf meine Frage, warum sie weinten, gaben sie mir zur Antwort: „Mein Mann wurde verhaftet und die Russen haben ihn mitgenommen." Da ging ich in die Baumann-Villa zum politischen Kommissar und fragte ihn, warum er die Männer verhaften ließ. „Die Leute stehen überall herum und arbeiten nicht, und in Graz ist so viel Arbeit." „Ja, mein lieber Tovarisch, auch diese Leute arbeiten. Es sind Bergarbeiter, eine Partie arbeitet von 6-2 Uhr, eine von 2-10 Uhr, und die dritte Partie von 10 Uhr bis 6 Uhr früh. Wir müssen die Leute sofort zurückrufen." Und so geschah es auch, telefonisch durch die Gendarmerie. Ein Wagen war schon in Söding. Ich gab ihm noch zu verstehen, er möge den Arbeitern in Bärnbach und Rosental Passierscheine ausstellen, damit sie ungehindert zur Arbeit könnten.

Die Russen requirierten Heu, Stroh etc. bei den Bauern, und da sah man, wie gemein sich manche unserer Leute benommen haben. Ohne dass sie wussten, was der Russe will, zeigten sie mit angstvollen Gesichtern auf das nächste Bauernhaus. „Dort großer Nazi!" Ja, der große Nazi hatte die Frechheit, oft an einen ganz unbeteiligten Volksgenossen zu weisen, damit ihm ja nichts gestohlen wurde. Doch mit der Zeit war niemand ein Nazi, und Kommunisten mussten alles einstecken, wenn auch SP -ler und schwarze Parteianhänger sich den Iwan mitsamt einem Wagen ausliehen. Sie holten Radioapparate und Teppiche, Kisten und Koffer, die die Voitsberger Bevölkerung bei den Bauern eingelagert hatte, um sie vor Bombenschaden zu schützen, von den Bauern und eigneten sie sich an.

Die heimischen „Russen" waren gefährlicher als die echten.
In der Stadt selbst musste die Ordnung aufrechterhalten
werden. Viel Gesindel und auch Verbrecher machten sich
überall breit, und als die Nazibonzen flüchteten, wollten
Ortsfremde die besten Stellen besetzen.
Da hatte ein gewisser Sch.Pepi die höchste Polizeigewalt inne.
Josef Sch., der sich schon als Kommissar der KP fühlte, ritt
hoch zu Ross mit einem Wimpel geschmückt mit Hammer und
Sichel umher.
Die Einbrüche in den Stadtgeschäften mehrten sich, und es
war Zeit, hier Ordnung zu machen. Geschäftsleute, die beim
Herannahen der Russen die Flucht ergriffen hatten, waren die
Geschädigten.

Eintritt in die Politik.

Ich meldete mich bei der KP-Ortsgruppe als Mitglied, denn
nur so konnte ich vieles verhindern und mithelfen, Ordnung
in das Chaos nicht nur der KP-Ortsgruppe sondern auch in der
Stadt zu bringen.
Der neue Gemeinderat wurde mit dem Bürgermeister Hans
Blümel als Provisorium zusammengestellt. Ich wurde als
erster Bürgermeisterstellvertreter nominiert. Die Sitzung fand
damals im Saal des Rathaushofes statt.

Gemeinderatssitzung 1945, in der Mitte Herr Bürgermeister
Blümel, Franz Soucek, Stellvertreter, 2.von links, sitzend

Am 8. Mai waren russische Vortrupps in Voitsberg und
wurden beim Grillwirt vom provisorischen Bürgermeister

Blümel und einigen anderen Männern empfangen. Tags darauf wurde Blümel von der russischen Kommandantur als Bürgermeister bestätigt und der Grundstein für eine neue demokratische Ordnung gelegt. Auch wurde Herr Willibald Kral von der Besatzungsmacht zum Bezirkshauptmann bestellt.

Bei der SP waren tätig: Anton Rechbauer, gest.1959, Max Hummer, Karl Bergmann, Otto Brettschneider und andere; von der ehemaligen christlich-sozialen Partei Schuldirektor Graf Alfred Strachwitz, Josef Keier und andere; dann meine Wenigkeit in tatkräftigem Mitwirken, dann Öhlschlägel, Odert, Pinter und andere.

Es war für uns alle nicht leicht, in der Stadt Ordnung zu schaffen, denn wir mussten uns auch den Übergriffen der Besatzungssoldaten entgegenstellen, doch konnten wir so viel Unheil für Leben und Besitz der Bewohner von Voitsberg und Umgebung verhindern.

Die erste konstituierende Gemeinderatssitzung fand am Samstag, den 30. Juni 1945 statt, die erste nicht provisorische Sitzung aber erst am 6.Juli 1945.

Die Zusammensetzung des Gemeinderates ergab nach Vereinbarung: 4 Sozialisten, 4 Kommunisten, 2 Männer der ÖVP. Zum Bürgermeister wurde Hans Blümel gewählt, zum 1.Stellvertreter Franz Souček, als 2. Stellvertreter Alfred Strachwitz, als Kassier Karl Bergmann; Verifikatoren: Stephan Fleischhacker und Johann Mießenböck, Franz Odert, Franz Pinter und Josef Keier.

Ein fast unlösbares Problem war die Ernährung der Stadt, denn wir standen vor dem Nichts. In so manchen Haushalt kam die Hungersnot, und russische Küchen halfen so

manchem armen Teufel über die Not. Wenn auch anfangs viele über die Besatzungssoldaten schmimpften, wenn sie jemandem leicht ersetzbare Gegenstände wie zum Beispiel eine Uhr oder sonst für das Militär brauchbare Dinge wegnahmen, so waren die russischen Soldaten hier sehr human. Viele Tränen vergossen die Mädchen und Frauen, als die russischen Truppen am 22.Juli 1945 Abschied von Voitsberg nahmen. Es ließ sich im allgemeinen mit den russischen Behörden leicht reden. Als ein paar Tage nach Einmarsch der Russen Adolf B. verhaftet wurde, kam seine Frau zu mir, kniete vor mir nieder: „ Herr Souček, schießen Sie mich nieder, ich will nicht mehr leben, denn mein Mann ist eingesperrt und wird täglich fürchterlich von den Russen gemartert." Da sagte ich: „Linnerl, stehen Sie auf, ich gehe sofort zum GP Offizier und werde sehen, was sich machen läßt." Ich kam zum Offizier und bat ihn, B. freizulassen. Ich brauchte lange, ihn zu überzeugen, dass B. kein böser Nazi war aber eine guter Arbeiter. Am selben Tag konnte er nach Hause gehen. Ebenso verhalf ich Sepp X. aus der Haft, obwohl gerade er sich gegen mich nicht am besten benommen hat. Eine Stunde darauf war Sepp X. frei.
In der Stadt sah es nach Kriegsschluss trostlos aus. Die Panzersperren mussten beseitigt werden, eine unselige Arbeit hatten uns die PG´s da hinterlassen, denn dadurch waren auch die Strassen aufgerissen. Die durchziehenden Soldaten der fremden Wehrmachten lachten über diese Sperren. Die Schulen waren verwahrlost, denn Truppen hatten in ihnen genächtigt, der Winter vor der Tür und keine Kohle. In der Stadt gab es 80 Fälle von Typhus, 45 davon Paratyphus und 35 Bauchtyphus.

Um noch bei den Russen zu bleiben: Ich beabsichtigte, nach Wien zu fahren. Die Graz-Köflacher Bahn verkehrte normal, doch die Stundenbahn war wegen der Kriegsereignisse tagelang für den zivilen Verkehr eingestellt und nur russischem Militär vorbehalten. Ganze Züge voll mit Ostarbeitern, Waggons, voll mit verschiedenen Maschinen zur Herstellung von Munition und Waffen, mit Drehbänken, Motoren und vielem mehr gingen als Kriegsbeute nach Russland, aber auch ganze Zugsgarnituren mit Schnittholz und Möbeln waren zum Wiederaufbau der von den deutschen Formationen zustörten Häuser und Wohnungen in Russland gedacht. Viele Ostarbeiter kamen zu mir, um Abschied zu nehmen und in manchem Auge der bei mir einquartierten Russen sah man beim Abschiednehmen Tränen. Wir wünschten jedem eine gute Heimkehr. Viele Jahre später, 1959, ließ uns Iwan Gerasimowitsch Porchun durch einen Aussteller der Moskauer Messe in Österreich einen Brief aus Moskau zukommen.

Eindrücke in Wien

Eine Voitsbergerin fuhr mit nach Wien, denn sie wollte den Vater eines inhaftierten Verwandten von dessen Verhaftung verständigen. Bis Bruck ging es mit dem zweiten Zug, der nach dem Kriegsende für die Zivilbevölkerung und die Russen verkehrte. Bis Wiener Neustadt brauchten wir einen ganzen Tag, und nachts blieben wir dort stehen.Erst um 8 Uhr bekamen wir eine Lokomotive, die uns langsam weiter beförderte. Der Mangel an Loks war spürbar, viele waren

durch Tiefflieger zerstört. Nach Neustadt kam die vierte
russische Bahnkontrolle, und da zeigte ein nach Sollenau
fahrender Arbeiter auf mich : „Towarisch, das ist ein
steirischer General!" Ich war steirisch angezogen, dazu ein
Ausseerhut mit Gamsbart. Der liebe Feldwebel ließ mich nicht
aus den Augen und setzte sich mir gegenüber.(*Ein Offizier
klärte den Sachverhalt lachend auf. Aber der Soldat wollte die
Reisebegleiterin nach Taschkent mitnehmen, es störte ihn
angeblich nicht, dass sie verheiratet war.*)
In Wien angekommen, hauten wir rasch ab und versteckten
uns, um nicht gesehen zu werden. Vom total zerstörten
Südbahnhof weg gingen wir zu Fuß zu meiner Schwester in
den dritten Bezirk, denn es verkehrte keine Tramway. Das
Fasanviertel sah trostlos aus, und überall wohin ich sah,
zerbombte Häuser, durch Bombentrichter aufgebrochene
Straßen, offene Teile von Kanälen, ganze Straßenzüge und
viele Stadtteile ohne Wasser. Bei Siemens und Halske in der
Hainburgerstraße, wo noch Wasser zu haben war, standen
hunderte Menschen an mit Kübeln und Milchkannen um
Wasser zum Kochen. Die Klosettanlagen in den Häusern
waren gesperrt, und viele schütteten ihre Abwässer in die
offenen Kanäle, die noch benutzbar waren. Das Grauen ging
durch die Stadt. Bei meiner Schwester sah ich aus dem
Fenster die beiden Fabriken Roth und Dengg vollkommen
zerstört, da sagte meine Schwester: „Siehst, Franzl, die
Fabriken haben die Engländer und Amerikaner zerstört, die
Löcher der Häuser am Schüttel haben die Russen mit der
Stalinorgel und den Feldkanonen geschossen, die Häuser auf
unserer Seite hat die SS zerschossen."
Die SS hat auch den ganzen Wurstelprater vernichtet, alle

Restaurants und Schaubuden, Ringelspiele, Drachenbahnen, ja sogar die Waggons vom Riesenrad haben sie in Flammen aufgehen lassen. Die Sophienbrücke lag in zwei Teile gesprengt in der Donau, und nur ein Notsteg konnte benutzt werden. Den Wurstelprater erkannte ich nicht wieder, denn auch die schönen Baumbestände waren vernichtet, umgeschnitten oder verbrannt.

Im 2.Bezirk gab es nur wenige unbeschädigte Häuser. Es war ein Jammer, überall in den öffentlichen Parks und Grünanlagen frische Grabhügel mit einem Kreuz darauf und russische Namen. Zerschossene Panzer in den Straßen und im Stadtpark. KeineTramway, nichts zu essen, ganze Stadtteile auch ohne Licht. Im 2. Bezirk ging ich in ein Kaffeehaus, wo ich einen Blümchenkaffee bekam, und war dabei froh, etwas Warmes im Magen zu haben. Brot und Fleisch gab es nicht, nur erschossene Pferde gaben demjenigen, der das Glück hatte, einen Fleischbrocken zu ergattern, eine Gratismahlzeit. Furchtbar deprimiert schlichen die Leute in den Straßen, wenn sie einen Russen sahen, mit Angst in den Augen. Viele mussten unter den Ausschreitungen der Russen und noch mehr der zurückweichenden SS leiden, denn die Vergewaltigungen der Frauen und Mädchen waren auf beiden Seiten sehr arg und Diebstähle und Raub auf der Tagesordnung. Meine Schwester erzählte, wie man sich während der Kämpfe im Keller aufhielt, ungewaschen, voll Russ im Gesicht, unfrisiert, mit Kopftuch und alten Kleidern, alt aussehend. Zum Glück konnte meine Schwester mit den Russen sprechen und vieles dadurch verhindern. Sie ließ auch die Hausbewohner in ihrer Wohnung nächtigen, bis wieder Ruhe herrschte. Ein paar zudringliche Russen schrie sie an und

verschaffte sich Ruhe. Ein Russe bekam von ihr eine Ohrfeige,
der sich dann lachend davonschlich.

Nach zwei Tagen und Nächten gingen wir wieder zum
Südbahnhof, bei der Staatsdruckerei am Rennweg vorbei, um
für meine Schwester, die dort arbeitete, die
Wohnungsschlüssel beim Portier abzugeben. Auch dieses
Gebäude war teilweise zerstört. Die Glashäuser des
botanischen Gartens waren total zerstört. Auf dem Weg
entlang des botanischen Gartens zum Bahnhof gingen wir
zum Bahnhof. Kein Mensch war auf der Straße, nur aus einem
Zwinger im botanischen Garten hörte man die Bluthunde der
SS, sie waren zurückgeblieben, niemand fütterte sie. Der
Portier eines Hauses sagte, die Hunde bellten schon Tage und
Nächte.

Am Bahnhof trafen wir dann den Vater, der von meiner
Begleiterin in Wien über die Gefangennahme des Sohnes
verständigt worden war, er fuhr dann mit uns. Wir brauchten
zwei Tage und zwei Nächte bis Voitsberg. In einer Station
hielten wir stundenlang, wir saßen neben dem Zug an einem
sonnigen Abhang. Währenddessen wurde unserem Mitfahrer
aus seinem Rock, den er im Waggon gelassen hatte, die Brief-
tasche mit Geld und Dokumenten gestohlen.

Auch ein junger Russe in Uniform fuhr mit uns. „Oh, ich
Voitsberg gut kennen, ich alle Lager und Orte kennen, wo
Ostarbeiter waren, ich alle Fabriken kennen, wo Munition
gemacht. Ich dann nach Jugoslawien Bericht senden mit Plan
und England und Amerika alles bombardieren. Ich überall in
allen Lagern schlafen. Jetzt bin ich Soldat. Ich Sie kennen, Sie
Gärtner, Sie gut zu unsere Menschen, ich wissen es.“
Verdammter Kerl, sieht aus, als wenn er nicht bis drei zählen

kann und war der raffinierteste Spion. Er hatte Verbindung mit Partisanen und auch mit Grazern der Untergrundbewegung, die während des Krieges gefangene Franzosen und Engländer aber auch Russen nach Jugoslawien schleusten. Mia hatte einmal zwei Engländern etwas Essen zur Ruine Leonrod gebracht, die dort auf einen Mann der Bewegung warteten. Die geflüchteten Engländer wurden auf Schleichwegen zu Partisanen und dann zur englischen Einheit gebracht.

Auch in Österreich gab es genug Bauern, die geflüchtete KZ-Insaßen und andere Gefangene versteckten und tagelang verpflegten, und trotz großer Suchaktionen der Gendarmerie, Gestapo, SS und Pg´s konnten viele den Schergen entkommen, nur durften sie nicht an den falschen Mann geraten. Es war doch so, dass die Frau den Mann, der Sohn den Vater oder die Mutter wegen einiger gegen Hitler oder das Regime vorgebrachten Worte oder des Hörens von Auslandsendern anzeigten und ins KZ brachten, wo die Gefahr bestand, dass sie durch die Tyrannei eines Capos umgebracht wurden.

Der Vater des Gefangenen konnte seinen Sohn nicht frei bekommen, denn es wurde ihm als Kriegsteilnehmer im Hauptmannsrang bei einer kleinen Division Verschiedenes zur Last gelegt, auch habe er sich als russischer Kommissar ausgegeben. Die Russen nahmen ihn dann mit, und er wurde in Rumänien inhaftiert. Nach einem halben Jahr benützte er die Gelegenheit zu entkommen und landete wieder in Voitsberg bei seiner geliebten Frieda.

Als die Russen von hier abzogen, nahmen sie auch Stefan Mendocha, alias Benedikt Friedman mit. Er verbrachte einige

Wochen in Rumämien und entkam dem Militär. Er wohnte bei mir und später bei Hela in Graz, bis er als Dolmetsch bei den Engländern unterkam. Er befindet sich jetzt irgendwo in Kanada. Einmal sandte er uns einen Bericht einer Tageszeitung über Kanada, der gerne gelesen wurde.

(Benedikt Friedman hat in Haifa, Israel eine neue Heimat gefunden, hat später wieder Kontakt zu Österreich aufgenommen und ist in sehr hohem Alter verstorben. Er ist der Autor der Bücher „Iwan hau den Juden", ISBN 3900976015, 9783900976019, und „Ich träumte von Brot und Büchern", ISBN 3-900478-48-1.Mit seiner lieben Gattin, Bina Friedman, stehe ich noch in brieflicher Verbindung. H.St.)

Als schon der Krieg beeendet war, traf uns alle ein schwerer Schlag, als uns ein Kriegsheimkehrer mitteilte, dass Mias Mann, unser Schwiegersohn Fritz am 26.April1945, also vor Torschluss, bei Mährisch –Ostrau verwundet wurde und seinen schweren Kopfverletzungen erlegen ist. Fritz war noch am 15.April bei uns auf Urlaub, und wir wollten ihn nicht mehr ins Feld ziehen lassen, aber er hatte Angst um uns alle, wenn er als Deserteur verhaftet würde. Das würde ihm und uns das Leben kosten. Fritz musste am 5.November 1942 zur schweren Artillerie einrücken. Ende Februar 1943 kam er in die Ukraine, nach Stalino und Nikopol. Der Rückzug ging dann über Rumänien, Ungarn in die Slowakei nach Schlesien, wo ihm bei Mährisch-Ostrau das Unglück passierte.
Monatelang wussten wir nichts von ihm. Ich schrieb an die Bürgermeister mehrerer Orte, die mir der Kamerad von Fritz

angegeben hatte, um Auskunft zu erhalten, wo sich sein Grab befindet, doch bekam ich keine Antwort.

Endlich!

Zu unserer unsagbaren Freude bekam ich Anfang November 1945 einen Brief von Fritz, dass er sich auf dem Weg in die Heimat befindet. Als ich mit der Nachricht sofort zur Mia fuhr, war ich freudig überrascht, Fritz schon zu Hause anzutreffen. Der Arme sah ganz verhungert aus, und alle weinten vor Freude über seine Rückkehr. Er erzählte mir seine Erlebnisse, dass er tagelang ohne Besinnung war und im Kopf furchtbare Schmerzen hatte. Er kam in Prag in ein Krankenhaus. In Prag selbst hatte die SS beim Rückzug furchtbar gehaust und viele Tschechen ermordet. Als Gegenwehr griffen dann die Tschechen die deutschen Militärformationen an. Selbst die schwer verwundeten Soldaten wurden unter russischen Schutz gestellt. Dass die Tschechen sich an den Deutschen für die von ihnen erlittene Unbill rächten, darf niemanden wundern, denn viele Tschechen mussten im Reich Zwangsarbeit leisten, und viele mussten ihr Leben in den KZs lassen. Überall herrschte während des Krieges Arbeitermangel, und diesen Mangel mussten die Tschechen ausfüllen, besonders gelernte Arbeiter wurden in den Fabriken benötigt. Wenn das zu verarbeitende Material schlecht und an einem schlechten Ergebnis schuld war, mussten viele wegen angbeblicher Sabotage ins KZ wandern oder unter die Guillotine, wo der Kopf rollte.

Von Prag wurden die Verwundeten, darunter auch Fritz, stehend auf offenen Wagen unter russischem Schutz über Teplitz -Schönau nach Dresden gebracht. Die total zerbombte Stadt war keine Augenweide, und jeder fragte sich, warum

und wofür diese furchtbaren Opfer an Menschen und
Eigentum verursacht wurden, und wer das alles wieder
aufbauen und bezahlen soll. Waren nicht Freund und Feind in
gleicher Schuld? Gibt es wirklich einen Gott, der da zusehen
konnte? Wer ist hier Engel und wer Teufel?
Von Dresden ging es dann weiter nach Sorau in Preußisch-
Schlesien in das Kriegsgefangenenlazarett. Die Pflege im
Lazarett sei gut gewesen, nur gab es sehr wenig zu essen.
Einen Tag Rüben mit Wasser, den nächsten Tag Rüben-
blättersuppe und wenig Brot. Nur die Kartoffeln in den
Suppen waren noch reichlich. Als der das Bett verlassen
konnte, hatte Fritz das Glück, eine Kuh auf der Weide zu
hüten. Das war ein leichter Dienst, und hie und da fiel etwas
aus der Küche ab. Sorau war eine Stadt von ca. 50000
Einwohnern, schon von allen Deutschen geräumt.

*(Es folgt die Erzählung darüber, dass die Tochter Mia im Krieg
nach Prag gefahren war und dort einen Schulkollegen von
Fritz und seine Frau angetroffen hat. Sie waren im Frieden in
Uruguay und Paraguay, studierten die Wildnis und sammelten
Tiere. (Autor des Buches „Yasí Yateré", heute noch erhältlich)
Herr Adolf Neunteufel war ein sehr strammer Nazi und sogar
auf dem Bild vor einem Zelt im Dschungel war eine
Hakenkreuzwimpel angebracht. Vor Mia brüstete er sich
damit, er sei müde, denn er habe „heute sehr viele Tschechen
erschossen".)*

Über sein weiteres Leben hörten wir nichts mehr.
Wahrscheinlich ist er am Leben geblieben, floh mit seiner

Frau wieder in die Wildnis, dort kann er nach Herzenslust töten, was ihm aus der Fauna unterkommt.

Die Engländer sind da.

Am 22.Juli 1945 verließen die russischen Truppen die Stadt und wurden von den englischen Truppen abgelöst, die in den Maitagen wegen des raschen Vordringens der russischen Truppen über die Pack nur bis Rosental kamen.
Im Bezirksgericht wurde eine FSS-Stelle *(Geheimdienst der britischen Armee)* eingerichtet, mit einem englischen Professor, der gut Deutsch sprach. Nun lernten wir auch die Engländer kennen. Hatten die Russen alles selbst requiriert und oft überzahlt, so waren die Engländer gescheiter. Bei den Russen hieß es, dass sie alles stehlen, und sie waren deshalb bei der Bevölkerung nicht gerne gesehen, sogar verhasst. Wenn der Engländer für seine Soldaten etwas brauchte, so kam er zum Bürgermeister Blümel und verlangte z. B. 40 Hühner, 250 Eier, 300 kg Kartoffel und so und so viele Kilo Fleisch, Fett, Nudeln und so weiter, und der Bürgermeister hatte die Sorgen, die immer wieder geforderten Mengen zu beschaffen. Es war nicht leicht, denn es hatte keiner etwas übrig. Es mussten die Dörfer herangezogen werden. Nicht nur Lebensmittel mussten hergeschafft werden sondern sogar Teppiche und Einrichtungsgegenstände. Es wurden die Gastlokale besetzt, was der Russe nie tat, der Russe baute sofort Holzbaracken. Der Kommandant okkupierte die Villa des Notars Dr. Rubinigg. Die Famiie Rubinigg musste ihr Heim verlassen, und niemand von der Familie durfte die Villa oder den Garten betreten, solange der Kommandant drinnen

hauste. Waren die Russen leutselig und kinderliebend, so
waren die Engländer sehr abweisend und stolz. Hatten die
Russen vielen Familien zu Brot verholfen, damit die Kinder
nicht hungern, warfen die satten Engländer den Kindern
Brotstückchen aus dem Gasthausfenster in den Staub, und die
hungrigen Kinder balgten sich darum.Ich bat, dass sie das
unterlassen sollen und wenn sie etwas übrig haben, den
Kindern in die Hand geben. Einem Engländer, der genügend
Deutsch sprach, sagte ich, es sei eine Schande, wenn man
Kinder wie Tauben auf der Straße füttert, wir sind kein
Kolonialvolk. Ein Offizier kam zum Fenster, da bat ich den
Mann, er soll auch dem Offizier das sagen, was ich ihm sagte.
Der Offzizier sah mich erstaunt an, und nach seinen Worten
und seiner Miene zu schließen, schimpfte er seine Mannen
zusammen.
Die 2.Gemeinderatssitzung wurde am 4. September unter
dem Beisein des wieder eingesetzten Bezirkshauptmannes
Dr.Stecher abgehalten. Viele Anträge waren von mir schon
das erste Mal eingebracht worden. Vor allem konnte ich den
städtischen Obergärtner Franz Lukas auf seiner Stelle
belassen, den Blümel und Genossen durchaus entfernen
wollten; Ebenso den Oberelektriker im E-Werk Krottendorf.
Als vordringliche Arbeit beantragte ich, dass so bald wie
möglich eine Leichenhalle auf dem Friedhof gebaut wird,
dann ein Bezirksaltersheim; die Entrostung der Johannes-
brücke und so bald wie möglich der Ausbau des Kanal-und
Wasserleitungssystems in Angriff genommen wird. Die
Regulierung der Kainach sollte vom Bund und vom Land
finanziert werden.
Auch in der 2.Sitzung wurde nochmals die Personalfrage

erörtert und in der Stadtverwaltung geregelt; ebenso die Fragen die Gesundheit betreffend und die Maßnahmen zu einem neuen Wirtschaftsleben. Auch wurden die verschiedenen Ausschüsse konstituiert.

Das Chaos wich geordneten Verhältnissen. Um die allgemeine Versorgung mit Kohlen zu sichern, brachten der Bürgermeister Blümel und ich bei den Ingenieuren der GKB in Zangtal die Bitte vor, die Kohle aus dem Friedhofspfeiler in Zangtal schürfen zu dürfen. Bald darauf konnte der Abbau beginnen. Mit einem günstigen Pachtvertrag für die Stadtgemeinde konnte einige Jahre Kohle im Tagbau gefördert werden. Bei der 3.Gemeinderatssitzung am 12. Dezember wurde über den Pachtvertrag mit der Alpine-Montan- Gesellschaft gesprochen, und es wurden mehrere Anträge gestellt.

Am 25. November 1945 hatten die Nationalratswahlen stattgefunden. Am 3.Jänner 1946 wurde der neue Gemeinderat ernannt und bestätigt: Hans Blümel, Bürgermeister, Stefan Fleischhacker, Vizebürgermeister; Karl Bergmann, Frau Elisabeth Fleischhacker, Ignaz Forstner, Franz Souček und Odert als Gemeinderäte.

Im Jahr 1946 wurden die Schulen in einen brauchbaren Zustand versetzt und Radioanlagen für die Schulen wurden angeschafft; das Straßenbauprogramm wurde zur Durchführung ausgeschrieben; bei der Reparatur des Turmkreuzes der Michaelerkirche wurde eine Denkschrift verfasst und eine Namensliste der Gemeinderäte im Turmknauf verwahrt.

1947 wurde das Altersheim umgestaltet, und auf mein

Bestehen verblieb die Berufsschule im Altersheimgelände. Der Hauptplatz wurde verschönert, der Kindergarten renoviert. Am 2.Mai 1947 wurde der Ausschuss des Stadtverschönerungsvereines gegründet, woraufhin die Gartenanlagen instand gesetzt wurden. Erstmalig in der Stadt wurden zum Weihnachtsfest für 200 Menschen über 70 Jahre Speise und Trank bei einer gemeinsamen Unterhaltung geboten.

1948 wurde an die Firma Bauer, die Pumpen erzeugt, auf Beschluss des Gemeinderates ein Grundstück verkauft. Heute, 1961, arbeiten schon bei 500 Menschen in der Fabrik, die ihre Pumpen und Rohre in alle Weltteile liefert.

Der Friedhof wurde instand gesetzt und ein Russengrabmal errichtet; eine würdige Aufbahrungshalle gebaut und am 12. März 1948 die Vorbereitungen für die Feier von 700 Jahren Voitsberg als Stadt getroffen; am 23.Juli Anträge zur Regulierung der Kainach gestellt.

Bemerkungen der Abschreiberin H. St. zum weiteren Verlauf der Aufzeichnungen

Es folgt die Erzählung über die dramatische Erkrankung der Frau des Autors an einem Herzinfarkt im Jahr 1948, als Voitsberger Ärzte schon aufgegeben und später vom „klinischen Tod" meiner Großmutter gesprochen haben.Herr Souček, als gelernter Landwirt auch über lebenserhaltende Maßnahmen (bei Tieren) informiert, wollte sie nicht sterben lassen und versuchte alles, mit Erfolg. Diese Geschichte ist ein „Highlight" der Familienerzählungen meiner Kindheit.Oma starb dann leider doch, 1967.

Ob derAutor dann noch politisch aktiv war,weiß ich nicht. Ich weiß nur, dass er sehr viele Bekannte hatte und in Voitsberg anscheinend angesehen war. Für mich als Kind waren die Ausgänge in die Stadt von Voitsberg auch deshalb bemerkenswert, weil so viele Männer immer den Hut vor Opa zogen mit „Habe die Ehre!, Habe die Ehre!"

Die nächsten Erzählungen handeln von der Errichtung eines zweiten Hauses;von der Familie, z. B. von einem lustigen Treffen mit Verwandten in Wien,die ihn nicht erkennen konnten; von zwei Fahrten nach Italien, auch mit einer stimmungsvollen und schwungvollen Schilderung des typisch Italienischen, wie man es damals, in den Fünfzigerjahren, erlebte; von den traurigen Ereignissen des Todes seiner Frau und zwei Jahre später seiner Tochter Mia; von eigenen Krankheiten, einem Spitalsaufenthalt, seiner Erkrankung an Krebs und einer Operation. Er erzählte, wie er sich nach und nach von den Glashäusern trennte und in den Ruhestand ging. Dann habe er Zeit gehabt, sich dem Aufschreiben der

*Erinnerungen zu widmen und seinem Lieblingshobby, der
Malerei; vom plötzlichen Tod eines Mieters und Freundes und
anderen Erlebnissen mit Mietern. Mitten in diese Erzählungen
fügte er einen Bericht über das Schicksal der Donkosaken ein,
das ihn anscheinend sehr beeindruckt hatte und lange
beschäftigte. Vielleicht ist dieser Bericht auch ein Beispiel
dafür, dass es immer wieder Anlass für den Autor gab, an
keine „Ismen" zu glauben, davon sollte keiner absolut gesehen
werden, egal, ob er als „rechts" oder „links" bezeichnet
werden kann. Was einzig zählte, sei die Achtung vor der
Würde und vor dem Leben des Menschen. So hat es mein
Großvater auch immer wieder betont. Dieser Bericht wird den
Aufzeichnungen angefügt.*

Russland und die Kosaken

Schon im Sommer 1917, als ich an der Ikafront war und dann in Rumänien, hörte man, dass sich in Russland ein politischer Umsturz vorbereitet. Es lockerte sich die Front der Russen, im Hinterland bildeten sich Soldaten-, Arbeiter- und Bauernräte. Man sprach von Marx, Engels, Lenin, die eine Arbeiterregierung planen und das Zarentum beseitigen wollen. Am 14.August 1917 ist es so weit. Zar Nikolaus II, die Zarin, die Töchter und der Sohn reisen mit Begleitpersonen ins Exil, im ganzen 39 Personen und viel Gepäck; Ziel unbekannt. Am 26.August 1917 kommen sie in Tobolek, Sibirien, an.

17.Juli 1918: Die Zarenfamilie befindet sich im Haus des Kaufmanns Spatjew in Jekaterinburg. Das Haus wird von Rotgardisten bewacht. Seit März 1918 ist der Name Russland in „Russische sozialistische föderative Sowjetrepublik" umgewandelt. Beherrscht wird das Land von Rotarmisten und der „Weißen Armee" unter Admiral Koltschak, der sich Jekaterinburg nähert. Kommissar Jakob Jurowski zwang spät abends die Familie Romanow mit dem Revolver in der Hand sofort in die unteren Räume des Hauses zu gehen, von wo sie an einen anderen Ort des Exils geführt werden sollte. Das Gepäck komme nach. Man weist die elf Menschen an, sich auf die bereit gestellten Stühle niederzulassen. Da sich aber niemand setzen wollte,kam das Hinrichtungskommando, und Kommissar Jurowski verlas die Entschließung des regionalen Sowjets: das Todesurteil- die Massenhinrichtung. Auf den Protest der Zarin erschoss zuerst Jurowski den Zaren, und dann begann ein Gemetzel, bis alle den Tod fanden.(Alle bis auf Großfürstin Anastasia, die angeblich schwer verwundet mit dem Leben davon kam und über Umwege nach Deutschland gebracht wurde.) *(Wie sich später herausstellte, war diese Annahme nicht wahr. Auch Anastasia kam bei dem Massaker um.)*

Es dauerte Jahre, bis es in der Sowjetrepublik zur Ruhe und friedlichen Arbeit kam, und man nannte Lenin ein Genie, weil er die Taktik entwickelte, die Massen zu einem Ziel zu führen, das ihren Idealen völlig widersprach.Er unterband jede Gegenaktion. Obwohl das ganze Privateigentum beseitigt war, konnte die Weiße Armee mit den Kosaken des Südens und Westens keinen durchgreifenden Sieg über den Kommunismus erringen. Die antibolschewistischen Aufstände dauerten je nach Landstrichen teilweise bis zum Jahr 1929 an.

Den Antibolschewiken in Russland, die alle Hoffnung auf eine totale Vernichtung des Regimes begraben hatten, stand ein Mann in Deutschland auf, der die antibolschewistische Politik schon nach 1918 in seinem Buch „Mein Kampf" propagierte. Es war Adolf Hitler, der ehemalige Gefreite.

Als ich im Jahr 1924 in Ramsau bei Hainfeld von Dr.Ing. Pauker übernommen wurde, kam auch ein junger Geometer zu Pauker, um alle Wiesen, Äcker und Waldungen zu vermessen. Er war ein Anhänger Hitlers und besass das Buch. Ich las das Buch und spürte aus seinen Zeilen den Rassenhass, den Klassenhass und den Wahnsinn heraus,über alles zu schimpfen. Er war gegen das Parlament, die Monarchie, nicht nur verdammte er die Juden sondern überhaupt jeden religiösen Glauben. Ich wusste nur: Wenn dieser Mann einmal in der Weltgeschichte etwas zu sagen hat, dann Gnade allen

Gott, die sich gegen die Punkte seiner Partei rührten, der „nationalsozialistischen deutschen Arbeiterpartei", der NSDAP. Der Braunauer hatte nur Eroberungspolitik im Sinn, den antibolschewistischen Kreuzzug und die Unterjochung vieler Länder im Norden, Süden und Osten. Doch darüber später.

Als Hitlerdeutschland den Feldzug gegen Polen unternahm, war für Finnland, Estland, Lettland, Litauen, Weißrussland, die Ukraine und die Slowakei der Bolschewismus der Feind Nummer eins, dagegen sahen Polen und Tschechien Deutschland als Hauptfeind an.

Die Kriegsgegner Hitlers gingen ein Bündnis mit den Sowjets ein.

Hitler selbst tat alles, um seine natürlichen Bundesgenossen vor den Kopf zu stoßen, anstatt ihnen Halt und Unterstützung zu gewähren. Anstatt das bolschewistische Imperium von innen her zum Zerfall zu bringen, verfolgte er ein politisches Programm, das die Macht des Bolschewismus nur noch stärkte. Angeblich bot Stalin Hitler die Hand, und es wurde 1939 ein Pakt zwischen beiden geschlossen, den Hitler später nicht einhalten wollte, und er überfiel auch Russland mit seinen Armeen. Am 22.Juni 1941 wollte er die Völker Russlands und Asiens von der Knechtschaft befreien. Dass auch viele Volker am Don und im Kubangebiet, kaukasische Stämme der Tataren, Kalmücken und andere freiwillig für die antibolschewistische Revolution eintraten, und sich eine „Russische Befreiungsarmee" des Generals Wlassow bildete, war eine Hilfe für Hitler oder sollte eine solche sein. Generaloberst von Brauchitsch wollte die Wlassow-Armee aus Don-und Kubankosaken und einigen kaukasischen

Regimentern in das deutsche Heer eingliedern, doch Hitler wollte keine Slawen und „Untermenschen" als gleichberechtigte Bündnispartner haben. Als er hörte, dass trotz des Verbotes Kosakenformationen eingesetzt worden waren, setzte er in einem Wutanfall den Oberbefehlshaber ab.

Am 14.September 1943 blieb bei Kursk die von Hitler befohlene Offensive stecken, und 1300 Angehörige der antibolschewistischen Hilfstruppen liefen zur Roten Armee über. Himmler überbrachte die Meldung Hitler, der in einem Wutanfall schrie: „Nun ist es genug. Ich befehle, alle Einheiten zu entwaffnen und die ganze Bande in die französischen Bergwerke zu schicken!" Die Armee wurde nicht entwaffnet und zum Kohlenkratzen geschickt sondern aus der Ostfront herausgenommen und nach Italien in die Gegend von Udine oder Tarcento befördert oder auch zum Einsatz der Bekämpfung von Partisanen nach Jugoslawien. Viele russische Emigranten lebten nach dem ersten Weltkrieg in Jugoslawien, sie hatten sich dem General Schkuro angeschlossen.

Als ich im November 1944 als „Hundertschaftsführer" mit 200 Ostarbeitern zum Ausheben von Schützengräben nach Slowenien abtransportiert wurde, sprach ich mit einigen Offizieren der Wlassow-Armee. Alle waren zu dieser Zeit sehr enttäuscht darüber, dass sich die deutsche Armee im Rückzug befand. Noch einmal, Anfang Juni 1945, sah ich die armen Teufel, als der lange Eisenbahnzug, ein Güterwagen, mit etwa 1200 Wlassow-Offizieren im Brucker Bahnhof einlief.

Alle Zivilisten mussten sofort den Bahnsteig und die Warteräume verlassen. Der Anblick war furchterregend: einige Maschinengewehre auf den Waggondächern, auch vor und hinter dem Zug ebenfalls Maschinengewehre. Die Türen wurden geöffnet, und in den Güterwaggons sah man eingepfercht die Offiziere stehen. In Kübeln wurde ihnen Wasser zum Trinken gereicht, doch nur einige Waggons bekamen Wasser. Der Aufenthalt war kurz. Es war ein heißer Tag, die Sonne brannte hernieder. Eine Stunde darauf kam der 2.Zug mit Zivilisten und einfachen Soldaten, Männern, Frauen und Kindern. Auch dieser Zug war streng bewacht. Als der Krieg zu Ende ging, im „Mai 1945", da kamen alle Zivilisten und Truppen der Wlassow-Leute aus Jugoslawien und Italien in tagelangen Märschen mühsam über die Gebirgspässe, ausgehungert und schlecht gekleidet, samt Ross und Wagen nach Tirol und Kärnten. Die Engländer hatten ihnen die Freiheit versprochen, alle würden in Amerika, England und anderen Ländern angesiedelt werden; und dann sah die Freiheit so aus: Viele verübten Selbstmord, erhängten sich oder ertränkten sich in der Drau; oder erschossen sich auf der Flucht, nachdem sie gehört hatten, sie würden nach Russland abgeschoben. Was mit ihnen in Russland geschah? Sicher nichts Gutes. Generäle und Offiziere wurden aufgehängt und viele andere zur Zwangsarbeit verurteilt.

Was galt ein Mensch? Ja Millionen Menschen? Sie wurden umgebracht, ob Christ oder Jud, Soldat oder Zivilist, Säugling oder Greis, egal. Was nicht an der Front krepierte, krepierte im Hinterland.

Die „Kleine Zeitung" vom 12.11.1960 schrieb: „7.000 verschwanden in Russlands Weiten. Nordkaukasier zahlten teuer für Freiheitstraum, letzte Zuflucht im Drautal.

Im Drautal steht unter einem mit Schindeln gedeckten Dach

ein kleines Denkmal zur Erinnerung an einen unfassbaren Wortbruch und trägt folgende Inschrift: „Am 28. Mai 1945 sind 7.000 Nordkaukasier mit Frauen und Kindern den Sowjetbehörden ausgeliefert worden und wurden somit Opfer ihrer Treue zum Islam und der nationalen Befreiung des Kaukasus."

„Es ist ein untilgbarer Schandfleck", sagte voll Bitterkeit der Bürgermeister Fasching von Irschen, wo sich das Mahnmal befindet, das er in die Obhut der Gemeinde nahm. 7.000 hofften in der Bergwelt Österreichs, die an ihre Heimat erinnert, Zuflucht zu finden, sie wurden alle, samt Frauen und Kindern ausgelöscht. Sie hatten auf die Großmut der Briten gezählt und gehofft, in westliche Länder geschickt zu werden und wurden den russischen Truppen ausgeliefert." *(Der Zeitungsartikel wird weiter zitiert und zum Teil mit eigenen Worten des Autors wiedergegeben:)*

Die Kosakeneinheiten standen auch in Jugoslawien und kämpften gegen die Partisanen. Beim Rückzug der Deutschen wurden sie samt ihren Trecks immer zur Wanderschaft gezwungen. Die meisten von ihnen waren in Friaul und an der Adriafront, und beim Kriegsende in Oberitalien flüchteten die Nordkaukasier über den Plöckenpass in das Gailtal und weiter in das Drautal.

Die Sieger gönnten ihnen nur kurze Rast. Schon bei der Konferenz in Jalta war die Auslieferung der Kosaken den Sowjets zugesagt. Es war also für die britische Besatzungsmacht nur eine Frage der Taktik, wie man diese Menschen mit dem geringsten Aufsehen los werden könne. Die Kosaken hatten noch ihre Waffen. Um diese Waffen zu entwenden, wurden die Kosakenführer zu einer großen Tafel eingeladen, und nach diesem bacchanalischen Fest wurden sie mühelos entwaffnet. Noch andere wurden mit Panzern umstellt und wehrlos gemacht. Einigen wenigen Offizieren, welche die List durchschaut hatten, gelang die Flucht über die Berge. Als sie von der drohenden Auslieferung hörten, wählten viele den Selbstmord. Was von den Kosaken noch lebte, wurde unter schwerer Bewachung auf Lastautos geladen und an der damaligen Demarkationslinie bei Judenburg der russischen Armee übergeben. Unter diesen Männern befand sich auch der Oberleutnant Hot(?*unleserlich)* aus Krumpendorf, der Chef einer Kosakenschwadron, der seine Kosaken nicht im Stich lassen wollte. Er kam 1955 nach 16-jähriger Gefangenschaft zurück. Nach seinem Bericht wurde den Kosakenführern in Moskau der Prozess gemacht. Urteile: Tod durch Erhängen. Der schändlichste Tod für einen Kosaken. Mit den ratlosen Angehörigen der Deportierten machte die britische Besatzungsmacht kurzer Hand nicht viel Federlesens.Um den Schein der Redlichkeit zu wahren, stellte man die Frauen und die Alten vor die Entscheidung, sich repatriieren zu lassen, -„oder". „Oder" bedeutete allein den selbst gewählten Tod. Ja, und den Tod dieser Armen sahen viele. Maria Tifnig und Paula Schader meinten, sie würden die schrecklichen Erlebnisse jener Maitage nicht vergessen. Vor ihren Augen, ohne dass man es verhindern konnte, stürzte sich eine vierköpfige Familie in die Hochwasser führende Drau und ertrank. Die Frau hatte ihr jüngstes Kind auf den Rücken gebunden. Um all diese gehetzten Menschen nicht zu vergessen, die entweder den gesuchten Tod fanden oder ausgeliefert wurden, ihre Heimat nie mehr sahen, errichtete die Religionsgemeinschaft des Islam aus den kargen

Spargroschen der in Freiheit lebenden Kosaken das Denkmal an der Drau. Für uns fremdländisch und bizarr stieg bei der Eröffnungszeremonie die Sure an die Toten aus dem Koran. Ibraim Effendi beteuerte in seiner Ansprache, diesen Flecken Erde für das Denkmal deshalb gewählt zu haben, weil das mächtige Massiv des Hochstadel und das Hochkreuz so sehr an die ferne Heimat im Kaukasus gemahnen. Niemanden gab es bei dieser Feier, wenn er auch die türkischen Worte nicht verstand, der nicht beim Gedenken an das Opfer der 7.000 ergriffen wurde.

(Anscheinend ergänzte der Bericht im Zeitungsartikel der „Kleinen Zeitung" die Eindrücke und Erfahrungen des Autors.)

Herr Souček erlitt zu Ostern 1971 einen Schlaganfall und war bis zu seinem Tod am 3.Juli halbseitig gelähmt, bei Bewusstsein, konnte nicht mehr sprechen und das Spitalsbett auch nicht mehr verlassen.

Helene Steurer, Enkelin

Inhaltsangabe:

Hinweis: Die Tagebuchaufzeichnungen des Autors aus seiner Jugend bis zum Jahr 1918 wurden im Buch „Blumen und Krieg, Lebenserinnerungen eines Gärtners" im Verlag Mymorawa herausgegeben unter den ISBN- Nummern

978-3-99070-947-4 (Paperback)

978-3-99070-948-1 (Hardcover)

978-3-99070-949-8 (e-book)